贵州民族村寨

社区参与式旅游扶贫机制及效应研究

刘韬 著

郑州大学出版社

图书在版编目(CIP)数据

贵州民族村寨社区参与式旅游扶贫机制及效应评价研究 / 刘韬著. — 郑州：郑州大学出版社，2021.9
ISBN 978-7-5645-8114-5

Ⅰ.①贵… Ⅱ.①刘… Ⅲ.①地方旅游业-扶贫-研究-贵州 Ⅳ.①EF592.773

中国版本图书馆 CIP 数据核字(2021)第 167021 号

贵州民族村寨社区参与式旅游扶贫机制及效应评价研究
GUIZHOU MINZU CUNZHAI SHEQU CANYUSHI LÜYOU FUPIN JIZHI JI XIAOYING PINGJIA YANJIU

策划编辑	郜　毅	封面设计	曾耀东
责任编辑	郜　毅	版式设计	苏永生
责任校对	孙　泓	责任监制	凌　青　李瑞卿

出版发行	郑州大学出版社有限公司	地　　址	郑州市大学路40号(450052)
出 版 人	孙保营	网　　址	http://www.zzup.cn
经　　销	全国新华书店	发行电话	0371-66966070
印　　刷	郑州宁昌印务有限公司		
开　　本	710 mm×1 010 mm　1 / 16		
印　　张	14	字　　数	245 千字
版　　次	2021 年 9 月第 1 版	印　　次	2021 年 9 月第 1 次印刷
书　　号	ISBN 978-7-5645-8114-5	定　　价	68.00 元

本书如有印装质量问题，请与本社联系调换。

目录

绪论 ··· 1

第一章　贵州省旅游资源概述 ·· 18
　第一节　贵州的发展历程及自然条件 ·· 18
　第二节　贵州旅游资源特点及其类型 ·· 28
　第三节　土城镇红色文化旅游创新区发展现状分析 ·························· 38
　第四节　贵州苗族文化与旅游资源 ·· 47
　第五节　贵州苗族服饰文化概况 ·· 50
　第六节　贵州节庆旅游资源 ·· 65

第二章　社区参与式旅游扶贫的基础概念及特点 ······························ 86
　第一节　社区参与式旅游扶贫的基础概念 ···································· 86
　第二节　社区参与式旅游扶贫的主要理论 ···································· 92
　第三节　社区参与式旅游扶贫的特点 ······································· 104

第三章　贵州民族村寨社区参与式旅游扶贫发展过程 ························ 109
　第一节　贵州民族村寨旅游扶贫开发过程 ··································· 109
　第二节　贵州民族村寨社区参与式旅游扶贫的主要类型 ····················· 114
　第三节　贵州民族村寨社区参与式旅游扶贫取得的成绩 ····················· 118

第四章　其他地区民族村寨社区参与式旅游扶贫发展概况 ···················· 122
　第一节　平安壮寨概况 ··· 122
　第二节　程阳马安侗寨概况 ··· 124

  第三节　甘河瑶寨概况 ……………………………………………… 127
  第四节　各地区村寨社区参与方式比较 …………………………… 129
  第五节　其他社区参与旅游发展模式的案例分析 ………………… 141

第五章　贵州民族村寨旅游扶贫效应体系构建及评价 ………… 152
  第一节　民族村寨旅游扶贫效应评价体系构建 …………………… 152
  第二节　秀水村、寨沙侗寨、云舍村旅游扶贫效应的实地调研 ……… 159

第六章　贵州民族村寨社区参与旅游扶贫的困境及出路 ……… 178
  第一节　贵州民族村寨社区参与旅游扶贫面临的问题 …………… 178
  第二节　影响贵州民族村寨社区参与旅游扶贫效应的原因 ……… 185
  第三节　贵州民族村寨社区参与式旅游扶贫机制构建和对策 …… 192

参考文献 ………………………………………………………………… 207
附录 ……………………………………………………………………… 211

绪 论

一、研究目的

贵州是全国乡村旅游发展起步最早的省份之一,创造了乡村旅游"贵州模式",得到了联合国世界旅游组织的高度认可,"乡村旅游+扶贫"模式得到了国家层面的高度肯定。旅游开发作为推动贵州民族村寨地区经济发展的重要动力,被明确写入《贵州省发展旅游业助推脱贫攻坚三年行动方案(2017—2019)》。贵州少数民族村寨众多,且大多地理位置偏僻,经济社会发展相对滞后,贫困问题突出,但也普遍拥有优美、秀丽的村寨景观以及鲜明、独特、多样性的民族文化。众所周知,社区参与对民族村寨地区旅游开发和旅游经济可持续发展具有重要意义。一方面,旅游业作为民族村寨经济的补充形式,对改善地方民生有重要作用。但对旅游资源开发需要充分尊重当地社区居民的意见,并最终使当地人切实获益。另一方面,由于地理区位和社会经济的相对隔离,民族村寨保留了完整的村寨、生产生活方式及其独特的传统民族文化,社区居民才是传统文化活的载体,因此只有广泛动员地方社区居民,才能更好地挖掘旅游资源,尤其是民族文化旅游资源。

因此,可以从三个角度呈现本书的研究目的:一从国家宏观角度来看,脱贫攻坚是实现"中国梦"的重要内容,"国家富强、民族振兴、人民幸福"是实现"中国梦"的核心。习总书记强调:"打好脱贫攻坚战是党的十九大提出的三大攻坚战之一,对如期实现全面小康社会、实现第一个百年奋斗目标具有重要意义。"脱贫攻坚胜利是全面建成小康社会,推进乡村振兴,开启社会主义强国的重要前提。至 2017 年,贵州尚有"14 个深度贫困县、20 个极贫乡镇、2760 个深度贫困村,深度贫困县贫困人口达 115.6 万,占全省贫困人口 1/3,占全国深度贫困县贫困人口 1/5";2020 年,贵州有剩余贫困人口的行政村达 8 732 个,是"最难啃的硬骨头"。贵州能否如期打赢脱贫攻坚战,事关"两个一百年"奋斗目标能否有序推进。

二从乡村振兴角度看,民族村寨旅游扶贫是推动乡村振兴的重要前提,村寨旅游扶贫对于民族地区贫困大面积减缓起到了重要作用,但传统的扶贫思路缺乏对贫困社会复杂性以及这种复杂性与经济、环境、政治等因素相互关系的充分认识,"无法真正有效破解贫困、脆弱性、无力感及排斥等社会问题严重"(安东尼·哈尔,2006)。民族村寨普遍存在产业空心化、家庭空巢化、镇村两级公共产品供给能力不足与文化流失、内部缺乏有效的群众自治组织等困境叠加。在脱贫攻坚决胜、乡村振兴启动的关键时期,民族村寨旅游扶贫为乡村振兴带来了实践基础、动力因素、活力资源及经济支持:第一,扶贫进入"精准期"。要求村寨旅游扶贫要变革传统扶贫方式,精准聚焦深度贫困对象,彻底消除绝对贫困。第二,扶贫进入"扩展期"。人民群众有不断追求幸福生活的权利,解决经济贫困并非终极目标,村寨旅游扶贫更要巩固脱贫成效,促进人的发展。在新形势下,梳理贵州民族村寨旅游扶贫的发展历程及经验,探索民族村寨旅游扶贫在新形势下的新任务和新命题,对于有效激活其创新发展的活力、实现贫困人口全面脱贫致富,具有重要的战略意义。

三从我国扶贫的现实经验角度看,贵州民族村寨旅游扶贫是中国减贫事业中的重要经验。贵州有 17 个世居少数民族,占全省人口总量的 36.11%。全省的少数民族村寨达 1.2 万个,至 2019 年 11 月,拥有"中国少数民族特色村寨"213 个、"中国传统村落"724 个。20 世纪 80 年代,为解决民族地区温饱问题,贵州率先在全国开展了村寨旅游扶贫的实践;并于 20 世纪 90 年代,在全国较早提出了"旅游扶贫"的概念并进行大面积推广。目前,贵州已有 3 000 余个村寨开展村寨旅游扶贫,培育了西江、郎德、肇兴、音寨、丹寨石桥等一大批世界知名的乡村旅游扶贫示范村寨,在探索扶贫道路、培育乡村业态、弘扬民族文化、保护传统村落等方面取得了重要的全国性经验。

针对贵州少数民族村寨社区参与式旅游扶贫的效果究竟如何,成果是否能够真正惠及贫困人口,现有的旅游扶贫机制是否需要提升和改进等问题,本书以秀水村、寨沙侗寨、云舍村等贵州民族旅游村寨为主要研究对象,从经济效应、文化效应、社会效应、环境效应四个方面构建贵州少数民族村寨社区参与式旅游扶贫效应的评价体系,并对三地扶贫效应进行评价与比较,在综合运用可持续发展理论、利益相关者理论和反贫困等相关理论的基础上,对影响贵州少数民族村寨社区参与旅游扶贫效应的原因进行了分析,从而构建贵州少数民族村寨社区参与式旅游扶贫的完善机制,并就其实施路径提出政策建议。

二、研究意义

贵州省是一个多民族共居的省份,少数民族人口占总人口39%,有3个民族自治州、11个民族自治县,地级行政区划单位占全省的30%,县级行政区划单位46个,占全省的52.3%;少数民族自治地区国土面积9.78万平方公里,占全省面积的55.5%,还有民族乡253个。而这些自治地区的贫困与旅游资源富集度具有高度的重叠性,因此社区参与旅游扶贫机制及其效应的研究具有很强的实用性。是践行科学发展观,构建和谐社会、协调区域发展、维护公平、表现人文关怀的必然要求。

1. 少数民族村寨参与旅游的研究可进一步丰富相关理论体系

少数民族村寨逐渐成为旅游领域研究的热点之一,然而受历史原因影响,农村尤其是少数民族村寨村民有效参与的现实状况不理想。针对这样的问题,本研究将立足于本地化的思维导向,密切结合贵州民族村寨的经济、社会、文化、环境的特点,研究构建对贵州少数民族村寨社区参与式旅游扶贫机制及评价体系的构建。因此,本研究将进一步丰富贵州省旅游扶贫中社区参与理论的体系。

2. 社区参与研究可助力地方旅游经济发展

各种主客观原因导致贵州少数民族村寨社区参与式旅游发展中社区居民主体地位和话语权缺失、益贫性功能发挥不足。而社区作为旅游扶贫开发的背景环境和重要的利益相关者,对于贵州省旅游开发有着重要意义。首先,社区是旅游目的地的核心组成部分,社区活动关系着社区环境的和谐,并直接影响游客的体验。其次,旅游目的地形象基于社区的环境和条件。社区参与作为保护社区自然和文化环境的驱动力因素,直接影响旅游产业收入,对贫困人口脱贫,地方旅游经济可持续发展具有重要作用。

3. 谋划民族村寨旅游扶贫与乡村振兴的有机衔接,具有迫切现实意义

村寨旅游扶贫,始终是贵州民族地区最重要的扶贫形式之一,为广大村民创造了离土不离乡的、有尊严的就业机会。乡村振兴战略是"解决人民日益增长的美好生活需要和不平衡不充分的发展之间矛盾的必然要求,是实现'两个一百年'奋斗目标的必然要求,是实现全体人民共同富裕的必然要

求"。贫困的复杂性及动态性会在更高水平下形成新型贫困,消除绝对贫困、巩固脱贫成效是乡村振兴的前提。村寨,是破解贫困的基本单元、产业创新的基础、稳定乡村社会经济的关键,是激活内生动力,缓解"兜底"压力的重要依托。民族地区村寨旅游扶贫与乡村振兴具有重要关联:第一,村寨旅游扶贫是乡村振兴的基础,乡村振兴是村寨旅游扶贫的方向。我国已经全面建成小康社会,但仍然面临着经济指标脱贫与自我发展能力、旅游主导机制与贫困人口受益、项目资金投入与产业持续发展、经济发展与文化生态博弈等严峻问题。依托村寨旅游在减贫中取得的成效和经验,能够推动村寨旅游减贫质量提升,破解实现乡村振兴的制约因素。第二,村寨旅游扶贫是民族地区推进乡村振兴的有效途径之一。大多数民族村寨经济基础薄弱,产业规模和劳动吸纳能力十分有限。旅游加速了乡村单元重构,激活了乡村文化与资源,带来了资金、人口及产业的回流,为农村贫困地区带来新的发展机会。

4. 探索民族村寨旅游扶贫的运行机制具有重要学术价值

"村"是研究中国贫困问题、科学"看真贫、扶真贫、真扶贫"的基本落脚点,以村落为研究的基本单位一直以来都是人类学、民族学的主要取向之一。马林诺夫斯基的《西太平洋的航海者》、摩尔根的《易洛魁联盟》、普里查德的《努尔人》等均是依托村寨的学术经典;费孝通的《江村经济》、黄树民的《林村的故事》、林耀华的《金翼》等学术著作无不以村庄为样本透视中国的缩影。摩尔根(2007)说:"村寨聚落是家族形态与家庭生活的载体,为人类由蒙昧社会进至文明社会的过程提供了一幅相当全面的写照。"弗思(2017)指出:"以一个村子作为研究中心来考察村民相互间的关系,……从这研究中心循着亲属系统、经济往来、社会合作等路线,推广我们的研究范围到邻近村落以及市镇。"费孝通的《乡村经济》开创了村落社会的研究范本,推动了人类学由"野蛮社会"走向"复杂的文化社会"。但是,以微型社区作为中国社会"缩影"的研究方法,也遭到弗里德曼、利奇等学者的批评(王铭铭,2005)。对此,费孝通(1996)认为,"把农村看作是全国农村的典型,用它来代表所有的中国农村,那是错误的,……如果我们用比较的方法把中国农村的各种类型一个一个地描述出来,……通过类型比较法是有可能从个别逐步接近整体的"。贺雪峰(2013)分析,以村庄为起步的中国学者,怀着"超越村庄的现实关怀与学术抱负",使这种"超越"从物理视角而言以村庄折射中国的研究层次,从理论视角实现西方科学经典理论在中国村庄中的对话。

我国以"民族村寨旅游"作为独立专题进行研究的历程不长,现实中"民族村寨旅游"与"民族村寨旅游扶贫"之间尚存在较大偏差。关于"民族村寨旅游扶贫"的研究散见于"民族村寨旅游"的开发、资源、政策、开发、机制、文化及可持续发展等方面的讨论中,系统的、专门性的研究相对有限。民族村寨旅游带动地方经济、减少区域贫困的同时,村落"飞地"的特征日渐显现,日趋暴露出贫富差距拉大、扶贫靶向偏离、扶贫效益递减、扶贫资金短缺、资源、及劳动力资本效率低下、企业投资热情减弱,甚至村寨旅游走向衰落等危机。新形势下,村寨旅游扶贫研究的侧重点需要由"区域性贫困减缓"集中到"如何依托村寨旅游发展推动乡村全面富美"的现实命题上来。探讨旅游推动产业互补协作机制,对于协调推进民族村寨经济社会发展及生态文化保护,稳定脱贫成效,实现"乡村振兴",具有极强的理论价值。

通过对少数民族村寨社区参与旅游扶贫效应进行衡量和比较,并构建少数民族村寨社区参与式旅游扶贫效应评价体系,为贵州省旅游扶贫政策制定提供了实证基础和理论方法。

三、文献综述

(一)旅游与减贫关系研究

1. 旅游与减贫关系的认识

旅游业综合性强、乘数效应显著,其带动贫困社区脱贫的潜力在于:第一,旅游业为贫困人口提供就业机会;第二,旅游业关联性强,能够辐射带动贫困地区一、二、三产业融合发展;第三,旅游开发建设及运营过程中,社区参与降低了开发商和管理者的交换成本,有利于社区受益机制的建立;第四,由于受外界影响较少,贫困地区原始天然的自然环境为游客提供一种体验贫困生活的机会(宋德义,李立华,2014)。同时,也有学者认为贫困地区开发旅游业是一种现代社会的"新殖民主义形式",并不能有效缓解当地贫困状况(Krippendorf,1999),社区旅游开发扩大了社会不平等和经济差异,存在旅游漏损、生态环境破坏等问题(Sinclair M. T, Stabler M.,2004)。邵秀英则从产业发展角度分析了古村落保护与减贫协调发展模式的关系,古村落是城镇化进程中留住乡愁的重要载体,贫困却是古村落的普遍现象。以保护为基础、产业为途径、减贫为目标,实现遗产保护、文化传承与社区发展协调统一,是古村落面临的主要任务。目前古村落的发展主要依赖于传统农业、旅游开发以及资源开采等产业类型,不同的模式面临的保护与减贫任务各有侧重(邵秀英,冯卫红,2015)。张丽荣等通过生物多样性保护与减贫协同发展模式分析旅游与减贫之间的关系,认为生物多样性和贫困是全球关注的热点论题,生物多样性保护与减贫是关乎我国可持续发展、人民生活水平提高和能否全面实现小康社会的重要问题。近年来,生态环境保护特别是生物多样性保护与贫困地区区域整体协调发展越来越受到社会各界的关注。张丽荣等对我国生物多样性保护与减贫的积极和消极影响关系进行了梳理和分析,采用态势分析法对我国现行的生物多样性保护与减贫的宏观政策在未来二者协同发展过程中的优势、劣势、机会和威胁进行了深入探讨,并在此基础上对以生物多样性可持续利用为核心的保护与减贫协调发展的途径进行了探索,提出了促进二者协同发展的生态移民、绿色资本带动、生态旅游、绿色考评等模式(张丽荣,王夏晖,侯一蕾等,2015)。

2. 旅游与减贫的理论研究

业界对贫困地区开发旅游业是否能够有效减贫一直存在巨大争议,原因是缺乏计量经济模型等理论模型,再结合贫困区域实地状况,通过量化研究来考察是否旅游能缓解贫困。Blake(2008)等的研究结果显示旅游业能在一定程度上促进贫困地区的绝对贫困人口脱贫,但是却相对扩大当地贫富差距。Wattanakuljarus A.(2008)等分析泰国旅游与贫困发展二者关联,也得到类似的结论。基于以上研究结果,很多学者认为政府应在旅游扶贫过程中扮演重要角色,通过公共基础设施建设、营销、税收、二次分配等政策手段扶持贫困地区旅游发展,保障贫困人口受益。赵磊(2011)认为旅游发展能够缩小城乡之间的差距。然而,赵磊利用宏观数据的分析结果并不能解释针对贫困人口的旅游减贫效果问题,城乡收入差距缩小并不能反映贫困人口与非贫困人口的贫富差距变化程度。目前,国内学者从微观视角探讨旅游与减贫关系的定量研究较少,且多数为定性分析研究。肖建红(2014)以宁夏六盘山旅游扶贫试验区为例,建议当地开发以"景区依托、摄影利基、文化利基"为主导的3种模式,并指出模式实施需要政府相应政策的支持。龙梅(2014)研究得出旅游发展导致了社区贫富差距扩大。以上研究表明,开发贫困地区旅游产业能够适当降低绝对贫困比例,但是贫困中并没有获得最多收益,反而是拥有先天资源的非贫困户从中获得更大的收益。王超等学者提出了包容性旅游减贫中政府服务"主体发展需求—资源建设水平—居民重视程度—组织保障力度"的理论机制,系统剖析了包容性旅游减贫中政府服务的影响因素与内在机理(王超,郭娜,2020)。云南财经大学学者曹梦婷认为根据我国扶贫实践发现,"输血式"和"补血式"扶贫方式难以从根本上解决贫困问题。目前,大多贫困地区和贫困人口内生动力匮乏,基层组织内在机制体制不完善,返贫现象等问题逐渐凸显。随着乡村旅游的迅速发展,在旅游发展的带动下诸多贫困地区已然达到减贫脱贫效果,乡村旅游的发展已成为贫困地区实现减贫脱贫、提高经济发展水平的有效途径。其在著作中阐释了贫困村寨旅游减贫自组织机理,并分析贫困村寨旅游减贫自组织演化过程,构建贫困村寨旅游减贫自组织"机制—能力"模型(曹梦婷,2020)。王亚娟主要从可持续发展理论的角度来解释可持续旅游以及可持续旅游与旅游减贫的关系。其认为旅游减贫从实质上属于发展的问题,但是目前无论是政府部门、企业还是贫困人口本身都更多地关注于旅游发展如何带来经济效益,很少有人从可持续旅游发展的角度看待减轻贫困的问题。通过研究发现旅游可持续与减贫可持续是互为因果的关系,在制定旅游减贫政策时,必须以旅游可持续发展为前提(王亚娟,2017)。

3. 基于社区的旅游减贫研究

国内外学者对于社区旅游做了大量研究,表明社区旅游不仅促进了当地社区的发展,更促进了社会文化的发展(Deller S.,2010)。一直以来,基于社区的旅游减贫模式受到国际旅游组织的推崇,并且在纳米比亚(Novelli M,Gebhardt K.,2009)、津巴布韦(Novelli M., Gebhardt K.,2007)、赞比亚(Spenceley A.,2008)等多个案例区实验。基于社区的旅游减贫模式就是社区拥有和经营旅游设施,而非本地业主被排除在外(Mitchell J., Ashley C.,2010),充分赋予社区参与当地旅游发展和管理的权利(Spenceley A., Meyer D.,2012),该模式被认为是理想的旅游减贫模式,得到许多非政府组织和其他外部捐赠人的资助。但社区参与旅游扶贫模式也存在弊端,一方面贫困社区介入旅游业的难度较大(Scheyvens R.,2012),另一方面社区旅游扶贫无法实现可持续(Lapeyre R.,2010)。国内学者在研究中发现,我国需要在旅游扶贫中建立旅游规划的有效进程,加强生态教育和旅游培训,建立平均分配利益机制,才能有效促进当地社区的参与(Wang H., Yang Z.,2010)。相对于社区主导旅游扶贫,Scheyvens(2012)与 Dixey(2013)等学者认为目的地社区看中外来业主市场势力,所以更愿意进行合资企业开发旅游。

随着旅游业的发展,国内学者对此也做出了不少研究,研究成果逐渐增多。江西财政大学张雯等学者对江西省 4 地市 8 县区从社区居民对乡村旅游减贫效应感知的差异与影响因素的角度出发做了详细调查,其认为江西省紧密围绕党中央"十三五"脱贫目标和重点任务,精心谋划产业脱贫、安居脱贫、保障脱贫"三大攻坚战",在社区旅游减贫上有了不少突破。结合调查数据,其认为旅游减贫对居民的影响正向积极,居民对旅游扶贫效果感知的差异可基于人口统计学特征获得,旅游减贫的整体态度与旅游减贫效用居民认可感一致。总体上看,居民对扶贫政策、减贫机制、返贫危害缺乏深入了解;对政府和景区所采取的措施缺乏理解,因此在一定程度上有急功近利表现(张雯付、诗悦、谢炽辉等,2020)。南京航空航天大学学者武小龙、彭雯婷以南非偏远村落社区生态旅游(CBET)减贫为个案研究了社区主导、旅游扶贫与乡村振兴实践。其认为CBET是世界反贫困的重要战略之一。从社区主导理论出发,研究南非偏远村落CBET减贫模式发现,CBET社区参与中南非主要有非政府组织(NGO)引导型、企业主导型、社区主导型三种典型模式,"多主体协同"是未来南非乡村社区减贫发展基本走向。本质上,社区参与模式主要以赋权社区为核心,通过经济赋权、社会赋权、政治赋权、心理赋权等方式,为村民参与乡村减贫提供合法渠道,通过塑造社区共识和内在凝聚力,创造社会力量参与乡村减贫一致行动与实践框架。与南非社区主导型扶贫模式不同,中国扶贫进程是在"强政府(主导)—强社会(参与)"框架下推进,建立"政府主导—社会协同—居民参与"扶贫治理共同体是中国未来乡村振兴本土化智慧方案(武小龙、彭雯婷,2021)。

(二)旅游扶贫绩效评价研究

旅游扶贫绩效评价对于把握旅游扶贫运行状态,检验旅游扶贫政策具有非常重要意义。现有研究主要针对旅游扶贫绩效评价评价内容、评价体系、评价方法等展开。

1. 绩效评价内容和视角

研究的内容和视角方面,主要集中在扶贫资金使用和精准扶贫方面;许新强、卢茜(2009)从资金配置、政府管理等方面进行评价。根据研究对象不同,学者从不同维度来评价扶贫绩效。郑志龙(2009)从扶贫内外绩效视角,对中国政府制度绩效进行了初步分析评价;高波、王善平(2014)从经济绩效、社会绩效和环境绩效方面对财政扶贫资金综合绩效进行了评价。参与式扶贫绩效评估是学者们研究的重点方向之一。李兴江、陈怀叶(2008)对参与式扶贫模式的扶贫效果进行了绩效评价;张海霞、庄天慧(2009)构建了参与式扶贫绩效评价体系。骆品亮(2001)提出为实现帕累托效率,应引入主观评价机制,达成主观绩效评价和客观绩效评价的优化组合。周志忍(2015)提出政府绩效评估过程中,主观指标和客观指标应合理均衡,需要差异化设计。主观绩效评价与客观绩效价相结合的研究思路和研究基础为本文提供了重要参考。耿宝江(2016)在国家精准扶贫战略政策体系框架下,以旅游与反贫困基本理论为基础,分析社区旅游扶贫的作用机理、驱动机制和运行模式,构建基于社区主体的旅游扶贫绩效评价体系。其认为区域旅游发展并不能保障贫困社区、贫困人口也能获得相应的发展机会,特别是扶贫对象识别不准确、帮扶措施不精准、扶贫绩效不明确等问题使得旅游扶贫未起到固有的作用,因此,研究基于社区的旅游扶贫绩效问题意义重大。

2. 旅游扶贫绩效评价维度与方法

学者们主要从旅游产业的经济、社会、文化、生态等几个维度评价扶贫绩效。游新彩、田晋(2009)从经济、社会、生态、政治、脱贫状况5个子系统维度,通过构建AHP-PCE组合评价模型、向延平(2012)采用模糊分析法从经济、社会、生态绩效3个指标进行分析,结果表明旅游产业总体的效果非常显著。黄梅芳、于春玉(2014)从长短期两个维度构建了民族地区的旅游扶贫绩效评价指标体系。根据现有文献分析,旅游扶贫的绩效评价维度并未涉及旅游扶贫的过程效率,旅游扶贫对社区能力的影响评估也相对较少。

韩玲、崔哲浩(2021)认为扶贫绩效评估有利于总结脱贫行为特征,进一步助力乡村振兴。其通过构建乡村旅游扶贫绩效评估指标体系,采用熵权法展开案例地2015—2019年乡村旅游扶贫绩效定量评价,并结合GIS空间可视化技术探究其扶贫绩效时空分异特征及成因,结果表明案例地乡村旅游扶贫绩效总体呈现出波动上升态势,在产生规模效应与拉动效应的同时也存在旅游漏损现象;在空间上未表现出集聚态势,区域分异显著,旅游扶贫整体格局尚未形成。

3. 居民旅游影响感知与行为研究

从扶贫成效评估视角分析,判断旅游扶贫成效是否精准,作为"消费者"的社区居民自然最有发言权,社区居民的有效参与是实现旅游精准扶贫的基本前提。

(1)居民旅游影响感知的内容研究。了解社区居民对当地社区的旅游感知对了解社区参与度有十分重要的作用(Cevat Tosun.,2002);经济利益是社区居民感知最明显和最重要的方面(Akis S.等,1996)。同时有研究指出,旅游产业波动、贫困人口参与旅游的机会成本会影响旅游扶贫效果(Adam Blake 等,2008)。居民感知到社区文化变革,也意识到旅游带来民俗商品化、增加犯罪率、文化冲突等(Brunt P. 等,1999)。不同的社区和参与模式之中,当地居民对文化感知也不同(Liu J. 等,2015)。社区居民的旅游环境感知具有复杂性,消极的感知包括资源环境破坏、交通拥挤等(陈巧等,2006);积极感知涉及资源保护、社区形象的提高等(常慧丽,2007)。

银松等学者(银松、李瑞、殷红梅,2021)以贵州雷公山地区24个民族村寨为典型案例地,基于居民地方性感知调查数据,运用聚类分析方法将24个民族村寨分为旅游发展程度不同的5种类型并对其居民地方性感知进行测度,借助地理探测器方法对雷公山地区影响村寨居民地方性感知的景观、文本、符号和情感4个维度进行因子探测和交互探测,探索山地型民族村寨地方性感知的流变规律。其认为:①不同旅游发展阶段的村寨居民地方性感知存在差异,其中处于稳固阶段的村寨居民地方性感知最弱;②从待开发阶段到稳固阶段,居民对景观、文本和符号维度的感知增强,但对情感维度感知呈减弱态势;③地方性要素功能从待开发阶段至稳固阶段呈现出由日常生活向娱乐休闲向产业发展的变化;④各阶段村寨的地方性感知维度两两交互后均为双因子增强,且景观维度和符号维度交互作用后对地方性感知的影响最大。上述结论为避免民族村寨旅游发展的"同质化"和"无地方性"、促进旅游与民族村寨人地关系协调发展提供了理论依据。

综上分析,扶贫视角下贫困地区旅游业不仅给社区带来经济利益,非经济利益也很显著。关注贫困地宏观经济,也要关注贫困人口个体本身,且旅游扶贫的非经济利益也不容忽视,贫困人口往往成为旅游消极影响的承受者,社会文化风险及环境问题尤为突出。

(2)居民旅游影响感知的评估研究。从经济、社会文化和环境三个维度来分析居民旅游影响的感知是学者主要的研究视角。(Látková P., Vogt C A.,2012)通过建立模型,探讨居民对社区旅游当前和未来发展的态度,在模型中测试了新的社会因素和内生因素。(Hunt C, Stronza A.,2014)的研究不支持旅游经验度和当地居民态度之间的线性关系,但是结论显示了这两个理论观点之间的关系是相互作用的。特别是,在旅游从业居民比其他居民对旅游的态度更加批判性的角度,提出旅游规划者应创造出更可持续性的,以社区为中心的发展(Hunt C., Stronza A.,2014)。

李龙等学者(2020)通过对大别山国家风景道沿线12个乡村社区居民

的深度访谈和问卷调查,发现样本社区居民对旅游开发总体呈现出积极正面的态度,对旅游发展的经济、环境、社会文化影响持较为积极的认知;不认可旅游开发造成的负面旅游发展成本,但意见分歧较大。由于乡村社区居民个体条件、旅游地特征和社会经济环境等因素的差异,导致对风景道旅游开发影响感知存在较为明显的差异。社区交通条件、收益分配制度、核心景区的辐射带动作用等因素对社区居民的感知差异的影响较为明显。

(3)居民旅游影响感知与行为关系研究。居民对旅游发展的认知、态度和行为倾向是相统一的。在社区旅游扶贫实践中,从社区居民视角分析社区旅游扶贫绩效对于衡量扶贫的精准性,制定针对性社区参与政策具有重要指导意义。社区居民感知、态度和行为之间的一定的相互关系。Ap & Crompton(1998)运用该模型对居民的旅游发展态度和社区参与行为之间的关系进行了研究,认为居民对旅游的态度经历了包容、忍耐、调整和退缩等4个阶段。Carmichael(2000)建立一个矩阵模型来分析博彩娱乐活动中居民态度对行为的影响,使用正、中性和负性行为的指数创建模型的行为维度。

四川师范大学学者左文超(2016)以丹巴甲居藏寨为例对民族社区旅游资源特殊性及居民对门票分红感知行为关系进行研究,少数民族社区凭借丰富的人文旅游资源及秀美的田园风光,吸引了众多旅游者前来观光、游览、体验。民族旅游资源开发一方面促进了地区经济的快速发展,提高了当地居民的生活水平,但另一方面也引起一系列负面效应,如社区生态环境污染、传统民居建筑破坏、传统文化退化等,严重威胁少数民族社区旅游资源的持续利用。民族社区旅游资源具有本身的一些特殊性质,当地居民既是旅游资源的主要利用者,同时也是社区旅游资源系统不可分割的重要部分。社区居民能否在旅游发展中公平受益,将直接影响居民对传统文化保护的意愿,对社区旅游资源的开发利用具有重要影响。其引入系统整体性原理、产权经济学中的人力资本理论和公共资源理论对社区旅游资源的结构特征进行深入分析,探讨旅游资源开发的内生困境及其深层次根源,通过制定富有针对性的激励措施,激发居民主动保护和传承社区传统文化,从内因方面解决民族旅游资源的持续利用问题。

(4)居民旅游感知与行为的影响因素研究。由于旅游产业的关联复杂性和个体因素不一样,因此影响当地民众感知的因素也大不相同(Spenceley A., Goodwin H.,2007),旅游资源禀赋(马忠玉,2001)、社区文化背景、旅游发展特征等因素都将影响到居民的态度感知(唐晓云,2015)。Mason 等

(2000)对新西兰 Pohangina 山谷村镇居民旅游感知调查显示,性别差异导致感知差别显著。高飞、向德平(2015)以特困地区湖北、湖南、贵州三省的抽样调查为例,分析女性在社区扶贫中的感知,发现性别差异对于扶贫政策的有效性感知具有明显影响,男性群体更倾向个体特征的提升,而女性群体则更强调社区层面的发展。

(三)少数民族村寨社区旅游扶贫研究

1.少数民族村寨社区的特殊性

少数民族村寨社区发展具有特殊性,主要体现在两个方面:一是嵌入性的,在少数民族社区扶贫开发中需要时刻保持少数民族视角;另一个是显性的,在民族社区旅游扶贫开发过程中可以通过显性的民族社区发展特殊性认识社区发展的条件、历史、因素。一方面,传统的经济社会文化模式具有自身的特殊性,在经济生产方式、社会组织模式、文化传统等方面,都具有自身的特点,而这种特点会对社区旅游扶贫产生影响;另一方面,少数社区地理生态环境、与外界的交流程度、社区内多民族杂居和混居都影响其发展。不同社区的认识能力和扶贫需求差异较大(张琦、王建民,2013)。要对社区内少数民族的发展需求和意愿进行分类与协调,以便反映不同少数民族社区的特殊性需求。此外,少数民族社区的组织管理方式具有很强的特殊性,其传统的"长辈式""族长式"管理方式仍然在社会组织中发挥重要作用。

少数民族社区发展的特殊性应该是在发展中可以转换和利用的一种资源,关键在于发展的时候如何利用这种特殊性的资源(向德平、程玲,2013)。

2.少数民族村寨社区参与旅游扶贫模式研究

少数民族村寨社区参与旅游扶贫模式与其资源类型、文化背景有关,没有普遍适用的蓝图或标准模式(Thomas F.,2014)。国外旅游扶贫模式为社区旅游扶贫提供了较为全面的发展方式(李会琴等,2015)。贫困户通过一些简单的方式,例如给游客提供住宿,或者提供当地特色农副产品等参与到旅游中,此外旅游还改善了当地人对生物多样性保护的态度,降低了人们对自然的依赖,保护了自然环境(Nyaupane G. P., Poudel S.,2011)。另一方面,自然旅游与减贫也存在矛盾。如在生态保护区,社区的农作物易受野生动物破坏(Richardson R. B.,2012)。文化遗产旅游在提高居民生活水平、提升地区自豪感、保护当地传统文化与工艺、推动文化交流等方面具有明显的正效应,对其负面影响的研究较少。印尼爪哇婆罗浮屠遗产地的社区居民旅游收入直接来源于游客的消费,漏损较低(Hampton M. P.,2005)。印度遗产旅游保护了自然与文化遗产,改造了工业化破坏的环境,为当地居民和到访游客提供交流与解释的机会(Poyya Moli G.,2003)。目前国外主要从食品供应角度研究农业和旅游发展的关系(Rid W.,Ezeuduji I. O.,Haider U. P.,2014),实际上农民在食品供应中受益的难度较大,主要有食品质量安全、交通限制、食品供应决策者和生产商之间的沟通不畅和相互的不信任等问题。Pillay 等研究发现酒店食品供应商大多是中介组织,极少代表该区域贫困农业户的利益,因此,并不利于减贫(Pillay M.,Rogerson C. M.,2013)。国内对旅游扶贫模式研究大多为描述性的。除了"特色旅游城市群、旅游综合功能区"(李志勇,2013),李佳(2009)在对三江源地区整体旅游资源禀赋和经济社会发展度测度及居民问卷调查基础上,提出政府主导的基本模式与不同类型区的辅助模式。覃建雄等(2013)以秦巴山区为例,提出了依托当地特色优势旅游资源进行旅游扶贫开发的模式。

3. 少数民族村寨社区参与旅游扶贫绩效研究

少数民族村寨地区经济实力较弱,但旅游资源丰富,因而以旅游开发帮助当地居民摆脱贫困具有很强的现实意义(王弘等,2013)。目前,很多地方积极开展了旅游扶贫工作,取得了一定的效果,但其扶贫效果难言理想,很多地方的贫困人员在旅游扶贫中反而更为贫穷,贫富差距继续扩大,这就背离了旅游扶贫的初衷(李忠斌、李军明,2015)。粟娟(2009)、钱力(2012)、韩燕(2012)分别从旅游扶贫中的经济、社会、生态效益等来展开扶贫开发绩效的分析,并都得出旅游扶贫效益显著的研究结论。夏晶晶(2020)以程阳侗寨文化遗产旅游为研究对象,提出国家对文化遗产保护、传承、创新的价值体系下,当地村寨民众的日常生活融入旅游并运用他们的智慧应对这场"遗产化"浪潮的过程,并将其视为一种生计参与旅游发展,从而实现"传统村寨"向"旅游社区"的成功过渡。思考如何保护程阳侗寨的文化遗产,使其在保护中发展,在发展中得到合理利用,在利用中使当地人受惠。让文化遗产融入文化旅游,通过旅游开发,使文化遗产得以活化,最后得出程阳八寨文化遗产旅游活化利用的发展路径:承继侗寨民族遗产的肌理,激活侗寨传统遗产的特色,构建村寨合理自治的机制,选择精致民族遗产的利用方式。

4. 民族地区旅游扶贫社区受益机制研究

如何使贫困人口在社区旅游发展中获得最大的发展机会和净利益成为研究的焦点和目标(Ashley C.,Roe D.,Goodwin H.,2001)。王永莉(2007)

提出发挥政府主导作用,大资金投入,加强技能培训,重视非政府部门的参与。冯万荣等(2007)的研究表明贫困人口在旅游业中的参与方式影响到他们的收益。卢丽娟等(2014)指出财产制度瓶颈是制约民族村寨社区参与旅游扶贫开发机制重构或完善的重要因素。李忠斌、李军明(2015)通过建立模型分析了民族地区贫困人员旅游参与的制约因素,提出提高贫困人口素质,针对性开发旅游项目,降低企业雇佣民族员工的预期管理成本,促进参与非正式部门就业等措施。

(四)研究述评

现有研究表明,旅游发展与贫困减缓间确实存在一定的正向关系,但如何提高旅游扶贫绩效仍然是目前国内外旅游扶贫研究的核心内容。目前,旅游扶贫绩效评价方法从定向评价逐渐转向定量评价;评价内容从区域经济效应转向区域经济、社会、环境多维绩效评价;从评价方法主要通过问卷调查来分析。从扶贫管理视角分析,社区居民对旅游的减贫感知评价是衡量旅游扶贫绩效的重要手段。少数民族民族地区旅游扶贫逐渐成为旅游领域的研究热点。目前,学者针对少数民族地区旅游扶贫的研究主要基于旅游资源、旅游产业发展、社区旅游参与机制、旅游扶贫绩效定性分析等方面,针对少数民族村寨社区参与式旅游精准扶贫及其绩效研究少。

国内外学者对民族村寨旅游扶贫的研究呈现相对集中、跨文化、问题取向等特点。东亚和东南亚、北美印第安人集中区、加勒比海、南欧与西欧、非洲南部等是国外研究案例主要分布区;国内学者研究样本集中在贵州、云南、四川、广西、湖南等省和自治区,具体锁定于贵州花溪区镇山村、黔东南西江苗寨、朗德苗寨、肇兴侗寨,云南宁范县泸沽湖落水村、元阳县哈尼菁口村、西双版纳的傣族园,四川甘孜州甲居藏寨、阿坝州理县桃坪羌寨、汶川县萝卜寨,广西平安寨、程阳马安寨等。这些村寨的共同特点是:民族旅游文化资源保存良好,具有一定资源、交通或区位优势,且已获得了各级政府的助推。

国内外学者在研究中存在一定的共识以及分歧。村寨旅游扶贫的核心在于贫困人口受益,其在贫困减缓、创造穷人就业机会、复兴传统民族文化等方面的作用得到国内外学者的普遍认可,国内外研究均发现由于参与主体权利不平等,在民族地区发展村寨旅游扶贫往往存在经济漏损、贫困人口参与不足、社区资源被无偿挤占、社会传统文化遭到破坏等问题。对于如何提升村寨旅游扶贫的绩效,由于所处阶段的差异,国内外学者的主张有一定分歧:国外研究更强调市场机制,倾向于立足村寨,从内生视角解决村寨旅游扶贫的相关问题,普遍认为应该突破"孤岛"格局,打通村寨产业经济结构之间的关联,尊重地方文化资本的价值,针对市场特征实行多元化的经济战略;国内研究更强调行政作用,普遍从社区参与能力、扶贫机制、产权制度、产业融合等视角进行思考,关注自上而下的"外生"策略,对于民族村寨旅游扶贫的内生机理及动力机制的讨论相对有限,主要体现在以下几方面。

第一,精准性不足。村寨旅游扶贫研究应该以"扶真贫"和"真扶贫"为着力点,"精准"破解贫困。现有研究,在样本选择上具有典型的区位易达性、资料易获取性、过程可行性等取向,而其他大量具有普遍代表性的民族村寨旅游扶贫至今鲜有关注,未能"精准锁定"贫困村寨。并且,大多个案研究过于微观、定性主导,缺乏系统及定量的研究视角,各地的经验相互难以迁移,不利于村寨旅游扶贫政策的制定和宏观战略的实施。第二,缺乏系统视角。"村寨旅游扶贫"的相关研究往往落脚于对具体村寨的一般描述,习惯于将民族村寨视为一个"经济孤岛"、将旅游产业视为一个孤立的产业系统看待,停留在扶贫框架下整个经济链条的某个中间环节,忽视了区域经济要素之间关系的把握。在研究中未将村寨旅游扶贫纳入大的扶贫产业体系中来探寻村寨聚落经济转型的特征及动力。第三,靶向偏离。"社区"是一个非均质群体,贫困人口的参与才是解决贫困的根本。现有的研究大多从"社区增权"的视角讨论村寨旅游扶贫"经济功能",但旅游发展并"不会自动破解贫困",以社区为旅游扶贫的研究对象,遮蔽了社区中不同群体的受益差异(Ashley等,2000)。新形势下,我国大面积贫困的问题已基本解决,扶贫攻坚越来越锁定于"发展条件差"及"自身能力弱"的深度贫困地区及弱势贫困群体。随着扶贫任务的推进,村寨旅游扶贫研究必须围绕着"发展不平衡不充分"的现实矛盾,破解新的现实难题;最后,方法欠整合。目前的研究方法,虽然定量方法逐步增加,但仍然以定性研究为主。我国民族村寨具有地域性、经济性、文化性、民族性等特征,在乡村结构、产业特点及扶贫模式千差万别,迫切需提升研究方法的针对性及科学性。

在新的背景下,如何适应现实状况理顺少数民族村寨社区参与旅游扶贫的思路?如何实现贵州少数民族村寨社区参与旅游扶贫效应评价与社区旅游的良好衔接和配合,以准确评估社区参与式旅游扶贫的贫困瞄准?如何通过建立有效评价体系对少数民族村寨社区参与式旅游扶贫效应进行评估,并发现阻碍效应提升的深层原因?如何在把握贵州少数民族村寨社区主体特殊性基础上,完善社区参与式旅游扶贫机制?针对现状,本书就贵州少数民族村寨社区参与式旅游扶贫机制及效应评价等问题展开研究。

四、研究方法与技术路线

(一)主要研究方法

1. 文献研究法

通过对既有研究的梳理,总结民族村寨旅游的相关理论与实践,在分析研究现状的基础上明晰其中的问题,形成研究假设,提出研究框架。少数民族村寨社区参与旅游扶贫是一个高度复杂的问题,牵涉到多学科的知识,如我国的土地制度、产权制度和相关个人权利的法律制度进行研究,因而有必要广泛涉猎和借鉴相关学科知识,以便为研究的开展夯实理论基础。

2. 调查法

通过多次深入贵州的少数民族村寨进行调查,通过与旅游开发管理部门的工作人员、村委会干部、当地居民和贫困户进行深入细致的访谈,把握案例地相关人员尤其是贫困居民对地方发展旅游业的主观感受、认知和需求,以便进一步明晰民族村寨旅游扶贫中存在的问题,同时为本书写作奠定实践基础。

3. 系统分析法

探讨构建贵州民族村寨社区参与式旅游扶贫效应评价体系时,不仅单独考虑旅游扶贫开发对地方经济效应,还要考虑其对少数民族村寨社会效应、文化效应、环境效应等多方面的影响。

4. 比较分析法

开展横向比较研究,对秀水村、云舍村、沙侗寨三地旅游扶贫经济效应、社会效应、环境效应、文化效应、整体评价进行比较分析。

5. 定性与定量相结合

定性和定量研究方法各有优缺点。本文在对民族村寨旅游扶贫效应评价研究上采用了定性和定量相结合的方法。在定量方面主要运用 SPSS、Excel 等软件对采集来的数据进行分析和图表编制。

(二)研究开展的技术路线

本研究在思路上以现状描述→提出问题→分析问题背后的原因→解决问题为逻辑思路展开。首先,对贵州民族村寨社区参与式旅游扶贫发展概况进行描述,了解问题研究背景;其次,构建贵州少数民族村寨社区参与旅游扶贫效应评价体系,并结合调查数据对当前贵州少数民族村寨社区参与旅游扶贫效应进行评价,从而提出当前贵州少数民族村寨社区参与旅游扶贫面临的问题;再次,利用反贫困理论、利益相关者理论、可持续发展理论等知识,从多个维度(政府、市场、社区和贫困人口)关系出发对影响旅游扶贫效应的因素进行深入剖析,具体分析贫困人口旅游扶贫受益不足的深层原因;最后,从问题解决入手,主张构建以旅游精准扶贫机制、社区居民参与能力素质全面提升机制、信息互联互通机制、居民参与决策与利益分配的保障机制、政策法规保障机制、资源和生态环境开发保护协调机制为基础的贵州少数民族村寨社区参与旅游扶贫的完善机制,并对其实施路径提出相应建议(具体见图1)。

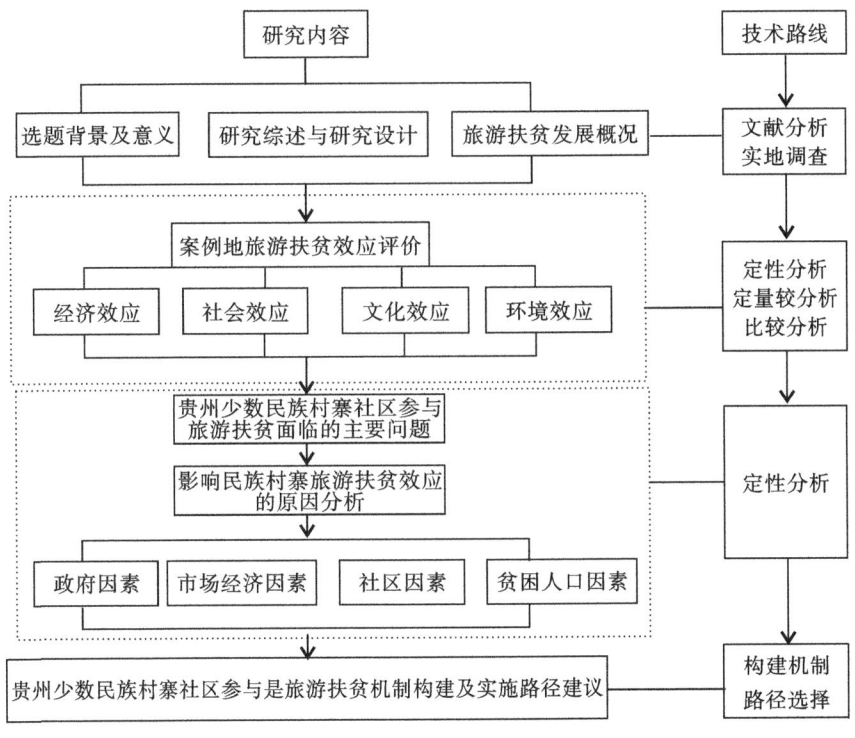

图1 研究内容及技术路线图

第一章

贵州省旅游资源概述

第一节 贵州的发展历程及自然条件

一、贵州的发展历程

贵州是我国古人类发祥地之一。在黔西县的观音洞,发现了原始人使用过的石器,是长江以南地区旧石器时代早期文化的典型代表。此外,贵州还发现有旧时器时代中期的"桐梓人"、中晚期的"水城人"和晚期的"兴义人"文化遗址。在普定县发现的"穿洞文化"遗址,提供了1.6万年前人类祖先在此生息的证据,而被誉为"亚洲文明之灯"。

(一)鳖人时代(公元前30世纪—春秋时期)

四五千年前,鳖人就生活在贵州高原乌江南北两岸的广大地区。在后世人文学者的记述里,他们有双重的身份。他们既是远古的鳖巴人,也是古代蜀人鱼凫部落的重要支系。鳖人是人类历史上最早的水利工程大师,贵州境内乃至中国境内众多伟大的早期水利工程系统都留下了鳖人的身影。

相传公元前22世纪,尧舜命令鳖人鲧治水,未获成功。稍晚,鲧的儿子禹治水成功,禅让以获天下。

公元前21世纪,禹的儿子启开创了中国历史上第一个奴隶制政权——夏朝。

公元前15世纪,鱼凫人建立古蜀国鱼凫王朝。

公元前7世纪初,鳖灵协助蜀王杜宇治水成功,经禅让以获蜀国,建立蜀国开明王朝。鳖灵后裔治理蜀国十三世,并缔造了蜀文化的中心——成都城。

春秋时代,鳖国为周楚属国。鳖国的统治中心位于乌江北岸今贵州省遵义市绥阳县城附近。秦汉时代为鳖县治所。

注:鳖巴—夜郎—土家族、仡佬族等,是贵州早期人文发展的一条主线。早期鳖人延续时间之长、分布地域之广,可以证明两个事实。①鉴即巴,巴即鉴,巴鉴的变音。②早期巴人的活动中心正是在贵州高原,而三峡及附近地区只是走进中原视野最前端的"巴人的篱笆"。

(二)牂牁时代(春秋时期)

春秋时代,在今贵州南境有牂牁国,与北境鉴国并存。牂牁江位于珠江上游北盘江、南盘江、红水河水域。远古牂牁人属于濮越民系,大约于越王勾践称霸时代立国。勾践不仅被早期浙江越人、闽越人、南越人奉为祖先,他显然也是珠江上游牂牁人的祖先。春秋时代牂牁人的势力影响达到乌江南岸。汉代以后在贵州南境长期设有牂牁郡。牂牁国于战国时代被夜郎所灭。牂牁历史是贵州早期历史非常重要的一个组成部分。

注:濮越—牂牁—布依族、侗族、壮族等,是贵州早期人文发展的另一条主线。濮越人更早期的活动中心大约在更南和更东的地区,牂牁时代进入贵州南境。

(三)夜郎时代(战国、秦、汉)

夜郎国是继春秋鳖国、牂牁国之后于贵州高原崛起的又一个部落国。夜郎人为鉴灵入主黄国之后的鉴人余部,夜郎国极盛时控制范围包括今天贵州全境、四川南部、重庆东南部、湖南西部、云南东部、广西北部。

秦汉初年,中央政府于夜郎境内置郡县,而夜郎部落并未完全瓦解,实为共治时期。郎县、夜郎县、郎郡治所位于乌江北岸今贵州省遵义市桐梓县城附近。公元前25年,汉朝击溃夜郎余部。

(四)郡县时代(秦、汉、三国、两晋、南北朝、隋)

1. 秦始皇统一中国后(公元前221年后)

将全国划为36郡。贵州北部、西北部,分属巴郡、蜀郡管辖。贵州南部、东部,分属黔中郡和象郡管辖。

2. 西汉初年

贵州分属益州刺史部犍为郡和牂牁郡。犍为郡管辖今贵州北部、四川南部、重庆南部的大部分地区。牂牁郡管辖今贵州南部及周边地区。

《华阳国志·蜀志》记:"犍为郡,孝武建元六年置,时治鄨(今贵州道义),其后县十二,户十万。"元光五年(公元前130年),移治南广县,昭帝始元元年(公元前86年),再迁治觉道城(今四川宜宾),四川邓沛先生认为《中国古代史地图册》中《西汉时期全图》将犍为郡治所标为"宜宾西南"的提法也值得商榷。牂牁郡治兰且(今贵州贵定附近,或凯里附近,或安顺附近)。

西汉中晚期,贵州北部大部分地区划入牂牁郡管辖。牂牁郡领14县:兰且、鄨县、平夷、毋敛、夜郎(驻都尉)、谈稿、谈指、漏卧、漏江、同并、句町、宛温、都梦、进桑(驻都尉)。这基本上已经是今天贵州全省格局。

3. 东汉时期

基本延续西汉区划。

4. 三国时期

蜀国牂牁郡治且兰(今贵州凯里西北)。领7县:且兰、毋敛、广谈、鄨县、平邑、夜郎、谈指。

5. 西晋时期

西晋初年牂牁郡治万寿(今贵州瓮安)。领8县:万寿、且兰、鄨县、平夷、广谈、毋敛、夜郎、谈指。两晋的大部分时期,贵州境内有牂牁、夜郎、平夷三个小郡。

6. 南北朝时期

属宋国荆、益二州。

7. 隋代

贵州大体属于梁州刺史部和荆州刺史部管辖范围。境内有明阳郡治明阳(今贵州凤冈北部)。客观地看,这一时期在贵州境内的郡县设置象征意义大于实际意义。一方面历朝历代均在夜郎、进桑等地驻军、移民;另一方面却并没有对相关地区形成有效的管理,控制权仍然是在土著部落手中,有时候甚至面对来自这些高原民族的军事威胁。这一时期在贵州地区的郡县设置更多地成为一种地理符号。

(五)土司时代(唐、宋、元)

唐代中央政府开始推行羁縻州制度,在当时的边疆地区利用地方土著管理地方事务,贵州境内出现了几个对后来产生深远影响的地方土司政权。在今贵州省境,仅在乌江以北及黔东北地区一度设有正州,其他地区主要是羁縻州。而到了宋代,由于朝廷面临来自北方辽国、西夏国的强大军事压力而无暇南顾,乌江以北的正州也逐步改为羁縻州。对贵州历史影响最大的是安、宋、田、杨四大土司政权。

1. 水西安氏土司与水东宋氏土司

彝族先民曾被称为"罗罗"或"罗苏"等。唐宋时代,随着大理国的崛起,彝族部落开始越过乌蒙山在今天贵州地区广泛发展。他们在唐末已形成较大的独立政权,被称为"大鬼主罗殿王"。宋末,贵州中部有罗氏鬼国(罗施鬼国),依附于宋;南部有罗殿国,依附于大理。元朝至元十六年(1279年)置八番罗甸宣慰司。至元十九年(1282年),设顺元等路军民宣慰司。至元二十九年(1292年),顺元、八番两宣慰司合并,设八番顺元宣慰司都元帅府于贵阳。后来又以乌江上游的鸭池河为界分为水东、水西。水西由安姓土司统治。水东由宋姓土司统治。至明初,彝族土司管辖今贵州省除遵义、铜仁、黔东南之外的大部分地区。

2. 思州田氏土司

思州人自誉"先有思州,后有贵州",的确如此。远在夜郎人、洋洞人之前,乌江南北均为鳖国故地,而自唐以后仍然保持了更多鳖人余韵的地方,非思州莫属。风景绮丽的岑巩鳖山、龙鳌河就是明证。思州及湘西土家族的历史,正溯鳖人历史,也是远古时代巴人的历史,上接鲸禹,繁衍至今。

田氏土家世居黔中地。《太平御览》记载:"涪陵蛮时,有冉氏,何氏、田氏。"隋代田宗显任黔中刺史,田氏日显。唐代贞观四年(公元630年)时设羁縻州思州,历唐、宋、元、明,均为田氏世袭。田氏管辖思州、思南州疆域相当于今天贵州省铜仁地区、黔东南州东部、及湘西一部。明永乐十一年(1413年)废思州宣慰司、思南宣慰司,以思州之地置思州、黎平、新化、石阡四府,以思南之地置思南、镇远、铜仁、乌罗四府,始建贵州。

3. 播州杨氏土司

播州为春秋时代鳖国之中心。战国时代属夜郎国。秦置鳖县,属巴郡,汉初置犍为郡。汉元鼎六年(前111年)鳖县、夜郎县等改隶牂牁郡。唐初置郎州,贞观十三年(639年)郎州易名播州。

唐朝起于太原,太原人故此得守天下。唐大历五年(770年)播州"土酋叛",太原罗荣率师入播"平叛",据有播土。大中十三年(859年)南诏大理国酋龙自称皇帝,派兵侵占播州。安南都护收复播州。咸通十四年(873年)南诏再次攻陷播州。山西太原人杨端应募,与其奥谢氏率令狐、成、赵、犹、娄、梁、韦七姓,明攻娄山,暗渡赤水,收复播州。罗荣五世孙罗太汪偕同征战,杨、罗子孙遂家于播。杨氏开始世袭统治播州。明万历二十八年(1600),分播州地为二,遵义府属四川,平越府属贵州。自唐末杨端至明末杨应龙,杨氏土司治播二十九世,七百余年。播州杨氏土司管辖范围相当于今天贵州省遵义地区、黔东南州黄平凯里一带、及安、金沙、綦江等地。杨氏为今天贵州第一大姓。

（六）行省时代(明代至今)

元末天下大乱,西南土司纷纷立国称王。明洪武初年(1368年),水西土司霭翠和他的妻子奢香率部拥护朱元璋并协助了明朝平定云南的战争。朱元璋特赐霭翠汉姓安,将顺元路改为贵州宣慰司(今贵阳、黔西大方、水城一带,治所在今贵阳),封霭翠为贵州宣慰使,并赐给他许多金银和绢帛。洪武五年(公元1372年),朱元璋特颁诏书,宣布霭翠的地位在其他宣慰使之上。霭翠去世后,奢香继任贵州宣慰使,并修筑了贵州至云南、四川的驿道,促进了贵州地区经济文化的发展,为贵州行省的建立奠定了基础。明永乐永乐十一年二月初二日(1413年3月3日),设置贵州布政使司。废思州宣慰司与思南宣慰司,保留水东土司与水西土司,同属贵州布政司管辖。从此,贵州正式成为省一级的行政单位。

清雍正五年(公元1727年),将四川属遵义府,广西属荔波及红水河、南盘江以北地区,湖广属平溪、天柱,划归贵州管理辖。将贵州属永宁州划为四川管理辖。至此,贵州延续至今的行政区划基本确定。

二、贵州的地形地貌

（一）地理位置及行政区划

贵州省简称"黔"或"贵",地处,介于东经103°36′~109°35′、北纬24°37′~29°13′,东西长约595千米,南北相距约509千米。全省总面积176 167平方千米,占全国总面积的1.8%。截至2021年,贵州省辖9个地级厅政区；10个县级市、50县、11民族自治县、15个市辖区和1个特区,省会贵阳。

（二）地形地貌

贵州地貌属西部高原山地,境内地势西高东低,自中部向北、东、南三面倾斜,平均海拔在1 100米左右。境内最高处为毕节地区赫章县珠市乡的乌蒙山韭菜坪,海拔2 900.6米；最低处为州黎平县地坪乡水口河出省处,海拔147.8米。境内山地和丘陵占92.5%。岩溶地貌发育非常典型,喀斯特出露面积109 084平方千米,占全省国土总面积的61.9%。

(三)气候

贵州气候属亚热带湿润季风气候。大部分地区年均温14℃~16℃,最冷月(1月)均温一般不低于5℃,最热月(7月)均温一般在25℃以下。年降水量一般在1 100~1 400毫米。10℃以上活动积温约4 000~5 500℃。无霜期长达270天以上。因地形和纬度等因素的影响,致省内气候从东到西、从南到北、从低到高变化明显,形成了多种气候类型。但雨日多达160天,相对湿度常达80%,日照仅1 200~1 500小时,日照率不足25%~30%,不利于喜光作物的生长。

(四)水文

贵州河流处在长江和珠江两大水系上游交错地带,全省水系顺地势由西部、中部向北、东、南三面分流。苗岭是长江和珠江两流域的分水岭,以北属长江流域,主要河流有乌江、赤水河、清水江、洪州河、锦江、松桃河、松坎河、牛栏江、横江等;以南属珠江流域,主要河流有南盘江、北盘江、红水河、都柳江、打狗河等。长度在10千米以上的河流有984条,全省水力资源丰富。

(五)土壤

贵州土壤面积159 100平方千米,占全省土地面积的90.4%,地带性土壤属中亚热带常绿阔叶林红壤—黄壤地带。中部及东部广大地区为湿润性常绿阔叶林带,以黄壤为主;西南部为偏干性常绿阔叶林带,以红壤为主;西北部为具北亚热带成分的常绿阔叶林带,多为黄棕壤。此外,还有石灰土和紫色土、粗骨土、水稻土、棕壤、潮土、泥炭土、沼泽土、石炭土、石质土、山地草甸土、红黏土、新积土等土类。

(六)生物

贵州生物种类繁多。全省维管束植物共有6 255种,其中药用植物资源3 700余种,占全国中草药品种的80%。野生经济植物资源中,工业用植物约600余种,以芳香油、油脂植物等资源为主,食用植物约500余种,以维生素、蛋白质、淀粉等为主;可供绿化、美化环境及有观赏价值的园林植物约200余种;具有抗污能力的环保植物40余种。全省有70余种珍稀植物列入国家重点保护植物名录,银杉、珙桐、红豆杉等14种属国家一级保护植物,协穆、秃杉、连香树等57种属国家二级保护植物。

全省有野生动物资源1 000余种,其中黔金丝猴、黑叶猴、云豹、豹、蟒等17种为国家一级重点保护野生动物,猕猴、穿山甲、小灵猫等83种为国家二级保护动物。

(七)植被

贵州省属亚热带高原山区,气候温暖湿润,地势起伏剧烈,地貌类型多样,地表组成物质及土壤类型复杂,因而植物种类丰富,植被类型较多。自然植被可分为针叶林、阔叶林、竹林、灌丛及灌草丛、沼泽植被及水生植被5类。针叶林是贵州现存植被中分布最广、经济价值最高的植被类型,以杉木林、马尾松林、云南松林、柏木林等主阔叶林,以壳斗科、樟科、木兰科、山茶科植物等为主构成,常绿阔叶林是本省的地带性植被。多种森林植被破坏后发育形成的灌丛及灌草丛分布最为普遍。

三、贵州的自然景观旅游资源

贵州自然景观旅游资源,是在贵州独特自然地理条件下,通过地壳运动、古地理环境变迁、各种构造变动、生物不断的演化,又经大自然长期雕琢、塑造,形成各种各样的自然风景旅游资源,是大自然的赋赠,属自然历史遗产。

(一)贵州地貌旅游资源

从旅游角度来划分,可将贵州地貌旅游资源划分为山、峰丛与峰林、峡谷、洞穴等。

1. 名山

贵州省内,著名的山很多。北有大娄山,地处大娄山脉遵义板桥镇有著名的娄山关,娄山关是川黔公路上的雄关险隘,是遵义市北部重要的屏障;西有乌蒙山脉,这里有贵州最高的山峰韭菜坪,海拔高度达2 900米,有高原名珠草海;东有武陵山脉,武陵山脉的西段有贵州著名的梵净山,梵净山在明代就是贵州著名的佛教名山;贵州南部则以大山与广西相连;苗岭横亘于贵州中部,成为长江、珠江两大流域上游的分水岭;遵义市有著名的金顶山;兴义市有著名的龙头大山,等等。这些大山使人向往,吸引着千千万万旅游者。

2.峰丛与峰林

喀斯特地貌出现的密集丛聚状石峰,称为峰丛;有的山地、山峰成群的分布成为峰林。峰丛、峰林地貌有很高的游览价值,贵州又是我国重要的峰丛与峰林地貌类型所在地。这种自然景观令游客赞不绝口,流连忘返。

3.谷地

有山就有谷,山谷并存。贵州峡谷众多,舞阳河小三峡谷、兴义马岭河峡谷、修文六广峡谷等,这些都成为贵州著名的旅游胜地。

4.洞穴

贵州有洞穴世界之称,主要是喀斯特洞。喀斯特洞的特点是规模大、层次多,并有碳酸钙或硫酸钙溶液沉淀的堆积物,形成丰富的多姿多彩的晶莹绮丽的石幢、钟乳石、石笋、石柱、石花等,具有很高的观赏价值和科学价值。贵州著名的织金洞、天星洞、晴隆石花洞、阳明洞、绥阳双河洞等都已成为著名的旅游地。有的洞内有暗河衬托,交相辉映,如安顺龙宫、红枫湖将军洞等均显示出神奇的自然景观。

(二)贵州水景旅游资源

水是塑造自然景观的重要动力,同其他旅游资源配合,给旅游者以环境美、动态美、色彩美。山和水分不开,有山无水不活山水相依,交相辉映才是美景,山水环抱才是好风水。古代的文人墨客善于触景生情,借题发挥,寄情于山水,形成我国独特的名山胜水的山水文化,具有很高的历史文化价值。贵州水景资源主要包括河流、湖泊、瀑布、泉等。

1.河流

河流与贵州的文明息息相关。是城市发展的重要保障。贵州的河流不但与贵州的经济发展、文明的进步息息相关,而且还给贵州带来了无数美丽的自然风光。大河气势磅礴,奔腾不息;小河淌水,溪水潺潺。贵州第一大河乌江,干流全长1 037千米,流经贵州39个县市。乌江渡口修建了乌江渡电厂,137米的高坝,属国内喀斯特地区第一高坝,发电量自给自足,还支援四川一部分电力,乌江渡电厂已成为贵州一大旅游景点,游客不但可以观赏到大坝的雄伟,还可领略水下发电的情景。地学工作者还惊奇地发现,大坝是建在一个倒转的背斜构造上,叫人大开眼界。中国工农红军长征时,英雄儿女突破乌江,进驻遵义,直逼贵阳,使敌军望风丧魂。盘江乃是孕育古牂牁国、夜郎国的河流,是贵州布依族文化和仡佬族文化的发祥之地,具有较高的历史价值,同时亦有很高的旅游价值。除此之外,贵州樟江形成了著名的樟江风景线;白水河形成著名的黄果树瀑布;舞阳河形成著名的舞阳河风景区;马岭河形成著名的马岭河峡谷旅游区;赤水河形成了著名的酒乡,促进了酒文化的繁荣。

2. 湖泊

湖泊是水景旅游资源的重要组成部分。湖光山色相映成趣,是人们向往的地方。湖泊与河流不一样,湖泊水域宽广,水流平静,湖中往往有岛或洲,碧波荡漾,水天一色,气象万千,泛舟湖面,令人心旷神怡。贵州著名的湖泊有威宁草海、贵阳百花湖、清镇红枫湖、荔波鸳鸯湖、普定夜郎湖、织金八步湖、长顺杜鹃湖等。这些湖泊已都成了著名的风景名胜,有的已经成为国家级的风景名胜区。

3. 泉

贵州的泉较多,用于开发和旅游的主要是温泉,贵州的温泉有 80 余个。现已开发出供旅游的有著名的息烽温泉、绥阳温泉、金沙岩孔温泉、遵义枫香坝温泉等。

(三)贵州生物旅游资源

贵州的生物资源丰富,它是人民赖以生存与发展的不可缺少的条件,亦是美化环境的主要物质基础,以其千姿百态的形态美、色彩美、动态美深深地吸引着旅游者。

1. 植物旅游资源

贵州有许许多多的珍稀植物,例如国家珍稀保护植物的有 67 种,一级保护珍稀植物有 4 种,二级保护植物有 26 种,三级保护植物有 37 种。植物在气象与其他自然地理条件的影响下,可以单独形成景致,贵州百里杜鹃就是非常有名的自然景观旅游区。

2. 动物旅游资源

贵州野生动物有 106 种,珍贵动物有 60 种,著名的有黔金丝猴、黑颈鹤等,在国内乃至全世界都比较稀少珍贵。这些野生动物构成了丰富多彩的旅游资源,为人们所向往。野生动物与植物是分不开的,森林是野生动物生活的场所,所以自然保护区是游客理想的旅游地。著名的梵净山风景旅游区就是集国家自然保护区与旅游风景区为一体的旅游胜地。

(四)贵州人文旅游资源

贵州人文旅游资源分布状况贵州是个多民族的省份,有着悠久的发展历史,各族人民在长期共同发展的过程中创造出贵州灿烂的文化,创造出许多富有民族特色的风土民情。

1. 古人类遗址

贵州已发现多处古人类遗址,它们为研究中华民族祖先发展的进程提供了翔实、可靠的证据。在水城硝灰洞、黔西观音洞、桐梓岩灰洞都发现了人类祖先居住过的洞穴,这不仅为考古工作者提供了研究人类历史的场所,也成为旅游者向往的旅游胜地。

2. 古墓葬

古墓葬是研究历史最可靠的证据,其建筑宏伟,名人轶事为人们敬仰、崇拜。贵州著名的古墓葬有:南宋杨璨墓、明初奢香墓、明末十八先生墓、思州陈圆圆墓等。

3. 寺庙

寺庙在贵州的分布十分普遍,佛教、道教、天主教等在贵州都有比较大的影响。著名的梵净山在明朝时就是贵州有名的佛教名山,黔灵山则是清初的佛教名山。佛教寺庙有贵阳的弘福寺,道教圣地是贵阳东山的仙人洞等。

4. 故居、纪念地和名人轶事

贵州孕育了伟人的无产阶级革命家邓恩铭、王若飞,他们的居住地经修缮后,都建立了纪念馆,供人们参观游览。历代名人来黔居住的也有很多,像黎庶昌、王阳明等中外驰名的人物在贵州都留下了生活的足迹,他们的故居是人们了解历史、以史明鉴的最佳场所。

5. 风土民情旅游资源

风土民情是贵州得天独厚的旅游资源,特别是各少数民族的节日、歌舞、戏曲、杂技等热闹非凡、异彩纷呈。苗族节日"四月八"是贵阳喷水池有数万人参加的大型节日,苗族群众载歌载舞,表演吹笛、芦笙舞;安顺白岩场苗族跳花节有一万多人进行跳花、探亲,青年男女则对歌互诉衷肠;正月十五布依族跳地戏,侗族的"抢花炮"等节日都是贵州传统精彩的节目。各少数民族的礼仪、习俗、婚俗及风味小吃等,都是贵州风土人情的体现,构成了丰富的旅游资源。

第二节　贵州旅游资源特点及其类型

一、贵州旅游资源的特点

贵州省的旅游资源在空间上遍布贵州高原,而且与贵州独特的自然生态、民族风情、历史文化自然融合,呈现出多种特征:自然生态的奇特性、文化的原生性、民族历史的厚重性、红色旅游资源的显赫性、气候资源的宜人性,特别是以遵义会议、强渡乌江、四渡赤水、兵临贵阳等重大历史事件所形成的长征文化,更具震撼力、号召力。

1. 自然生态的奇特性

贵州山川秀丽,广泛分布的岩溶地貌是构成贵州特色旅游资源的基础,是中国最大的岩溶分布区,发育于地表的石芽、漏斗落水洞、竖井、洼地、峰林、峰丛、天生桥、岩溶湖、瀑布、跌水,与发育于地下的溶洞、暗河、暗湖、伏流等纵横叠置,形成了1个极富地域特色的"自然岩溶博物馆"。著名的黄果树大瀑布、龙宫、织金洞、马岭河、小七孔等景观,就是这个喀斯特王国的典型代表。独特的自然景观和丰富的自然资源,使贵州成为旅游资源丰富的省份。在世界目前已开发的15种主要自然旅游资源中,贵州占了10种,其数量、类型之多,为中国罕见。境内自然风光神奇秀美,山水景色千姿百态,溶洞景观绚丽多彩,野生动物奇妙无穷,文化和革命遗迹闻名遐迩;山、水、洞、林、石交相辉映,浑然一体。以休闲、度假、保健、求知、探索为载体的绿色旅游,备受游客青睐。

2. 多种民族文化的原生性

贵州是古代氐羌、苗瑶、百越、百濮四大族系的族群交汇处,也是汉族移民较多的地方。目前贵州省的总人口约为3 856.21万人,其中少数民族占1 405.03万人,世居的少数民族达17个。各民族的建筑、服饰、饮食、婚俗、祭祀、节庆、艺术等,无不富含着异彩纷呈的人文底蕴。在1992年,世界保护乡土文化基金会就把黔东南地区,列入了该组织在全球的18个保护圈之列。近年来,世界旅游组织又把贵州黔东南巴拉河流域的苗族村落和安顺屯堡文化,列入了发展乡村旅游的示范点。贵州是一个多民族省份,民族文化旅游资源异彩纷呈,民俗文物之多位居中国第一,是开展民族文化旅游的宝地。民族村寨山清水秀,竹林葱茏,吊脚楼房鳞次栉比。民族服饰款式丰富多彩,工艺巧夺天工,内涵广博深邃。民族节日数量之多,活动人数之众和内容之广,令人叹为观止。

3. 历史民族文化的厚重性

贵州是中国古人类发祥地之一,又是一个多民族的省份。除汉族外,世居地少数民族有苗、布依、侗、彝、水、回、仡佬、壮、瑶、满、白、蒙古、羌、土家族等17个。居住在贵州的布依族、水族和仡佬族,人口均占国内本民族人口总数的95%以上。各民族在贵州发展的历史进程中,创造了光辉灿烂的民族历史文化,留下了丰富的文化遗产与文物古迹。其中有堪称世界奇观的古人类文化遗址,如普定穿洞遗址、黔西观音洞遗址、桐梓岩灰洞遗址;有体现民族古建筑文化民族民俗建筑物,如镇远青龙洞、从江增冲鼓楼、大屯土司庄园、安顺府文庙、黄平飞云崖等。此外,各民族的服饰、礼仪、习俗及喜庆活动和传统的民族节日、民间工艺,蕴含着丰富的文化信息,也构成了独具特色的人文旅游资源。同时,由于历史和地理的原因许多古老的不同风格的民族文化现象在贵州得到了较为完整的保存,并形成若干文化孤岛,如屯堡文化,民族文化的多样性与多种文化的积淀,使贵州形成了多元并存的文化格局,并成为天然的民族文化博物馆。

4. 红色旅游资源的显赫性

贵州的革命文物和遗址、会址,构成了不可多得的红色旅游资源,为开展红色旅游提供了丰富的资源条件。从1930年4月至1936年4月,红七军、红三军、红一方面军、红二六军团、红九军在贵州开展了轰轰烈烈的革命斗争,足迹遍及67个县,建立了滇黔桂革命根据地、黔东革命根据地、黔北革命根据地和黔西北革命根据地。留下了大量的革命历史文物和丰富的长征文化。如已为世人熟知的遵义会议会址,还有近年来逐步开放的王若飞故居、邓恩名故居、周逸群故居,以及盘县、黎平、毕节等地的红军会议旧址,它们都是进行传统和爱国主义教育的基地。中央红军为期两年的长征,有近一年的时间在贵州境内活动,先后攻克了31座县城,经过了30多个县境。黎平会议、遵义会议、突破乌江天险、娄山关战役、土城战役、四渡赤水、兵临贵阳、威逼昆明都是长征历史上最为辉煌的重大历史事件。在《2004—2010全国红色旅游发展规划纲要》中,贵州以遵义为中心的历史的转折,出奇制胜为主题形象的黔北黔西红色旅游区已被列入中国12个重点红色旅游区";遵义会议纪念馆等11处被列入全国红色旅游经典景区名录。贵州以长征文化为重点的红色旅游资源特点鲜明。

(1)知名度高,震撼力强,红色品牌突出,有市场号召力。

(2)传奇性、趣味性、参与性强,便于打造受市场欢迎的旅游产品。

(3)与贵州绿色生态、少数民族文化等旅游资源分布相伴生,便于整合集中开发,建设成为复合型旅游产品。

(4)分布面广、带动性强,可以形成全面发展格局,扩大受益面;

(5)作为中国革命的转折之地,贵州以长征文化为重点的红色旅游具有特殊的市场宣传效果。

5.气候资源的独特性和宜人性

随着贵州旅游业的快速发展,贵州的气候优势已经为越来越多的人所认识。贵阳市已荣获"中华避暑之都"的称号,说明贵州气候好不再是"王婆卖瓜",而是通过科学评价,已经成为专家的一致意见。贵州地处云贵高原东斜坡,地势西高东低,自中部向北、东、南三面倾斜。属亚热带温湿气候区,拥有得天独厚的气候和丰沛的降雨优势。其气候特征可概括为:立体气候明显,气候温暖湿润,无霜期长,冬无严寒,夏无酷暑,雨量充沛,四季分明。素有"金不换气候"的美誉,贵州省会城市贵阳则有"第二春城"之称。冷热适度的气温,是贵州发展旅游业的重要环境条件,也是贵州得天独厚的旅游资源。

6.乡村旅游资源的丰富性

乡村旅游即旅游,目前已经成为国内外旅游的重要发展方向,具有巨大的发展潜力和魅力,贵州省东线尤其具备乡村旅游的独特优势。这一旅游可参与性强,费用相对低廉,投入少,经营灵活,回报率高。其民族建筑、民族歌舞、服饰、民族节日、民族饮食文化及民风民俗具备乡村旅游的条件。这些乡村是观光、采风、休闲、科考、探险的理想之地,可进行观赏、休闲度假、参与体验、研讨、乡村专题调研等旅游开发,若推出一系列具有乡村旅游特色的专题生态旅游,能够促进全省旅游业发展。

二、贵州旅游资源的类型

(一)民族文化:贵州多彩文化之灵

1.贵州民族文化独树一帜

贵州地处大西南,环境偏僻、封闭,地理和历史的诸多因素使贵州成为多民族聚居地,多民族的原生态文化遍布全省。绚丽多姿的民族文化是贵州最动人、最迷人、最多彩的风景。

贵州是少数民族聚集的省份,目前居住着49少数个民族,其中17个是世居民族。少数民族人口占总人口的36.8%,比重居全国第三位。各民族之间呈现大杂居、小聚居的分布情况,汉族多分布在交通便利的城镇,少数民族多分布在边远农村,正因为交通闭塞,与外界交流联系较少,少数民族文化得以完整保存,"一山不同族,五里不同风,十里不同俗"是对贵州少数民族最贴切的描述。黔东南有苗侗文化,黔东北有土家文化,黔西南有布依文化,黔西北有彝族文化,黔北有仡佬文化,黔南有水瑶文化,各民族文化异彩纷呈。在不同的民族文化中,节庆、服饰、饮食、民俗礼仪等又各自不同,每一个民族都在用自己独有的方式演绎和传承,本民族文化,使民族文化生生不息,绵延不断。共同构成了"多彩贵州"文化的重要支撑,在全国文化丛林中独树一帜。

2. 贵州民族文化绚丽多彩

贵州民族的"原生态"文化,是在山地的特殊环境中产生和形成的,有其独特的"文化生境"。贵州民族保持许多古朴的民风,包括他们的群体意识、道德风尚、伦理观念、风俗习惯等,从而进一步促成了贵州民族文化的多样性,表现在音乐、舞蹈、戏曲、工艺和民族精神等诸多方面。

(1)别有洞天的音乐舞蹈。"能说话就能唱歌,能走路就会跳舞",贵州的少数民族能歌善舞,各个民族音乐种类繁多,苗族"飞歌"、侗族"大歌"、布依族"八音坐唱"都是民族音乐中颇具特色的体裁。贵州少数民族戏剧,移植了汉族戏剧的特点,又表现出浓厚的地域特色,具有较强的巫术色彩。黔剧是贵州本土剧种,代表作有《秦娘美》《奢香夫人》及大型歌舞剧《蔓萝花》等,深受观众喜爱。在舞蹈方面更是形式多样,种类繁多,贴近生活。譬如:芦笙舞、锦鸡舞、猴鼓舞、板凳舞等。

(2)深邃广博的工艺与服饰。传统工艺具有经济价值、艺术价值、历史价值、文化价值,贵州的民间工艺种类繁多,分布广泛,许多已经收录在非物质文化遗产名录中,得到了很好的保护和传承。譬如:蜡染、刺绣、雕塑、造纸、酿酒、制茶,等等。贵州民间工艺扎根于生活,又服务于生活,反映了一地的生产文化,涵盖了生活的方方面面。服饰是贵州民族文化的重要载体,被誉为"无字史书",内涵深邃广博,具有重要研究价值,凝聚了各个民族的审美观念和聪明智慧。

(3)百花齐放的传统习俗。不同的民族有不同的信仰和婚丧礼俗,传统节日是民族习俗中最外向的表现形式,也是最能让"他者"洞察和感受的文化事象。苗族的"鼓藏节""姊妹节",侗族的"赶歌会",水族的"过端""过卯",布依族的"三月三""六月六",彝族的"火把节",等等。民族节庆是民族文化中最璀璨的明珠,因习俗独特、文化内涵深厚、场面热烈,吸引众多外来者参观体验。

(4)"自信自强"的民族精神。贵州历史名人周素园(1879年—1958年)认为:贵州人民在对历史黑暗的抗争中,抗慷捐躯,前仆后继,视彼所谓开明者,未尝有逊色焉。大抵黔人执事敬,与人忠,颇吸中国文化之精髓,而生活环境又养成习劳耐苦之天性,故其表现为朴诚,为果毅,有不教而率,不言而喻之风。新时期,贵州省委结合贵州民族文化传统和经济社会发展实际,在十届二次全会上提出要大力弘扬和塑造"自强自信、开放创新、能快则快、团结和谐"的新时期贵州精神,极大地提升了贵州的地域认同感和文化自信心。

民族文化是贵州历史发展的印记,是各个民族在特定自然生态与社会环境中积淀下来的智慧,任何发展都不能背离历史,脱离文化,贵州丰富的民族文化将继续在未来的发展中发挥巨大作用。

(二)生态文化:贵州多彩文化之脉

"江南千条水,云贵万重山,五百年后看,云贵胜江南。"贵州自然风光旖旎、景色秀美,俨然一座浑然天成的森林公园,"生态"已经成为贵州最宝贵的资源,生态文化则是贵州多彩文化之脉,把握好脉才能发挥好比较优势,走正确合理的发展道路。生态文化作为一种新的文化形态,主要包括生态文化的物质层面和生态文化的精神层面。物质层面指自然资源赋,精神层面指人与自然之间的关系,如法规制度和生态观念。

1. 贵州生态文化的物质层次

特殊的地理环境形成了绚丽多彩的生态景观。贵州位于云贵高原,地势西高东低,平均海拔1 100米左右。生理卫生实验研究表明,500~2 000米是最适合人类居住的海拔高度,贵州大部分地区都处在1 000~1 300米的"黄金海拔"上,宜人的气候条件是贵州发展旅游业的一大优势。贵州多山多水,境内山脉横亘,重峦叠嶂,河流蜿蜒,川流不息。北部有大娄山,渝黔要隘娄山关,有一夫当关万夫莫开之险;东北部有武陵山,主峰梵净山被联合国列为"一级世界生态保护区";中部有苗岭横亘,孕育了西江千户苗寨等蜚声中外的苗族聚居地;西部高耸的乌蒙山,属此山脉的韭菜坪海拔2 900.6米,为贵州境内最高点。贵州河流纵横,赤水河、乌江、清水江、南盘江、北盘江,孕育了贵州文明。贵州喀斯特地貌发育典型,占全省面积的61.9%,构成了奇特的地质奇观,山、水、洞、林、石交相辉映,形成了黄果树大瀑布、双河洞、马岭河峡谷等地质胜迹。

2. 贵州生态文化的精神层次

贵州生态文化的精神层次主要表现在政府生态转型的社会意识上。党的十七大后,贵州根据自身省情提出建设生态文明城市,把生态现代化作为实现贵州经济社会发展历史性跨越的根本途径,各级政府也随即做出了建设生态文明的决定。2014年6月,国家发展改革委等六部门批复《贵州省生态文明先行示范区建设实施方案》,标志着贵州在生态文明建设方面已先行一步。2015年,为贯彻落实《中共中央国务院关于加快推进生态文明建设的意见》,深入推进贵州省生态文明先行示范区建设,中共贵州省委省政府提出《推进生态文明先行示范区建设的实施意见》。贵州生态文明建设成果显著,获得了"全国卫生城市""生态文明城市""国家级生态示范区"等称号。贵州在生态文明建设发面的倡导,引起了社会的广泛关注,从2009年起,连续四年举办"生态文明贵阳会议",2013年升格为"生态文明贵阳国际论坛",成为国内外共享生态文明建设成果和经验交流的重要平台。

贵州拥有良好的生态资源,贵州人民在与自然生态和谐相处的过程中总结出了丰富的经验和深刻的智慧,明确了"绿水青山就是金山银山""守住生态与发展两条底线"的发展思路。"生态文化"是"多彩贵州"文化体系中的重要组成部分,是推动贵州经济社会发展的不竭动力。

(三)传统文化:贵州多彩文化之根

贵州是中国古人类的发祥地,也是中国古文化的发源地之一,具有悠久的历史文化传统。早在旧石器时代就有人类居住,黔西观音洞遗址是贵州"史前文明"有力佐证。战国、秦汉时期,贵州各地留下了"夜郎文化"的遗存和神秘传说。

"史前文明""夜郎文化""土司文化""水西文化""阳明文化""屯堡文化""沙滩文化""红色文化",成为当今贵州历史文化研究的热点,赋予"多彩贵州"深厚的历史文化内涵。夜郎文化是贵州文化的重要基因和源头,夜郎曾经是战国至汉代我国西南重要方国之一,《史记·西南夷列传》载:"西南夷君长以百数,独夜郎、滇受王印。"赫章可乐遗址出土文物反映了夜郎文化的特征,被称为"贵州考古发掘的圣地、夜郎青铜文化的殷墟"。除此之外,由汉代经学大儒尹珍开"南域之学"传播中原文化,成为贵州文化教育的拓荒人,在尹珍文化影响下,贵州人才辈出,清代以郑珍、莫友芝、黎庶昌为代表创造了"独领中国西南文化之风骚"的黔北"沙滩文化"。明代思想家王阳明谪居贵州修文龙场,创立"心即理""知行合一"学说,形成了阳明心学体系雏形。阳明心学的出现,使停滞多年的儒家思想又向前迈进了一大步,并开辟了思想解放的先河,对后世的民主思想和维新变法的产生奠定了一定基础。

悠久的历史文化与传统增添了"多彩贵州"的文化底蕴,在历史的淘洗中闪烁着智慧的光芒,使之成为"多彩贵州"文化的重要根基。

(四)红色文化:贵州多彩文化之魂

1. 红色文化与多元文化的融合与共生

文化多元与相融正如费孝通所说:"各美其美,美人之美,美美与共,天下大同。"也如《论语·子路》所载孔子的一句名言——"和而不同",多元文化在同一空间内融合共生。红色文化不能等同于人们通常理解的较为局限的革命文化、长征文化,红色文化具有包容性和成长性,应该是"1+N模式""文化+"的先进文化的整合,即以红色文化为主导,伴随着生态文化、民族文化、传统文化之间的融合、促进和创新,组成"多彩贵州"文化体系。

2. 红色文化与民族文化的生动融合

红色文化作为一种先进文化,包括物质和非物质两个层面,物质层面表现为战争时期留下遗物、遗址、遗迹等革命历史遗存和后人为缅怀革命先烈建造的博物馆、烈士墓等纪念场所;非物质层面主要指革命过程中形成的精神成果,突出表现为井冈山精神、延安精神、长征精神、西柏坡精神等。在革命战争时期,贵州民族文化与红色文化不期而遇,擦出了炫彩的火花,形成厚重的红色历史。红色文化与民族文化的生动融合主要体现在物质和非物质两个层面。

首先,物质层面:"人物"与"物态"上的丰富扩展。在历史长河中,贵州民族文化不断发展、丰富和延伸,形成了独具特色音乐与舞蹈、工艺与服饰、饮食与酒、传统习俗等,还包括很多具有深远影响的传奇人物,民族文化具有开放性、包容性和创新性的特点。革命时期,中国共产党人在贵州创下的丰功伟绩、留下的英雄事迹极大地丰富和升华了贵州民族文化中"人物"与"物态"所表现出的文化内容与内涵。如纪念具有伟大历史转折意义的遵义会议的会址、祭奠革命烈士的红军山、"一夫当关,万夫莫开"的娄山关、纪念具有战争传奇色彩的四渡赤水纪念馆、被誉为"红色之城"的土城、中国抗战生命线"24 道拐"等众多"人"与"物"。贵州红色文化与民族文化在此相互融合不断发展,在不同时期表现出不同的文化内涵。

其次,非物质层面:"事件"与"精神"上的延续升华。纵观历史,贵州人民呈现出了镇定自若、奋发有为、自强不息、不屈不挠的民族气节。从元朝统治阶级对贵州人民在经济上的剥削、政治上的压迫,促使元大德五年(公元1301年)宋隆济、奢节领导苗族、仡佬族、彝族人民举行反征派大起义,到近代中国革命时期中国共产党领导的反抗斗争,无不体现了贵州民族精神在各个历史时期的闪耀光芒,而且不断发展,形成了新的民族文化,如长征精神。留下的光辉事迹进一步丰富了贵州民族的历史,如突破乌江天险、娄山关战役、土城战役、四渡赤水、兵临贵阳等都是长征历史上最为辉煌和最具传奇性的重大历史事件。另外,在贵州也召开了许多著名的、重要的、具有决定性意义的会议——遵义会议、苟坝会议、黎平会议、猴场会议等。在革命"事件"与"精神"上得到进一步的延伸与升华,贵州红色文化发展和促进了民族文化,两者在未来的发展中交相呼应。

3. 红色文化与传统文化的完美结合

文化是连续的,具有历史传承性和发展创新性。红色文化是中国共产党领导中国人民,在中国革命、建设和改革发展时期,以马克思主义为指导,以中国传统文化为基础,创立的先进文化成果。红色文化是吸收了众多先进文化精髓的产物,红色文化与传统文化的完美结合主要表现在对历史的印证,对传统文化的继承和创新上。

第一,红色文化对传统文化的历史印证。红色文化对历史的印证功能主要表现在两个方面:一是红色文化记载了中国共产党带领中国人民争取民族独立、建立富强国家的奋斗历史;二是红色文化昭示了"只有社会主义道路才是中国的出路"的历史事实。解读革命历史,认识和平的来之不易。2015年中国纪念抗日战争胜利暨反法西斯战争胜利70周年的阅兵典礼上,习总书记讲话中"正义必胜、和平必胜、人民必胜"也正是红色文化历史印证价值的体现,体现了实事求是、勿忘国耻的民族气节。贵州传统文化经过历史积淀,源远流长、博大精深,文化本身也是历史的一部分,是历史的记忆,印证了只有人民才是社会与国家的真正主人,民族正义终将战胜黑暗邪恶。红色文化彰显着贵州人民的民族气节,传承着贵州传统文化中不屈不挠、奋发向上的拼搏精神,印证历史,警示未来。

第二,红色文化对传统文化的传承和创新。红色文化吸收了马克思主义理论的优秀成果,继承了中国优秀传统文化的精髓。中国古代就有"天下兴亡、匹夫有责""热爱和平、抵御外辱"的民族气节。中国共产党在抗日救亡中传承了中国传统文化的精髓,带领中国人民抵御外辱、争取独立,获得了今日的太平盛世。中国自古强调"民为贵,君为轻""水能载舟,亦能覆舟",阳明心学强调"民为邦本、本固邦宁",红色文化中进一步发展和创新了传统文化中的民本思想,形成了全心全意为人民服务的执政理念,在红色文化中处处闪烁着传统文化的光辉。

4. 红色文化与生态文化的和谐共鸣

"江从白鹭飞边转,云在青山缺处生。"800多年前,宋代诗人赵希迈用寥寥几笔,勾勒出贵州一派山青水美的秀丽风光。生态文化是人与自然和谐相处过程中所形成的生产生活方式。贵州红色文化与生态文化产生的和谐共鸣主要体现在狭义上社会意识、社会制度的融合与广义上生活、生产方式的融合两方面,这也正好契合了生态文化发展的两个视角;从人类文明演进的角度看,生态文化属于历史的范畴,是人类文化的有机组成部分。从历史的横截面来看,生态文化是一种先进的文化形态,区别于以环境污染和资源攫取为代价的工业文明形态。通过贵州文化的种种事象,可以感触到各族先民在人与自然和谐共处中的生动情景与生存发展轨迹。

5. 红色文化旅游创新区与贵州旅游产业发展

贵州是红色文化资源丰富,红色旅游产品确并不理想,要充分发挥红色文化在多彩贵州文化体系中的支撑作用,让红色旅游产品在贵州旅游产品格局中独树一帜,把红色文化软实力转化为贵州旅游产业发展的驱动力。

第一,红色文化是促进贵州旅游业发展的重要基础。放眼世界,纵观全国,着眼区域,可以深刻认识到:对于一个地区的发展,文化是魂,经济是形,只有两者兼备,才是人类社会的发展和历史的进步。在中国共产党推进社会主义事业"五位一体"总体布局中,文化建设是实现"两个一百年"目标的重要内容,是维系中华民族长盛不衰的精神纽带。文化既是软实力也是硬实力,在精神层面,文化是民族生衍发展的内在动力和精神资源。当文化转化为产业时,就是生产力发展的硬实力。贵州丰富的红色文化资源,为红色旅游发展提供有力支撑,形成了遵义会议、苟坝会议、四渡赤水等红色旅游景点,全省红色旅游开发呈现出蓬勃发展态势。红色文化与旅游融合发展,为贵州等欠发达的革命老区探索出一条跨越发展的新路子。

第二,红色文化是"多彩贵州"文化旅游的关键支撑。不同政权在贵州这片土地上交替,不同民族在贵州热土上繁衍生息,形成了文化千岛现象,不同文化之间共生共荣,成为贵州发展的不竭动力。十多年来,贵州致力于打造"多彩贵州"文化品牌,成功打造了《多彩贵州风》等大型歌舞演出,提高了贵州的知名度和美誉度。贵州旅游业正在构筑彩色民族风情游、绿色山地旅游、红色文化旅游三者交融促进的复合型产品格局。红色文化是红色旅游的核心与精髓,红色文化可以转化为旅游产品、文艺作品,创新文化呈现方式,促进红色旅游发展,为多彩贵州文化旅游提供支撑。

(五) 文旅融合:贵州文化旅游业转型升级的战略选择

贵州省具有文化和旅游业融合发展的资源基础,已经涌现出文化旅游集聚区为载体、多种模式共同推进的良好态势。目前贵州旅游业发展正在处于产业结构调整的攻坚阶段,基于贵州资源优势和产业发展状况,将文化与旅游业融合发展是推动贵州旅游产业转型和实现旅游强省战略的重要途径。贵州出台《贵州生态文化旅游创新区产业发展规划》,引领贵州旅游从点线突破向全域旅游整体推进转变,从门票经济向产业经济转变,从依赖资源向产品创新转变,从旅游行业发展向多产业融合发展转变。推进文化与旅游产业融合的有效途径是建设"文化旅游创新区",在文化旅游创新区内,将文化展示功能与体验功能作为提升核心竞争力的关键,推动文化资源的市场化、产业化、有形化、品牌化,提升旅游的文化内涵,文化与旅游的融合不仅体现了产业创新,还是贵州文化旅游产业发展的突破口。

从十二五期间贵州旅游产业发展情况来看,旅游接待人数年均增长为23.9%,旅游收入年均增长为27.1%,旅游井喷式增长的目标是确保旅游接待人数和旅游总收入增长达30%以上,部分优势地区达50%以上;十二五期间旅游产业增加值占GDP比重为8%左右。十三五时期,要举全省之力、集全省之智,把旅游业培育成为新的重要支柱产业。遵义以红色旅游著称,是贵州北线旅游重要板块,也是全国首批全域旅游示范区,以贵州省十一届旅游产业发展大会为契机,重点打造赤水河流域精品旅游线路。土城镇是赤水河旅游精品线路的中间节点,成立了红色文化旅游创新区。通过全景式打造、全区域管理、多产业融合、高标准建设、智慧化运作的方式,在原有纪念馆、纪念地的基础上,挖掘多种文化资源,将单一的红色旅游景点转化为综合旅游目的地。从土城镇红色文化旅游创新区,到赤水河流域旅游产业带,到遵义市全域旅游示范区,实现了点到面,穿点成线的全区域旅游发展过程。土城镇红色文化旅游创新区不仅是遵义市重点打造的拳头旅游产品,也是贵州文化旅游创新区建设的样板,在创新思路、创新理念、创新体制、创新举措等方面取得了一定经验,旅游产业发展成果初显,为贵州实现旅游产业井喷式开辟了新路径。

第三节 土城镇红色文化旅游创新区发展现状分析

土城镇位于贵州省遵义市习水县西部,地处川、黔、渝三省区域经济接合部,是重庆、贵州、四川国家级风景名胜区、自然保护区、森林公园最集中连片的旅游"金三角"地区的中心,蓉遵高速公路穿越其中并设互通匝道,仁赤高速、国道 G352 在此交汇,通连长江的赤水河航道四季通航,水陆交通十分便利。土城汉代建县、唐宋建州、秦币、汉砖、宋酒窖、古盐号等文物古迹见证了它悠久的历史;举世闻名的红军四渡赤水战役发轫之战在土城打响;境内 40 千米的小坝景区是保存最完好的习水国家级中亚热带常绿阔叶林自然保护区,物种资源异常丰富。土城镇辖区面积 307 平方千米,辖 16 个行政村 3 个居委会,镇内人口 48 478 人。先后荣获"中国历史文化名镇""影响世界的中国文化旅游名镇""中国最具特色生态旅游名镇""全国重点镇""全省旅游最具公众影响力十大名牌""全省十佳特色旅游城镇景区"等荣誉称号。

一、土城镇红色文化旅游创新区的历史发展

1. 第一阶段:红创区的提出

2012 年 9 月 14 日,习水土城举办第二届中国红军节,遵义市委书记廖少华在了解土城厚重历史和四渡赤水纪念馆群建设情况后指出,土城地处川、黔、渝旅游金三角核心腹地,文化厚重,仁习赤高速建成通车,土城交通瓶颈打破,土城镇迎来快速发展的重要机遇。2012 年 9 月 27 日,遵义市委

常委讨论通过设立"土城红色文化旅游创新区"的决定。土城这个千年古镇，迎来新一轮加快发展的辉煌时期。

2. 第二阶段：创新区规划设计

习水县委、县政府抽调60名机关干部进驻土城，开展土城红色文化旅游创新区建设工作。土城红色文化旅游创新区为习水县政府派出机构，副处级单位。下设综合管理处、建设处、招商引资处、文化旅游处共四个处室。开展规划设计、文化挖掘、土地报批、项目包装和申报融资等前期工作。邀请清华大学、北京大学、浙江大学、同济大学、重庆大学等国内一流大学的知名专家为土城编制规划设计和可行性研究报告，创新区总规和重要节点详细规划已经完成。创新区以"红色为魂、古韵为神、生态为形"为发展理念，以"全景域、高品质、度假式"打造赤水河流域精品旅游线路核心区，并以申报5A级旅游景区为短期目标，以打造"贵州第一、国内一流、世界知名"休闲旅居度假小镇为长期目标。

3. 第三阶段：创新区建设阶段

目前创新区正处于基础设施建设阶段，土城红色文化旅游创新区作为政府机构负责统筹协调，成立了贵州土城红色文化旅游开发有限公司，负责创新区全面开发建设及经营。创新区正在推进的重点项目包括遵义华润希望小镇、古镇新区及河滨大道、水狮坝观景台、古镇历史街区立面修复、四渡赤水红军烈士陵园、土城文化创意园、土城游客接待中心、四渡赤水实景演艺中心、土城白酒工业园、土城互通至鱼溪环线公路、赤水河谷旅游公路自行车道、习赤公路绿化亮化。项目建成后，创新区的景观面貌和旅游接待能力将得到极大的提升改善。

二、土城红色文化旅游创新区的功能分区

土城红色文化旅游创新区划分为古镇保护区、古镇拓展区、红色文化旅游区三个功能区域。

1. 古镇保护区

古镇保护区是土城红创区的核心景区，包括土城古镇和土城渡口周边地区，面积约2平方千米。现已建成四渡赤水纪念馆、中国女红军纪念馆、赤水河航运历史展览馆、赤水河盐运文化陈列馆、千年古镇土城博物馆等场馆。四渡赤水博物馆群已经初具规模，每年平均接待游客60万人。该区为红创区文化遗产保护和展览的核心区域，以保护和游览为主，适度配套第三

产业。

２．古镇拓展区

古镇拓展区是红创区的旅游配套服务区域,主要由游客接待中心、遵义华润希望小镇、土城新镇区、文化创意产业街区等旅游配套项目构成;面积约15平方千米。游客接待中心位于土城古镇高速公路互通约1千米处,包括大型停车场,游客接待中心主楼,购物体验中心等服务设施。遵义华润希望小镇是该区域主体观光休闲体验区,由华润集团援建的社会主义新农村小镇,未来社会主义新农村人居样板,小镇设计独特、山水相依、景观精致,是体验农耕文化、享受慢生活的休闲体验区。同时,安置从古镇保护区迁出居民。土城新镇区主要由行政服务区、居民生活区、宾馆、酒店、餐饮、娱乐旅游配套服务设施构成,为创新区发展提供坚实保障。文化创意产业街区包括戏院、茶馆、酒吧、商业风情街、各种艺术展,以赤水河风情与红色文化为主题的大型实景演艺中心、创意街区等,集创意、展示、娱乐、休闲为一体。

３．红色文化旅游区

红色文化旅游区由青杠坡战斗遗址纪念园片区、永安寺红军战地医院遗址、九龙屯明代军事屯堡体验区、高坪白酒工业园区等构成,辐射长坝、小坝生态旅游综合发展区,面积41平方千米。青杠坡战役是遵义会议后毛泽东指挥打的第一仗,是四渡赤水的发端之战,集中了党的两代领导核心、三任国家主席、一位开国总理、五任国防部长、七大元帅和数百名将军参加战斗,被称为我军参战级别最高的战斗。园区依托战斗遗址建设青杠坡战斗体验园和红军长征文化体验园,为游客重现战争场景,重温战争历史,增加游趣,打造红色文化体验式旅游的品牌景点。永安寺原为佛教寺庙,在青杠坡战斗中,古寺僧人与红军医护人员一起救死扶伤,为前线奋战的红军提供了坚强保障,2012年改建为红军医院纪念馆,展出红军医院从无到有、从有到兴的变迁历程,弘扬广大医护人员在艰苦环境中救死扶伤的伟大精神。九龙屯为明代军事屯堡,地势险要,山川秀丽,古代为兵家必争之地,是骑马登山、攀岩酷跑、丛林穿越等户外旅游爱好者和专业旅游玩家的天堂。高坪白酒工业园区占地面积193公顷,计划投资33亿元,建设为酱香型名优白酒生产基地,也将成为著名的白酒工业旅游点。长坝、小坝生态旅游综合发展区,依托国家级自然保护区,风光秀丽、山川雄奇,是露营探险、摄影采风、避暑纳凉、康体养生、休闲玩耍的天然公园。

三、土城镇红色文化旅游创新区旅游资

赤水河蜿蜒流淌,孕育着远古文明,古老的习部、悠远的酒韵、清幽的城墙,无不昭示着历史的厚重和文化的昌盛。墓葬出土的石斧、古陶、汉砖,这里曾经喧嚣的船帮、盐号、酒坊,以及当年红军在这里演绎的英雄壮举和悲壮牺牲都给这里留下了厚重的历史印痕,历史文化、长征文化、生态文化、民族文化等多元文化在这里交融,相得益彰。

1. 红色文化资源

红军在土城留下了众多遗址遗迹和可歌可泣的革命故事,所蕴含的革命精神转化为推动地方经济发展的精神要素和物质动力,土城将充分利用自身的红色文化优势,在打造土城升级版中铿锵前行。土城战役,含红军长征在习水土城的青杠坡战斗、土城会议、一渡赤水河,以及发生在土城周边的三锅桩、梅溪河、黄陂洞、复兴场等战斗,是四渡赤水之战的导火雷、发轫之战,是红军长征的伟大篇章中浓墨重彩的一笔。

2. 历史文化资源

土城古镇历史悠久,社会昌明,一直是赤水河流域的政治、经济、文化中心。早在7 000多年前的母系氏族社会,就有人类繁衍生息,周秦时期为南夷鳛部,汉时建县,唐时置州,清代设里,建制沿革一脉相承。近年来,土城镇黄金湾大型聚落遗址挖掘,证明了至少在2 200年前,这里就有大量人类群落居住,显示了两汉时期开发西南夷的过程,为赤水河流域古代文明提供史料佐证。土城历史文化因河而起,因盐而兴,因酒而美。

赤水河的历史与航运的发展一脉相承。赤水河起源于云南镇雄,流经云、贵、川三省十一县市,经四川合江注入长江。黔地缺盐,有"斗米换斤盐"的说法,赤水河自古是川盐入黔的重要通道。由于赤水河滩多水急,山路崎岖,盐船逆流而上,要四易其舟,于是产生了纤夫与马帮。盐船经过险滩都需要纤夫拉船,纤绳都是用竹条编成,牢固却锋利,伴随着声声纤夫号子,身上便是条条伤痕。部分险滩任何船只都无法通过,又需水陆中转。二郎滩至马桑坪三十里陆路,悬崖绝壁,高山深谷,栈道崎岖,货物全靠人背马驮,构成了赤水河畔另一幅辛苦耕耘的画卷。水陆交替辗转带来了马头的兴盛,乾隆年间,赤水河仁岸为川盐入黔四大口岸之首,各大马头盐船云集、商贾汇聚、物资集散、客栈酒家鳞次栉比,赤水河呈现出一派"满眼盐船争泊岸,收点百货夕阳中"的兴盛景象。东西南北往来客商,各种文化在土城交

汇,客商集资修建的各大会馆雕龙画栋。

历史文化是土城的根,在文化与经济日益交融的今天,经济的文化含量不断提高,文化的经济功能显著增强。读懂了文化脉络、便掌握了发展规律,占据了文化制高点,就拥有了强大的文化软实力。

3. 民族文化资源

土城人口总数为72万人,有苗、彝、回、土家、仡佬族等29个少数民族,少数民族人口11 050人,占人口总数的1.6%。其中人口最多的是苗族和彝族,苗族以红苗为主,因其头饰、衣服、围裙、裙子都为红色,故称红苗。苗族源于炎黄时期的"九黎",尧舜时期的"三苗""九黎"部落居住在黄河中下游,与黄帝部落发生战争,史称"涿鹿大战",九黎首领战败被擒,余部退入长江中下游,形成"三苗"部落,后又与北方华夏民族连年征战,一路被迫南迁到偏远的川、黔、滇地区。苗族妇女所穿百榴裙上的三条平行花边,分别代表黄河、长江和西南地区,以此深深刻印和永远铭记祖先的艰难迁徙过程。苗族祖先饱受战乱和自然灾害之苦,几经迁徙,多次被朝廷镇压,放弃肥沃的良田,屈居在崇山峻岭之间,生产力低下。辛酸的迁徙史和艰难的生活环境造就了苗族坚韧、乐观、豪迈的性格特点,并形成了自己独特的民族文化。

(1) 服饰文化。民族服饰是民族文化的重要表征,反映了民族的信仰和审美观念。习水苗族服饰包括头饰、上衣、裙子、围裙、裹腿等,其装古朴粗犷,俗韵典雅,具有鲜明的民族特色。

(2) 传统节日。踩山节是苗族男女老幼相聚同乐狂欢的节日,亦是辞旧迎新,祈求多福的祭祀典礼。时间一般是正月初三到十五,迄今已有200多年的历史,具有同族联谊、青年说爱、相聚娱乐等功能,是苗族传统节日。如今踩山节这个当地民族节日一年盛似一年,丰富的活动,精湛的技艺,自由团结、勇敢无畏、豁达乐观的民族精神吸引着不少国内、外专家、学者前来研究欣赏,具有极大的研究社会人文及民俗价值,是苗族人民的文化瑰宝。

(3) 民族舞蹈。斗脚舞在习水苗语中称为"扭逗",由青年男女在婚庆活动中表演。表演时舞者在芦笙和鼓点伴奏下同步跳跃斗脚,舞蹈动作从脚、膝盖、臀部、肩部直到头部结束,手臂随芦笙节奏协调摆动,动作明快,节奏感强,集体育锻炼和技能观赏为一体,表演活跃、豪迈、奔放。人们以此舞欢庆丰收或祝贺新婚或闲暇消遣娱乐,体现苗族乐观积极的民族性格,具有重要传承价值。

(4) 苗族婚俗。苗族婚俗是记录苗族人民的社会、婚姻家庭关系与道德规范的缩影,是苗族和谐延续的重要基础,也是苗族礼仪文化的重要组成部分,婚俗古朴、仪式隆重、礼规较多,是不可多得的宝贵文化财富。

习水苗族文化在特定的自然环境和历史条件下形成,表现形式千姿百态,一定程度上对苗族社会起到规范作用。民族文化的形成继承了自身发展历史的特点,影响着当前人们的文化观念,并对未来文化构成产生重要影响。在长期的历史发展中,习水各族之间的政治、经济、文化联系紧密,虽然各民族之间存在文化冲突,但又在交流与碰撞中实现自身的发展和变迁。少数民族以汉族之间相互吸收各自文化的精华,去其糟粕,各民族文化保存了民族文化的鲜明特点,又与其他民族文化之间共荣共生,是习水民族文化的重要特点。

4. 自然生态资源

赤水河流域属于典型的丹霞地貌,生态环境脆弱,土城却是川、黔、渝旅游"金三角"中生态环境保护良好的地区,森林覆盖率达54%以上,拥有"中国最具特色生态旅游名镇"的金字招牌。镇内的长坝、小坝属于习水国家级自然保护区的重点区域,被誉为北纬28度保存最完好的中亚热带常绿阔叶林,保护区内生态系统保存完好,物种资源丰富,空气负氧离子含量高,丹霞奇观比比皆是,峰秀林翠,瀑布成群,自然风光世所罕见,清代诗人居于此并留下了"仙谷妙音,居闲乐景"的赞誉。在生态环境脆弱,自然环境恶劣,自然资源匮乏的地区,保存良好的生态环境,为子孙后代留下宝贵的生态遗产,是土城人民智慧的体现。

"道生一,一生二,二生三,三生万物。"道是万物的本源,也是万物和谐相处的规律;庄子有云:"天地有大美而不言。"大美实为自然之美。2014年,习总书记对贵州工作的指示,"守住发展和生态两条底线",深刻总结了生态与发展之间的辩证关系。土城人民千百年来适应生态环境的过程中,形成了自己的生态哲学。其一是尊重生命价值的道德观,非人类生命与人类生命同等重要,人们尊重生命,爱护天地万物,有关爱生命,并保护其生存环境的情怀。"劝君莫打枝头鸟,子在巢中盼母归",土城人民不捕猎,不砍伐,为各种动物提供了良好的栖息场所。2015年,土城村民在自家玉米地中发现国家二级保护动物藏酋猴。其二是天人合一的生存境界,天人合一是中国生态文化传统中的主流思想,也是儒、道两家所主张的协调人与自然关系的哲学。长期以来,土城人民已经养成了保护自然环境的习惯,合理利用和节约资源,除了满足基本物质生活需要外,"多而不取""少私寡欲""知足常乐",他们沉浸在与自然融为一体的喜悦中。其三是人与自然关系协调的农业生态实践。中国的生态文化是在近万年的农业文明和生态实践中逐渐形成和发展成熟的,土城人民深谙"封河才有鱼,封坳才生草,封山才生树"的道理,春不伐木,夏不撒网,以待其丰。在行政上实行"河长"制,各行政辖区的主要负责人担任本辖区内河流的河长,负责整治河道和实施长效保护规划。

生态文明是基于人们对工业文明造成的全球性生态危机的反思而提出的人类发展新阶段,是人类思维的自觉逆转,摒弃以人类中心主义和机械世界观来认识和征服世界的价值观念。生态文化是不同民族在特殊的生态环境中多样化的生存方式,强调具体生态环境形成的民族文化的个性特征。生态是人类与非人类生命生存的环境,文化是不同人类生存的方式。要在工业文明的废墟中建立生态文明,就要充分吸收各种人民在与自然的长期相处中形成的生态文化。土城人民在长期的历史探索中,把生态文明理念践行到极致。

四、土城红色文化旅游创新区市场分析

1. 土城旅游市场现状

经过十多年的发展,土城旅游产业已经初具规模,特别是近几年来,土城基础设施进一步完善,知名度进一步提高,游客人数比以往明显增多。2013年旅游人次达17.8万,2014年旅游人次达70.25万,2015年旅游人次达100.98万,可以预测,在红色文化旅游创新区建设的的推动下,旅游人数将持续成倍增长,这是土城旅游市场的总体趋势。通过调查,土城镇旅游市场存在诸多特点。首先,客源主要集中在四川、重庆和习水本地,由于土城处于川、黔、渝三省交界,四川、重庆和习水本地是土城镇的主要客源市场,占游客总数的80%以上。其次,游客以顺路观光和探亲访友居多,游客以散客为主,主要是中青年自驾游,消费能力较高,游客中过路顺带观光和探亲访友的约占五成以上。再次,游客以红色观光游览为主,多数游客以参观红色景点为出游动机,四渡赤水纪念馆是土城的核心旅游景点,也是游客最为集中的景点,游客接待量占全镇80%以上。最后,土城基础设施欠缺,特色旅游商品少,不能满足游客需求。游客对交通状况和卫生状况的满意度较高,对娱乐活动以及特色商品的满意度较低;游客对创新区食宿和娱乐的需求与创新区现有设施不匹配。

2. 川、渝、黔客源市场分析

首先,土城处于川黔渝一小时经济圈内,区位优势明显。旅游活动是在三维空间和时间中进行的,对时间和距离的感知直接影响游客决策,对旅游有阻碍作用,也称为"距离的摩擦"(friction of distance)。中国城市居民出游客源市场在距离上的分配研究表明,一个城市的出游市场37%分布在距离城市15千米的范围内,24%的市场分布在15~50千米范围内,21%分布在50~500千米内,500千米以外的广大空间仅分割了城市出游市场的18%。根据我国现行的休假制度,人们拥有最多的假期是周末,这决定了大量人流出行的距离。土城处于川黔渝金三角的位置,距离遵义市200千米,泸州市150千米,重庆市180千米,处于三地的一小时经济圈内,区位优势明显。其次,川渝地区经济发达,消费能力强。土城临近川渝经济圈,较强的经济实力为居民出游消费提供了有力保障。成渝经济区是中国经济增长第四极,重庆是国内第五大中心城市。成渝两市国内生产总值在西部城市中遥遥领先。未来土城的发展要与成渝经济圈对接,通过经济辐射和城市互动实现快速发展。2014年,在全国31省区市城镇居民人均可自由支配收入对比表中,重庆排12位,达到25 133元,四川排18位,达到24 381元。最后,出游频率高,出游需求旺盛。重庆、泸州地区气候炎热,贵州气候凉爽,这是最大的吸引因素,贵州成为重庆、泸州等地避暑的最佳选择。避暑多与度假相连,时间长、消费高。旺盛的旅游需求和频繁、长时间的出游,都使其成为土城最优质的客源市场。

3. 土城镇红色文化旅游创新区建设取得的成效

(1)着力打造核心景区,旅游吸引力进一步增强。按照县委政府的统一部署,土城积极融入"赤水河旅游发展联盟"。凭借厚重的红色文化、历史文化和生态文化资源,建成了四渡赤水纪念馆、中国女红军纪念馆、永安寺战地医院陈列馆、千年古镇土城博物馆、赤水河盐运文化陈列馆、赤水河航运历史展览馆六大博物馆;建成青杠坡战斗遗址配套工程及主题雕塑,红运景区主题更加突出;完成了古镇保护区房屋立面修缮和巷道整理,古镇A区综合开发项目已经完成,古镇氛围更加浓厚;建成了"习国故里"古滋文化长廊、袁咨桐故居、景区门头、十八帮文化雕塑、宋窖酒庄、张家大院、范家大院等文化大院,一渡渡口纪念碑及渡口广场等文化景观建设,景区亮点更加突出。此外,正在推进土城文化创意产业园、土城十八帮文化体验馆、部文化产业园、黄金湾汉代遗址公园等文化项目建设。已经完成了"会飞的鱼"系列文化创意产品的设计、制作、销售;完成了《梦回土城》《土城时光》《日月情歌》《我在土城等你》等音乐歌曲制作;《十八帮》《土城传说》《土城诗文选集》《习水记忆》等系列丛书已编印出版,《梦回土城》大型文艺演出已编排完成;正在推进土城文化创意产业园、土城十八帮文化体验馆、部文化产业园、黄金湾汉代遗址公园等文化项目建设。这些文化创意项目和文化创意产品将使土城更具魅力。先后举办了"中国红军节""'水墨土城、人文纪实'全国网络手机摄影大赛""北纬28.3度最美森林山地穿越挑战赛""四渡赤水国际越野挑战赛""赤水河谷国际公路自行车邀请赛"等重要节庆赛事活动,增强了知名度,打响了土城旅游品牌。2016年5月,土城将举办十一届贵州省旅游产业发展大会,进一步引爆土城旅游。

(2)积极推进新型城镇化建设,全景域旅游格局初步形成。土城坚持"规划引领、项目带动",高标准、高起点编制创新区相关规划,积极推进新型城镇化建设。对古镇保护区坚持"修旧如旧"的原则,着重保护与管理,彰显古镇特色。新建新阳新区,主要发展新型城镇化建设,作为移民搬迁集中安置点,修建廉租房、公租房、安置房,配套幼儿园、农贸市场、景观大道等基础设施。华润希望小镇,为乡村旅游示范点,已经全面建成。红花新区,规划面积500亩,正在修建红花星级酒店,直升机停机坪,房车露营基地,成为旅游配套设施集聚带。几大板块建成后,土城红色文化旅游创新区将成为宜居、宜游的全景域旅游度假小镇。

(3)努力改善基础设施条件,接待能力极大增强。土城围绕"吃、住、行、游、购、娱"的旅游产业发展要素,加快产业配套设施建设。在交通方面,完成了蓉遵公路匝道口至古镇景区入口景观大道的美化、亮化,完成了习赤公路沿线景观道绿化、亮化,建成古镇环线公路,古镇内公交车已经投入使用;建成古镇游客接待中心及停车场,新建停车位600余个、新建星级公厕8间。在住宿方面,目前创新区有床位1 200张,建成古滋客栈、滋洲府客栈、绍部酒店等特色高端酒店,鼓励群众自建家庭式酒店和民俗客栈18家,新增旅游接待床位400张,已经形成高、中、低不同档次的住宿标准。在饮食方面,打造了"土城河鱼"等特色餐饮店28家,周家茶苑等特色服务产业30余家,对土城特色优质小吃丝糖、岩蜂糖等进行升级包装,新增特色商品售卖点50余处。在文化方面,推出"会飞的鱼"系列文化创意产品,新增红苗刺绣、根雕、民族乐器、油纸伞等传统工艺商品店5家。基础设施不断完善,为创新区旅游产业"井喷式"发展奠定了坚实基础。

(4)强力推进白酒园区建设,产业集群已现雏形。强力推进白酒工业园区建设,实施"酒业强镇"战略。土城将白酒园区建设作为经济发展的头等大事来抓。集中全镇干部力量,实行划片包干,责任到人推进白酒园区建设。云峰酒业累计完成取酒2 000吨;安酒集团年产4 000吨酱香白酒技改工程第一期,年产1 000吨生产线正式投产;飞天盛世5 000吨酱香白酒技改工程动工建设;气站、安置地一期工程已动工建设,供水工程等配套工程动工建设。同时,京华酒业、古滋酒业、德远酒业均完成了年初下达的生产任务;宋窖酒庄已全面建成并投入使用,已成功引进新恒基集团等酒类企业落户土城白酒工业园区。土城围绕白酒工业园区建设,推进产业集群、企业集聚,挖掘白酒文化,统一建筑风格,做大做强工业旅游,形成多种旅游产品共同发展的格局。

(5)全力做好古镇保护与开发,旅游目的地形象进一步提升。资源的保护是开发的前提和基础,土城对红色历史遗迹资源、古镇建筑实施重点保护。编制完成《土城镇历史街区保护修复设计方案》。完成了"四渡赤水纪念馆""中国女红军纪念馆"的提升改造工程。对古镇街区实施管网入地、石板街修复、重点建筑复原等工程,千方百计治理控制区和协调区的建筑风格,保护古镇原有历史风貌;配套实施镇区亮化、绿化、美化工程,使古镇风貌更加协调、品味更加独特、魅力不断增强。完成了女红军街、古镇茶楼及两侧民房立面、红军幼儿园、土城卫生院家属楼改造,街口至女红军街、高石坎至下街小桥石板街及管网改造,完成了红运步道、浑溪口景点建设。并以创建省级卫生城镇为目标,加强城镇综合管理,组建了城管队伍,全面实施整脏治乱,使城镇管理水平有了新的提高。古镇风貌得到较好保护,古镇环境进一步美化,古镇生活更加便利,游客和居民满意度显著提升。

第四节　贵州苗族文化与旅游资源

一、苗族源与流

民族文化研究首先要解决的是其来源问题,即其渊源故土在哪里。关于苗族的族源,自古以来说法不一,有"南来说""北来说""西来说""五溪土著说""州土著说""九黎三苗说"等。在所有的族源说法中,目前被国内外学界报普遍认同的是"九黎三苗说"。根据《黔东南苗族侗族自治州志·民族志》，苗族在炎黄时代居住在黄河流域及长江流域部分地区的九黎部落，因为历史和战争等原因，经历数次向南、向西的大迁徙，最后分散到全国各地。

二、贵州省苗族的分布

苗族是一个多灾难的民族，同时也是一个顽强的民族。古时苗族的先民由于战争失败，多次地大规模向南迁徙，其中一部分迁入贵州后就定居下来。经过千百年的繁衍生息，至今，贵州省是我国苗族人口分布最多的省份，遍布全省各地。黔东南苗族侗族自治州是苗族最集中的地区。此外，黔南、黔西南自治州和松桃、威宁自治县也有一定数量的苗族人口分布。以下是苗族在贵州分布的具体地区和人口数量以及占全国苗族的百分比：黔东南苗族侗族自治州苗族分布在凯里、施秉、雷山、天柱、台江、丹寨、黄平、剑河、麻江、三穗、镇远、岑巩、锦屏、黎平、从江、榕江，其中苗族人口占全国苗族1.50%以上的地区就有3个，分别是：凯里市(3.07%)、台江县(1.52%)、黄平(1.8%)；黔南布依族苗族自治州苗族分布在都匀、惠水、长顺、福泉、三都水族自治县、贵定、龙里、罗甸、瓮安、独山、平塘，在这一地区苗主分布最多的是惠水县(1.02%)；黔西南布依族苗族自治州苗族分布在兴义、晴隆、望谟、安龙、兴仁、贞丰、普安、册亨；贵州省苗族分布在：花溪、云岩、乌当、南明、清镇、开阳、修文；铜仁地区主要分布在铜仁市、松桃苗族自治县(2.56%)、印江土家族苗族自治县、石阡、江口、思南；毕节地区主要分布在毕节市、纳雍、织金、黔西、大方、赫章、金沙、威宁彝族回族苗族自治县；遵义市分布在余庆、仁杯、正安、凤冈、务川仡佬族苗族自治县(1.76%)、道真仡佬族苗族自治县；六盘水市分布在盘县、钟山区、六枝特区、水城(1.41%)；安顺市分布在关岭布依族苗族自治县、镇宁布依族苗族自治县、紫云苗族布依族自治县(1.28%)、平坝、普定。从以上数据可以看出，苗族在贵州省内分布面积非常广，几乎贵州9个地级行政区都有苗族的分布。其中黔东南苗族侗族自治州的苗族人口众多，支系旁多，有的地区虽然村寨相邻，但风俗习惯，人文建筑也有一定的差异，文化保存较为完整，被称为苗疆圣地。黔西南苗族族群较为复杂，主要是明清时期从各地苗族聚居地迁徙而来。苗族也是黔南州的主要的少数民族，族群关系复杂，包括"黑苗""红苗""花苗""青苗""偏梳苗""打铁苗"，等等，其服饰穿戴品种繁多，被世人称为中国苗族服饰的画廊。

三、苗族生存环境与经济模式

贵州地处云贵高原东斜坡,大部分地区处于亚洲季风带上,孕育着典型的岩溶地貌,地貌类型以山原、高山、盆地为主,气候复杂多变。苗族聚居的地方,多是偏僻的高寒山区甚至深山老区,山高坡陡、树大根深,能作为耕种地的土地少且贫瘠,经长期生存开垦,水土流失严重,难以抵御天灾的影响。险要的峡谷,不稳定的地质结构,难以搭建与外界的信息联系通道。但原始森林中蕴藏着野生中草药、珍稀禽兽等,在一些苗族村寨地下还有丰富的煤、铁、汞等矿产资源,生活在这些地区的苗族人民世代为自己的生存而奋力拼搏。

生产力的发展和文化的形成是一个民族由蛮荒时代过渡到文明时代的标志,而苗族的"迁徙文化"行成,就源于苗族在迁徙过程中长期与自然环境抗争、磨合,最后达到和谐同一的结果。这种文化形态因地理阻碍和对外界的畏惧心理,未受外界因素过多的影响,较完整地保留下来,具体体现在贵州苗族的建筑风格、文化习俗、思维方式、语言表达等都还保留着迁徙所带来的痕迹。因此,有学者认为苗族文化就是"迁徙文化",这是有一定道理的,苗族的文化传承,正是这样的一种文化意识形态。

由于居住环境不同,具有不同的地方特点,但苗族的房屋多为木质结构,且依山傍水,其中吊脚楼是苗族古老传统的建筑形式,这种干栏式建筑,是苗族人因地制宜,智慧性的创造,是生活习俗的体现。

苗族长期以来的经济生活一直以刀耕火种和狩猎采集为主,其农作物多适合山地丘陵种植,如:玉米、水稻、荞子、麦类植物等。经济作物则是麻,一般是自己种麻,自己纺织。但长期的开垦也使生态系面临崩溃,苗族所操持的生计方式也开始新的转型,经过苗族人民和其他少数民族的努力,云贵高原上出现了碧绿的牧场与肥沃的土地相结合的自然景观,并以在山坡上从事农业生产及创造性的梯灌溉技术而闻名于世。

四、苗族文化的传承及发展状况

贵州苗族文化是几千年历史文化积淀而形成的,文化内容异常丰富,无论是物质文化或是精神文化,都凝结了贵州苗族的智慧。苗族在历史上迁徙不断,分布广而散,并且长期没有自己的通用文字,却成功地传承了自己的文化,保持了民族的特色。文献及考察显示,服饰在其中起到了相当重要的作用,成为文化传承的媒介,被誉为"象形的史书"。除此之外,苗族的歌舞、节日、苗族的语言以及苗族的习俗等也在文化的传承中起到了至关重要的作用。

贵州地处边疆,加之苗族本身为躲避战争,其居住的环境多为崇山峻岭,交通不便之地,又因历代王朝对苗族采取的征服镇压政策,在一定程度上影响了苗族与中原的交流,中原文化对苗族文化并没有起到主导作用,就形成了原始的宗教文化以满足人们的精神需求和对自然的认识需求。苗族各支系间又受到各自环境的变迁,在原始文化的基础上发生了变化出现了很大的差异性,因此各具特色丰富多彩。其中苗族服饰文化无疑是这个民族文化遗产中一朵绚丽之花,记录着这一民族原始文化的演变与传。然而在这种长期处于相对封闭社会形态之下形成的贵州苗族服饰文化,目前正面临着来自现代化和全球化进程加剧的强烈冲击,贵州良好的民族原始文化生态正接受巨大的挑战和考验。

第五节 贵州苗族服饰文化概况

服饰的首要功能是人们生理的需求,这是服饰文化发展的外在推动力。由于贵州所处的地理位置和特殊的自然环境,使得当地气候变化多端,苗族的先民们介于这样的环境和气候,创造出了头饰、披肩、腰带、裙子、裹脚等服饰。制作苗族服饰的布料多为苗族人自己土产的棉、麻、毛,经纺织等方法手工编制而成,根据不同的材质进行不同的加工制作,也使得原料的材质性能在服饰中得到充分发挥。贵州苗族服饰款式繁多,并且大多数服饰颜色艳丽,图案绮丽多姿,这是苗族先民辛勤的劳动所得,同时,也是对苗族先民生活的映射。战争与迁徙让这个长期与外界隔绝饱经沧桑的民族对大自然给予的财富倍加珍惜,它们在这片赖以生存的土地上生产生活的过程中,既改造大自然也依恋大自然,与此同时也发现了大自然的美,并且自然美中充满了人的情感,他们把这些美这些情感充分的融入自己的服饰中,祈求所有美好的愿望都能得以实现,追求美好生活的到来。于是,自然界中一切美好的事物都汇集于他们的服饰之中,对于山川、田野、河流、花、草、树、物等熟悉的、喜爱的、崇敬的都尽情地模仿。在表现手法上主要分为三类:象性纹样,接近于写实;半抽象半具象纹样,由几何线条组成的实物具象;纯几何形纹样。主要源于对自然环境的写实和对古历史文化及自然环境的写意。在长期的制作过程中,也就行成了固定的形式和风格,包括纺织、靛染、裁缝、刺绣、织锦、制作银饰、镶缀饰物等工艺,制作出艳丽迷人,光彩夺目的服饰。贵州苗族人民用自己的技艺在创造美的时候,也将生产生活联系在一起,展示了一种人与自然的和谐美。人从改造自然中得到了自然给予的恩惠,人利用自然规律创造性地给予自然以社会意义和人的情感。

  贵州苗族人民在悠久的历史演变和长期的社会生产实践中,形成了自身特有的服饰文化。贵州苗族服饰是苗族人民在特定的自然环境、生活方式、宗教信仰和传统习俗制约下形成的独具风格的服饰。它是贵州苗族人民生产生活实践的产物,是贵州苗族精神文明和物质文明的结晶,体现出苗族人民的创造力量和审美观念。贵州地处边疆,苗族人民又居中在大山这中,在这困苦的生态环境和落后的社会历史环境下,苗族人形成了传统原始宗教文化,信仰超自然力,如生灵、祖先、神等。这传统原始宗教巫文化融合了苗族的信仰、价值、理想、道德、艺术等观念,形成了近代贵州苗族传统服饰的文化背景。苗族学者杨国曾描述:"苗族服饰是世俗化的巫教礼仪……历经数千年的历史进程,巫教精神的血液源源不断地注入苗族服饰的躯体,造就了苗族服饰独特的品貌和神韵词。"

  贵州苗族支系众多,分布较广,由于各个支系外部和内部之间都相对闭塞的生活环境,贵州苗族文化保存了代代相传的原本面目,带有浓郁的地方特色和历史痕迹。苗族服饰在这样的大环境中,将历史,文化、生活、传统工艺以具体的实物呈现出来,在历史的岁月中不断地沉积和演变,就如一本厚重的教科书,记载着苗族人民丰富多彩的文化信息,也因此,苗族服饰随时间的变迁,形成了本民族所特有的的服饰文化。

一、贵州苗族服饰文化景观形成的历史地理背景

  历史上,历代统治者对苗族实行民族压迫和民族歧视政策,尤其在清代,统治者常把贵州苗疆称为"生界",这加深了对苗族人民的封闭,阻止了苗族文化与中原文化进行交流,使苗族进一步向西南腹地迁徙,而导致选择高山等地为生息之地,用天然地形来界定与同周围其他民族的居住地,这种苗族居住特点阻止了苗族与其他民族的交流,他们以乡、村为单位聚居,很少与其他民族共同居住,形成一个比较封闭的空间环境,这导致苗族村寨长

期处于自然经济的形式。

贵州省地处西南高原地区,其地理位置也影响了贵州苗族服饰文化在历史上与中原主流文化的交流,这是贵州苗族服饰能保存到今天的一个最主要原因。贵州苗族分支较多,其分布较广,居住的环境多为交通闭塞的高山地区,苗族服饰文化反映了苗族历史、居住分散以及风俗多样的特征。苗族服饰文化有相同之处,但内部也有明显差异。尤其是苗族妇女的服装,贵州各地的苗族服饰样式较多,各分支系服饰风格多样。花苗、青苗、白苗、黑苗等就是依据所着服色而来的称谓,也有根据妇女的服装款式,分为长裙苗和短裙苗的。从整体上看,与苗语方言区分布也有一定的关系,这与社会发展及民族交往关系更为密切,当前,除少数地区苗族人民仍着民族服装外,各地苗族均改穿汉装。苗族传统服饰基本上保存于妇女中。妇女服饰上的差异,主要表现在衣裙的长短、色彩的不同、花饰风格和部位的不同、银饰和发髻的多样性等方面。总之,由于互相交流的局限,加上农耕文化的自给自足方式,形成了贵州苗族服饰文化地理上的错落分布、服饰丰富多彩的局面。

二、贵州苗族服饰文化资源内涵

服饰是一个民族的构成要素,每一个民族的服饰,都是一个符号和符号的独立系统,它的产生、累积、演迁延续,都和人类文化生活的一切形式——宗教、语言、历史、艺术、科学发展密切相关,因此反映了该民族独特的文化传统和民族文化心理。每一种民族服饰的生成与人们居住的自然环境、生产方式、生活形态、传统观念等有着密切联系,从而体现出一个区域民族的集体智慧,蕴含了广博、深沉的文化内涵。苗族服饰制作和穿戴中就包含深刻的社会文化内涵。

苗族有自己本民族的语言,但却没有文字的记载,因此他们用服饰作为苗族文化的载体之一,充分表达自己,展示苗族特色,在很大程度上成为记录苗族历史和文化的形式和工具,成为贵州苗族文化体系不可缺少的组成部分。一套典型且具有代表性的苗族服饰,记录着该民族历史演变、文化形成和他们对美好生活的向往,这些在带给人们艺术美享受的时候,也能激起人的探索欲和对苗族文化的欣赏,提升个人品位。凭此而论,苗族服饰不只是用于裹体遮羞、防寒御暑的简单装束,它已物化为苗族文化传承、历史追忆、情感倾诉、民族风情和民族审美的载体,因此蕴藏着丰富的内涵。

1. 贵州苗族服饰是自然图腾崇拜和宗教信仰的载体

少数民族的生活是与他们的图腾崇拜、宗教信仰分不开的,不同的少数民族,有着自己所特有的图腾和宗教。在这些民族的服饰中有一部分服饰风格迥异,表现出强烈的本民族特色,这些特殊的衣物饰物,一般与遮羞、御寒、财富、美观、权力等都没有直接的关系,但却在服饰中拥有一种神秘或崇高的意味和象征,是该民族服饰中不可缺少的一部分。深度解读其包含的文化内容,都与他们对原始自然图腾崇拜或某种宗教信仰有关,其中一部分就是自然崇拜的图腾图案,表现形似或宗教信仰的体现。贵州苗族服饰亦是如此。贵州苗族服饰上出现的图案花纹,往往折射出苗族对自然界一些生物和心中神灵形象的崇拜,在《苗族古歌》中记载了天地形成与万物起源,表现了苗族对图腾枫树、蝴蝶、鸟、龙等的崇拜。黔东南苗族银衣中可以见到的大量蝴蝶纹、鸟、龙、鱼、牛等图案,都是苗族对图腾崇拜最直接的表达,是苗族人民的心灵寄托。苗族把对天、地、山川、河流、太阳、月亮和星星以及自然界生物的崇拜充分体现在服饰图纹之中。仅黔东南的服饰动物图纹,就有五十多种。由此可见,贵州苗族服饰是自然图腾崇拜和宗教信仰的载体。

2. 贵州苗族服饰是民族识别符号

苗族是贵州省内人口最多的少数民族,贵州苗族人数占全国苗族总数的一半,所以人们常说贵州是"苗族的大本营",贵州苗族又因历史迁徙等原因形成了很多不同支系,存在了对外有"我族"与"他族",对内有"我支"与"他支"的区别,而各支系在历史背景和所处环境、气候差异的特定影响下,形成了不同的文化风格,服饰作为一种文化的载体,也使它成为"我族"与"他族","我支"与"他支"的识别认同符号,可以说有着"族徽"作用。人们可根据苗族服饰的颜色、构成、款式等来区分苗族的各个支系,如:贵州施洞支系和革东支系虽为亲邻支系,服式却分别为清水江型施洞式和清水江型革东式。人们通过对服饰颜色、造型、样式的识别来判断区分苗族各个支系。除此之外,苗族服饰在支系内部还具有辨识性别、年龄、婚否等功能,它不光是支系或亚支系的区分符号,还是支系或亚支系婚姻圈的识别符号。在苗族服饰是一种情感语言文化,相同的服饰会启发相同的感知,这对苗族的团结有积极的意义。

3. 贵州苗族服饰表现对自然界生命的尊重和敬畏

服饰的首要功能是人们生理的需求,这是服饰文化发展的外在推动力。

由于贵州所处的地理位置和特殊的自然环境,使得贵州气候变化多端,苗族的先民们介于这样的环境和气候,创造出了头饰、披肩、腰带、裙子、裹脚等服饰。制作苗族服饰的布料多为自己土产的棉、麻、毛,经纺织等方法手工编制而成,根据不同的材质进行不同的加工制作,也使得原料的材质性能在服饰中得到充分的发挥。贵州苗族服饰款式繁多,并且大多数服饰颜色艳丽,图案绮丽多姿,这是苗族先民辛勤的劳动所得,同时,也是对苗族先民生活的映射。战争与迁徙让这个长期与外界隔绝饱经沧桑的民族对大自然给予的财富倍加珍惜,它们在这片赖以生存的土地上生产生活的过程中,既改造大自然也依恋大自然,与此同时也发现了大自然的美,并且自然美中充满了人的情感,他们把这些美这些情感充分地融入自己的服饰中,祈求所有美好的愿望都能得以实现,追求美好生活的到来。

在表现手法上主要分为三类:象性纹样,接近于写实;半抽象半具象纹样,由几何线条组成的实物具象;纯几何形纹样。主要源于对自然环境的写实和对古历史文化及自然环境的写意。在长期的制作过程中,行成了固定的形式和风格,包括纺织、靛染、裁缝、刺绣、织锦、制作银饰、镶缀饰物等工艺,制作出艳丽迷人,光彩夺目的服饰。贵州苗族人民用自己的技艺在创造美的时候,也将生产生活联系在一起,展示了一种人与自然的和谐美。人从改造自然中得到了自然给予的恩惠,人利用自然规律创造性地给予自然以社会意义和人的情感。

贵州苗族在长期同自然界和社会斗争中,由蒙昧走向文明,创建了自己的文化,在这个过程中,他们会用虚幻的形式,祈求自然界中神秘的力量庇护自己的民族,将自然界中的动植物作为守护神,甚至是民族的象征,自己的祖先。世间的一切都是有灵气的,有着不可知的能量,因此,他们会将这一切作为图腾崇拜。其中,枫树是苗族一个重要的图腾之一,贵州黔东南语中就称枫树为"道莽"即"母亲树"的意思,如西江苗寨居民在选择居住地时,要先倒插一棵枫树,能成活,就能居住,不能就只好重新造址,体现了他们对枫树这一自然之物的敬畏之情。贵州苗族服饰上就有许多这样的图纹,可见,苗族人民通过服饰这个无声的语言和形式,表现出他们对自然界、对生命的赞美,对人与自然和谐相处的讴歌,但与此同时,这种精神的血液也不断地注入苗族服饰的躯体,造就了苗族服饰独特的文化底蕴。

4. 贵州苗族服饰文化是对祖先生命历程的记录与追寻

苗族长期没有自己的通用文字,信息靠口口相传和约定俗成的形象化符号来传递,而其服饰图案却具有形象文字的特性,久而久之形成特有的艺术语言,在苗族文化传递中起到了想当重要的作用,是一部穿在身上的历史读物。苗族服饰巧妙地把服饰的物质形态与精神文化融合在一起,记录着苗族古老的文化,传递信息并从中反映苗族人民对美好生活的追求与向往。在几千年的历史进程中,经历了五次大的迁徙,在苗族人民这里历史并没有因为未被刻录成文字而缺失,那些绚烂的文化也未因民族的不断迁徙而淹没在其他民族的文化之中,苗族服饰的作用是不可磨灭的。苗族服饰上一个个鲜活的图案是对厚重历史的解读和对共同祖先、共同命运的追忆,是一种民族文化归属感,已经超越了简单的服饰内涵。古代苗族因受到战争的不利影响,被迫迁徙到崇山峻岭的山区,迁徙不仅影响了苗族人的生活,而且影响了他们的心灵,历史的这段经历让他们对美好生活产生无限的向往。苗族服饰图案就反映了一个民族的历史,是这个民族的"精神回归",同时也鲜明地反映了不同时期苗族人民生活的情况以及对社会、生活、自然的理解。他们将这段历史刻在服饰上,是要告诫后人牢记历史,不忘先民们英勇奋战、顽强拼搏、勤劳勇敢、刻苦耐劳、艰苦创业的优良品质。通过这种独特的记载形式,苗族人民在内心深处烙下自己祖先的迁徙历程,表现出对先民们大无精神的崇敬之情。

苗族服饰是实用文化和审美文化集中统一,作为文化见证和信息传达媒体,在历史上,它展示了苗族历史的发展脉络和文化精神,诠释了苗族的历史文化内涵,让苗族的历史文化得以记录和保存。苗族女子有一种"兰娟衣"。传说,兰娟是一个苗族女首领,在带领同胞迁移时,她用彩线在自己的衣服上绘出迁移的路线,以便留下家乡的记忆。过黄河时,她用黄色的丝线在左袖口上绣了一条起伏的黄线;过长江时,她用蓝色的丝线在右面袖口上绣了一条婉转的蓝线。最后,她的衣服上布满各种各样的花纹。当然,这些花纹只有她读得懂,只有她的同胞读得懂。兰娟衣后来被复制了千百万件,被复制了一代又一代——就如同有文字的民族印行书籍或传承字画那样。这是另一种经典,是另一种文字,是另一种印刷方式。它是迁徙文化最深刻的铭记物。这种民俗传袭至今,黔东南凯里、施秉、黄平、台江等地的苗族妇女在每件花衣的披肩上,裙沿边都绣有两道彩色镶边横线,象征黄河与长江。而苗绣不再是一种单纯的手功技艺,而是一个民族的语言和记忆⋯

5.贵州苗族服饰文化是对情感的追忆和宣泄

由于苗族没有文字,他们以针为笔,以线为墨,以布为线,将本民族爱恨情愁都绣在衣服上,镌刻在心里,用一针一线倾诉着千年的情感,有这样一首歌:"让人我们割下树浆,染在阿嫂的衣上,把涉过的江河,画在阿妈的裙上……照田地的样子做条裙子穿,绣上花衣裙永远叫儿孙怀念。"后来衍生出的"迁徙文化"顽强地生长在苗族的歌声、服饰、口耳相传的故事以及一代代人的情感里。服饰也就成为他们情感寄托表达其内心的情感世界的一种手段和方法。

由此,贵州苗族服饰在一定程度上反映了苗族的历史、苗族个性、苗族情感、苗族的审美观及贵州自然环境等多方面的文化内容。服饰的发展过程体现了人类文明的过程,贵州苗族服饰作为中华民族服饰家族中重要的一项内容,是实用文化与审美文化的集中体现。苗族服饰不仅款式种类繁多,样式各异,而且是最能代表该民族特征的物品,从苗族服饰中可看出苗族历史的发展进程和文化沉积,体现苗族的审美观念,特别是苗族盛装,其审美文化得到强化和放大,无论哪个民族都不曾像苗族这样将服饰图案作为史书,深切地表述历史。苗族服饰处处向人展示着它独有的"文字",向人们述说着自己的历史,一声声、一句句落在一针针、一线线上:"我们从黄河而来,在艰辛与苦难中来到崇山峻岭,岁月见证一切,我们在乐观与善良中拥有了自己的文化,我们就是苗族。"苗家人带着这样的情感创造了极具民族特色的苗族服饰艺术,在人们心中产生了共鸣。

根据考古和文献资料证实,苗族的服饰有着悠久的历史,最早可以追索到尧、舜时期。作为一种有着悠久历史的社会现象,苗族服饰在苗族历史和社会发展的漫长进程中融进了深厚独特的文化,透过苗族服饰这面镜子可以折射出苗族人民的智慧及历史。就客观而言,苗族迁徙流浪的历史和苗族有语言无文字的事实是苗族服饰丰富性和多样性的现实基础,而苗族万物有灵论和多样性的图腾崇拜又为苗族服饰提供了可供表达的丰富的精神内容,正是苗族这种强烈的使命感和驳杂的精神资源造就了苗族服饰的丰富和复杂的文化内涵;正是这种背景的存在使苗族服饰造型和号包含了丰富的文化象征意义,文化底蕴深厚。透过苗族服饰可以了解苗族的历史、文化、经济社会发展,甚至是苗族人的思想。所以,苗族服饰文化作为一种文化旅游资源对旅游者,特别是文化素质相对较高的旅游者来说无疑具有比较大的吸引力。"少数民族服饰,作为一种特殊的文化号,绝不会只有单一的功能;少数民族服饰,作为一种造型的文化象征,更投射着民族历史的影迹",苗族服饰在没有文字的苗族文化传承中承担了不可忽视的作用,遍布服饰上的各种各样的纹样符号将苗族口传文化中最为核心的信息储存起来，将这些文化精粹随身携带、世代相传。"浓缩在约定的图、形、色上，异文化圈的人看去花花绿绿、稀奇古怪的'花样'，在他们自己'读'来却头头是道"，这些符号在苗族族缘关系、伦理关系、民族历史、苗族宗教等文化内容的表达和传承起到了不可替代的作用。

贵州苗族服饰一方面反映贵州苗族先民的生活习俗和情感需要；另一方面，服饰本身又是一种文化和艺术现象，反映了贵州苗族各时期的文化艺术形式。贵州苗族服饰的艺术性是通过服饰的造型、款式、材料、色彩、图案以及花纹等要素来加以表现和反映的。服饰文化旅游资源相对于其他文化旅游资源而言，具有更好的观赏性和艺术性。然而，服饰作为一种文化旅游资源，除了在其诞生之初是源于满足人们的生理和生活需要，呈现在人们面前更多的却是其艺术审美等功能。通观所有贵州苗族各支系的服饰结构，其共同特点就是各支系服饰结构虽然简单但是装饰却异常复杂，而且各不相同。在看似简单苗族服饰的几乎每一个主要部位都绣满了各种图案。从领、肩、袖到前后襟，尤其是暴露在外的双肩、两袖、袖口和襟脚，更是密密麻麻地绣满了各种花纹。以苗族女装为例，其上衣结构简单，裙子结构复杂，而且图案精美繁杂。苗族大多喜欢穿百褶裙，苗族百褶裙制作工艺异常复杂。一般来说，一件百褶裙需要将十几、二十米自制土布褶皱而成，贵州黄平地区女性百褶裙更是需要将十六到二十六米上布褶皱而成。百褶裙的褶皱少有数百褶，多有千余褶。这种烦琐的工艺和造型与上衣结构形成了鲜明对比。苗族服饰还有一个具有对比性的特点，那就是服饰主体结构比较简单，但服饰配件复杂，很多地区的苗族女性服饰配件非常多，衣服外面是胸兜或肚兜，还有围腰，背牌，外面还有各种银饰，从头饰到项圈、银锁链等，西部地区苗族上有披肩或披风，下有围腰。当苗族服全部穿戴完毕时，主体衣服几乎看不到。苗族服饰结构上的简单与繁复构成了服饰美学意义的形式上的张力。再者，贵州苗族服饰色彩和纹饰的组合和排列同样具有独特的审美价值。贵州苗族服饰色彩很少根据季节和居住环境的变化而调整其相应的服饰，也不注重与环境相适应的色彩冷暖特性、明暗度和色彩的纯度。苗族服饰本身的色彩搭配存在一些不十分协调之处，也不一定适合现代配色原则。但在同一支系的苗族族群中，每一个人也都会在节日穿戴同样的服饰，所以，服饰与季节、环境不相适应的问题、色彩搭配不协调问题也就完全淹没在集体选择之中，民族的集体记忆和服饰丰富的象征意义消解了这种色彩差异。最后，苗族服饰在整体构图上比较规范，但在穿戴搭配上又略显凌乱，这种冲突在苗族服饰中是最突出的。苗族盛装由诸多部件配搭而成，除了衣、裙（裤）之外，胸兜、围腰、披肩、披风、各种银饰等配件繁多。单独从苗族服饰每一个独立的单元看，其纹饰造、型的布局是非常合理的。苗族服饰纹饰布局中广泛使用对比性原则、对称性原则、互补性原则，以多种方式来艺术地体现苗族人的审美意识。

贵州苗族服饰品上最常见的装饰方法就是刺绣、蜡染。民间的刺绣艺术品，大都出自苗族妇女之手，具有独特的艺术风格，图案纯朴、色彩艳丽、造型夸张、针法多样、绣工精致，其中又以黔东南刺绣工艺品最有影响。正因为功利价值和审美价值的交融，造就了苗族服饰美学意义的复杂性。

苗族在迁徙过程中与其他民族也有过多次文化融合，在文化上借鉴过很多民族的文化因素。这必然会导致其服饰文化的多样性。各支系苗族的服饰从款式到纹饰，从布料到印染，有些差异甚至超过与同一地区其他民族的服。苗族迁徙流浪的历史和苗族有语言无文字的事实是苗族服饰丰富性和多样性的产生现实基础，贵州苗族服饰的多样性主要体现在以下两个方面：一是苗族文化经历了几千年的历史演变，在这段时间里，苗族先民随迁徙不断的分离融合，不同的时间段内服饰会有所改变，因此，积累下来在岁月的长河中服饰肯定会出现许许多多丰富多彩的样式。二是苗族分布比较广泛，不同的自然环境所提供给素材、人的心境和文化内涵是不一样的，导致了在同一个时期不同地域上产生差异，也带来了服饰的多样性。

贵州苗族服饰的异质性主要也体现在两个方面：一是不同支系的服饰在款式、原料、工艺、色彩、花纹图案等方面的差异，苗族在迁徙历史过程中不断分化成众多的支系，生活在不同地区的亚族群由于长期的分离导致了文化上的差异性，这种差异性不仅表现在生活习惯、服饰文化，甚至语言也不尽相同，从而形成不同支系苗族服饰的异质性感受。二是由于各支系分布在不同的地域，有不同的生活环境和信仰，他们对人与自然关系理解上的差异以及各支系文化差异上所导致的服饰上的巨大差异。比如：不同支系的苗族服饰的图案表示不同的文化内涵，由此看来，对于其他民族来说，苗族传统服饰的异质性表现得尤为明显。

贵州苗族服饰的色彩具有鲜艳、多彩、层次丰富的特点，体现了贵州苗族民族服饰本身多样化的艺术性、不同的色彩理念。贵州黔东南苗族喜欢对比强烈、鲜明、多层次的颜色。除色彩绚丽之外，贵州苗族服饰的图案也很丰富,从苗族服饰那丰富多彩的图案纹饰造型中,我们不难看出苗族人民极具丰富的想象力和独具创新的创造力,他们把对奇妙的构思与富有创意的手工技艺完美地融合在一起,贵州苗族服饰上的图案从题材和内容上看,一般有两个来源:一是历史的记忆及流传在苗族同胞生活中的民间传说神话故事等;二是对大自然的热爱和崇敬,以写实和写意的手法在服饰图案中表现出来。苗族服饰(女装)上的图案构成种类众多,自然界中的山川虫鱼、鸟兽人物、日月星辰都是构成图案的要素,并且这些图案重密的布局在服饰上,加上装饰性的纹样,服饰上往往没有太多留白的地方。

贵州苗族服装制作工艺都是靠手工缝制。如,西江苗族苗绣图以精工细致手法多样著称,风格多种多样,尤以女装最为丰富多彩,因为手工完成,在制作中融入了制作者的情感和对社会的认知,就连同一种类的服饰,也很难找到完全一模一样的。苗绣是苗族源远流长的手工艺术,同时苗族刺绣也代表了中国少数民族刺绣的最高水平,它还是苗族服饰主要的装饰手段。苗族人民利用刺绣创造出了不同样式和风格的服饰,形成了成熟精湛的多种技法和材质的巧妙配搭,以取得更悦目的观赏刺绣。苗族刺绣称为"老(lauy)",苗语称"能贺"或"能蒙"。刺绣、挑花、织锦和蜡染,是苗族妇女的四大工艺。如,黔东南苗族刺绣在长期的发展过程中,形成了成熟精湛的多种技法和材质的巧妙配搭,以取得更悦目的观赏效果。在绣法上,依其突出特点,大体上分为凸绣、平绣两大类,根据技法和风格还被细分为辫绣、结绣、绉绣、绒绣、堆绣、贴花、挑花、缠绣、锡绣、倒针等十余种各具特色的针法。其表现的题材丰富多彩,有历史故事、神话传说、图腾崇拜、动物世界、花鸟虫鱼、果园畅想生活纪事等几大类。苗族刺绣具有其独特的风格和特点,图案中的花鸟树木、飞禽走兽等都有一定的寓意,具有丰富的文化内涵。

三、贵州苗族服饰文化旅游资源的价值

1. 历史文化价值

服饰是文化的载体,是物质文明与精神文明的结晶。透过它可以读出一个民族的历史文明。因此,从这个角度来看,苗族服饰的价值已远远不是一种可以用金钱衡量的物质商品了,而是承载苗族传统文化文明演进历史的无价之宝。贵州苗族服饰好似一部无字的史记,用它特有的方式向现代人展示苗族先民在生产实践当中所形成的光辉灿烂的物质文明和精神文明,折射出时代的文化、艺术、科技等方面的成就,也折射出时代的政治生

活、阶级斗争、宗教信仰以及哲学思想等。作为一种文化现象,贵州苗族服饰有其特殊的文化价值。首先,就内容而言,贵州苗族服饰几乎反映了贵州苗族在不同时代生活的各个领域的状况,包括自然环境、宗教信仰等,具有鲜明的地域文化特性。历史色彩浓厚的贵州苗族服饰,满足了现今游客异质文化旅游的需求,因此,贵州苗族服饰的历史文化价值,对于贵州旅游业来说,是一项发展潜力巨大的旅游资源。

2. 实用价值

服饰本身就具有遮身蔽体、防暑御寒的基本功能,是人们日常生活中的必需用品。对于游客来说,虽然目前追求其纪念和文化意义在其购买动机中占据主要地位,但少数民族服饰鲜明的实用性也是吸引其购买民族服饰旅游商品的因素之一。贵州苗族丰富的服饰充分地体现了服饰品的实用价值。精致、实用、美观、便携、满足了旅游商品开发的所有要求,因此,充分利用贵州苗族服饰的实用价值,开发出具有贵州苗族特色的旅游商品,对贵州旅游经济发展的推动作用不言而喻。

3. 审美价值

服饰首先是一种具有遮体、保暖等实用功能的人类创造的客观存在物,但服饰更是一种文化和艺术的载体,具有审美功能。艺术审美是旅游审美的主要内容,审美价值是服饰追求的基本功能之一,服饰起源中有一种装饰学说,认为服饰的出现是为了满足人们的审美需求,是一种文化和艺术的载体,具有审美功能。事实上也正是如此,作为苗族文化和艺术载体的服饰都同其他旅游资源一样具有很大的审美价值,无论是穿戴在人们身上的服饰是还收藏在陈列室中的服饰对于游客来都是一种美的享受。在内容上来说,贵州苗族服饰的造型、款式、材料、图案、色彩和花纹以及制作工艺等单一要素以及服饰给人的整体感受都是观赏的对象;苗族是一个苦难而神秘的民族,通过苗族服饰上各种图案具有深厚的文化内涵,将人们带入遥远苗族先民的神秘生活意境,从而给游客带来无尽的美的享受。苗族历史上经五次大迁徙,形成众多支系,因此,就是在同一个时期,不同区域的苗族服饰也具有不同的美学特征,给服饰的观赏价值又增色了不少。

4. 体验价值

体验经济是当前的时代潮流,贵州苗族服饰文化旅游产品的开发也不应该拘泥于观光、度假、休闲等传统方面的发展,而是要向给旅游者提供参与体验乐趣、文化等的体验式旅游产品。旅游体验是一种综合性的体验,在这种体验过程中旅游者可以在观赏风景中获得审美愉悦,可以在与人交往中品味多彩人生,可以在积极模仿其他角色的过程中发现和发展自我,也可以在旅游消费过程中享受世俗之乐。让游客尝试参与制作苗族服饰,苗族服饰制作主要包括纺织、靛染、裁缝、刺绣、织锦、制作银饰、镶缀饰物等工艺,这些制作技艺都是经过一代又一代承袭发展而来的,让游客参观制作过程并参与其中某一制作流程的工艺,这种形式,不仅能获得感官享受还能满足人高层次的需要,以文化的理解和感悟为目标,具有十分重要的意义。还有一种方式就是服饰的穿戴,通过对服饰的穿戴去体验当地居民的生活方式、政治制度、社会习俗,是一次与苗族民族文化的亲密接触,在我们得到感官愉悦的同时又获得一次文化艺术的体验大餐。苗族服饰与其他艺术品一样,通过苗族妇女对其款式、图案的精心设计、刺绣、蜡染等系统性的创作过程,成为具有民族特色的艺术作品,但苗族独特的历史背景和经历终会使其拥有独特、鲜明的地域色彩,对于游客来说,无论面料、色彩、款型,还是纹饰符号、加工工艺等,都具有体验价值。这种体验不但能为旅客增添旅途的乐趣,而且会潜沉在他们的审美记忆中,构成长久的审美回味和审美心境。对于贵州的旅游开发来说,这将有助于深化旅游活动,满足旅游者的求新、求奇、求异、求趣心理,提高贵州旅游的社会文化效应。

5. 科研价值

服饰是社会发展的产物,与当地的地理环境、社会生产力的发展、科技实力、政治制度以及文化、信仰等诸多要素相关联。从这个角度来看,服饰无疑成为现代人们研究古代社会政治、经济、文化、工艺、艺术、技术、人们生活,甚至是穿着者的性格特点和爱好等重要的原始资料。由于苗族没有本民族的文字,因此,苗族先民或多或少地把自己民族的历史和民俗故事,以"绣"的方式,"记述"在了衣装上,通过服饰这一相对静止或不断"复制"的文化载体,把自己民族的历史和文化用一种特殊的"绣纹"传承下来。据说黔东南苗族女装中上衣背帕上的绣纹,即代表了苗族祖先在迁徙途中的路径,甚至有的纹样代表祖先在某地的城墙。贵州地处中国西南山区,苗族分布众多,支系繁多,不同支系有不同的迁徙历史,有不同的宗教信仰和文化。我们通过对贵州黔东南苗族服饰的研究,可以感受到苗族服饰里所蕴藏的信息。比如色彩上,黔东南地区衣料多为青黑色,与自然界的绿色浑然一体,加之红、黄等鲜明的色彩增加了装饰之美,各种色彩运用自由,没有多色彩的限制和贵贱之分,表现出了苗族人与自然和谐的性格。在不同的活动中对颜色的选取也会不一样,"鼓社祭"时会选择白色,因为白色他们看作是死亡的象征。一套服饰中元素很多,象征着苗族历史、心灵和情感等很多的喻义,具有科研的价值。

四、贵州苗族服饰文化旅游资源开发的意义

据《中国苗族服饰图志》记述,苗族服饰有一百七十三种之多。尤其女装式样多达一百三十多种,而贵州苗族服装式样就有一百零几种,而每种服饰又蕴含着不同的文化内涵,其丰富的文化资源具有巨大的旅游开发潜力。

首先,由于苗族在历史上本身就是一个古老而神秘的民族,其丰富的民族文化大部分通过服饰这一物质载体世代传承,苗族服饰文化旅游的开发有利于把贵州苗族服饰文化带入全世界,为世人所熟悉和了解,从而刺激潜在旅游消费者的消费欲望。其次,贵州苗族服饰色彩斑斓,如苗族女性百褶裙,衣裙颜色以红、黄、蓝、白、黑为主,保持了苗族先民的五色衣服。

1. 开设贵州苗族服饰文化与服饰博物馆

服饰博物馆是服饰文化的标志,它展示的是一个国家、一个民族的历史和文化成就。贵州省苗族服饰世代传承,其精湛的工艺,绚丽的图案和丰富的款式造型以及服饰所折射出来的文化内涵,具有很大旅游开发价值。尽管贵州苗族服饰及其文化资源丰富,但是为人所知的却很少,要开发苗族服饰文化旅游首先就要让世人熟悉并了解贵州苗族服饰文化,而建设专业的苗族服饰文化博物馆是实现这一目标的有效途径,在建设苗族服饰文化博物馆的同时要注意以下两个问题。

(1)首先解决贵州苗族地区信息闭塞问题,加强宣传。在网络信息高度发达的现代社会,网络成为人们了解信息的首选。所以在建设贵州苗族服饰文化实体博物馆的同时开通网上博物馆。利用现代科技系统的展示丰富多彩的贵州苗族服饰文化,文化需要交流探讨,才能真正了解认识和传播,创建苗族服饰文化研究交流综合性网络平台,充分利用网络优势,让全世界更多的人了解贵州苗族服饰文化。

(2)在博物馆中,服饰文化的传播不光靠服饰的陈列展示,还得利用现代科技手段,将图、文、音、视有机结合,做到资源共享,提高视觉感受,同时在展示厅捏设置多媒体触摸屏演示系统。这种对于提高展示效率,传播知识起着重要的作用。

2. 加强贵州苗族服饰及其文化旅游产品的开发

贵州苗族服饰及其文化资源丰富,但是旅游资源优势并未转化成旅游产品优势,要实现贵州苗族服饰旅游的快速发展,就必须结合市场的需求以及贵州苗族服饰的特色,开发一系列的苗族服饰旅游产品。

(1) 观光型服饰旅游产品的开发

1) 陈列型旅游服饰的开发。贵州苗族服饰以其精湛的工艺、丰富的图案和款式造型从而具有极大的艺术观赏价值,陈列型旅游服饰开发目的是给游客展示贵州各个时期、不同地域、不同支系苗族的多样化服饰文化的资源,从而获得视觉上的审美享受。建设以服饰欣赏为主题的服饰博物馆是开发的方向。服饰博物馆的建设要遵循一定的原则:首先,应该充分考虑接近苗族聚居地,并且交通便捷。接近苗族聚居地可以保证服饰的文化"不变味",同时可以聘请当地的苗族同胞对服饰文化内涵的介绍和解读。其次,这类旅游产品的开发档次要高,不能滥竽充数,要走少而精的路线,树立品牌意识。最后,展示方式要新颖,各展示厅应该主体鲜明和突出,并且将声音、图像和文字有机结合,为游客带来不一样的体验和感受。

2) 装扮型旅游服饰产品的开发。服饰装扮其实就是人体服饰展示。这种旅游产品难以成为一种独立的产品,但它却促进贵州苗族服饰文化旅游产品品牌的树立并突出旅游地的特色。比如可以在旅游地景区内的工作人员和居民穿戴着当地苗族服饰工作和生活,营造出浓厚的服饰文化氛围,给游客的视觉带来冲击力。近几年随着摄影爱好人的增多,也出现了大批的摄影旅游,模特的装扮及摄影作品上出现的原生态服饰,都是对消费者的一种潜在引导,而这些产品的开发要做好当地苗族群众的工作,调动其参与的热情,因为涉及面广,没有明显的个人利益收益,需要整体完成。

(2) 体验型服饰旅游产品的开发

苗族服饰的绚丽和神秘,总会让游客想跃跃欲试,游客若能在旅游过程中亲身体会这种美可以提高旅游者的旅游体验。因此,体验型服饰旅游产品是贵州苗族服饰及其文化旅游产品开发的一个方向:一是向游客提供苗族服饰试穿体验,在景区(点)为游客提供穿戴服务,特别在一些自然风光佳、民俗风情集中地,美与美的结合,让游客亲身体验将民族服饰穿戴在自己身上所带来的愉悦。二是服饰装扮娱乐,利用古装电影、电视剧的影响,给游人提供相应的服饰进行装扮娱乐;三是服饰旅游商品的开发。作为服饰本身就应具有实用性,所以在服饰旅游商品的开发中,要将艺术性与实用性结合在一起,充分体现实用价值和纪念价值。时代在前进,消费者的需求也在改变,服饰旅游商品的开发贵在将传统元素与时尚潮流相融合,开发出具有时代气息的传民族服饰商品。

(3)其他服饰旅游产品的开发

1)节庆服饰旅游产品的开发。贵州苗族的节庆活动是其文化宝库里的重要组成部分,而服饰则是节庆活动中必不可少的元素。如何利用节庆活动开发贵州苗族服饰文化旅游产品是一个值得研究的方向。在进行此类旅游产品的开发是不能将其视为以服饰为单一主题的节庆,更重要的是要将服饰作为展示苗族文化的载体。在丰富多彩的苗族服饰吸引游客眼球的同时,应更多地向游客进行苗族服饰文化内涵的宣传和解读,这对贵州苗族服饰文化旅游品牌的树立,促进旅游地其他旅游产品的销售都具有不可忽视的作用。

苗族节日十分丰富,涉及苗族人民生活的方方面面,可以通过商业化的运作手段,在旅游区定期举办以贵州苗族服饰及文化为主题的节日,以这种形式来促进当地服饰传统元素与流行元素的结合,宣扬当地服饰文化的精髓,做成旅游地的品牌文化,通过这种品牌带动旅游产品的营销。

2)科研服务型服饰旅游产品的开发。贵州苗族服饰文化内涵博大精深,苗族服饰作为其文化的物质载体,是苗族服饰研究者分析和研究苗族远古世代的政治经济、社会文化以及科技艺术等发展状况的重要依据。由此看来,贵州苗族服饰的科研价值将会给贵州苗族服饰文化旅游的开发带来一定的市场,而开发和建设苗族服饰博物馆是一个有效的途径。首先,要加强对贵州苗族服饰的收藏和保护工作,博物馆工作人员应亲自去贵州一些苗族村寨进行服饰收集工作,特别是一些历史悠久、审美价值较高的服饰。其次,贵州苗族地区政府要加强对苗族地区文化风俗的保护工作,从而为旅游开发奠定扎实的基础。

3)教学服务型服饰旅游产品的开发。在服饰旅游产品的消费人群中,有一类是容易被忽略的,那就是服装设计、艺术类专业、纺织工程等在校大学生及老师,他们是潜在的消费群体,同时他们对产品的开发又具有积极的推动作用。因此,与这些学校建立合作关系,并为它们设计提供可进行学习研讨的旅游产品,也是贵州苗族服饰旅游产品开发的一个发展方向。

第六节　贵州节庆旅游资源

节庆旅游资源是指在一定区域范围内对旅游产生吸引向性，经开发规划后成为吸引旅游者的动态文化吸引物的各种节事庆典活动的总和（包括各类旅游节日、庆典、交易会、展览会、博览会，以及各种文化、体育活动），这些活动往往规模不一，在特定区域内定期或不定期地举行，且围绕特定的主题开展丰富多彩的旅游项目，以其独特的形象吸引大量区域内外的游客，从而提高旅游目的地的知名度，并产生效果不等的轰动效应。可见，节庆旅游是推广目的地形象、传播区域文化、塑造区域旅游品牌、促进对外经贸合作、带动经济发展的重要载体。节庆旅游资源的整合，则是指在一定区域范围内，两种或多种不同类型的节庆旅游资源有目的、有秩序的聚合、结合过程，是以市场需求为导向，以整体性、互补性为基本原则，为达到节庆资源共享、共同开发，形成更合理的节庆旅游线路、构建节庆大旅游系统而进行的有目的的节庆旅游资源重构，它是为节庆旅游发展战略规划和旅游空间布局规划服务的，是节庆旅游资源规划中非常重要的基础性工程。

贵州少数民族传统文化节庆旅游资源分布，主要集中在贵阳、黔东南、黔南、毕节、遵义、铜仁、六盘水等地区。因此，本部分主要以地区为划分依据，对贵州少数民族传统文化节庆旅游资源分布进行总体阐述。

一、少数民族地区传统节庆

（一）毕节地区传统文化节庆旅游资源

毕节是个多民族聚居地，这里的风土人情多姿多彩，民俗礼仪古老独特，如：别具情趣的彝族迎亲，苗家牛角酒，彝、苗丧葬习俗，布衣婚俗等，都独具一格。其主要的节庆旅游资源主要有：

1.打"篾鸡蛋"

每年春节期间，仡佬族人们用斑竹细篾条编成大如拳头的空球，形如鸡蛋，故称"篾鸡蛋"。编时要在里面放几块小石头、碗砾或铜钱，以便比赛时能发出响声，外面涂上红颜色。比赛时，在宽敞空地或院坝，划地为界，两队各站一边，双方将篾球向对方抛掷，用手掌对拍、对打，颇为有趣。

2. 跳花节（正月初七至初九）

苗族最隆重的节日。花场地点通常是固定的，其中以亮岩乡核桃树花场最为热闹。苗族女子穿上节日盛装，围坐在花场上比赛挑花刺绣，小伙们口衔芦笙在地上翻滚腾跃。整个花场既是激情奔放的歌舞盛会，也是独具民族特色的服装展示盛会。

3. 逛花坡（正月初三至十五）

年轻的苗族姑娘们围聚在附近的山坡上，各自展示自己的手工艺品，将山坡装扮成色彩斑斓的"花坡"，互相欣赏、观摩，唱歌。男青年则三五成群地赶到"花坡"，用歌声与姑娘们打俏，继而携手翩翩起舞，尽情欢跳，以此选择自己的意中人。

4. 赛马节（农历五月初五）

农历五月初五，是威宁彝族传统的赛马节。届时，英俊剽悍的彝家小伙们各骑骏马，从各地云集在盐仓区方圆十多里的百草坪上参赛。

5. 白族山歌节（农历五月初五）

端午节这天是毕节白族传统的山歌节。届时白族同胞欢聚小河村恐龙河风景区，对山歌，牵手跳圈圈舞，成双结对吹木叶，用葫芦勺敬水花酒等。

6. 火把节（农历六月二十四）

每年农历六月二十四，彝族同胞在田野中举行象征性的驱虫活动。青年男女用唖酒、水花酒招待客人，在唢呐、月琴等乐器伴奏下，人们围着篝火边唱边跳，欢度节日。节日期间还举行斗牛、摔跤、赛马、对歌、荡秋千等活动。

（二）遵义地区传统文化节庆旅游资源

1. 仡佬年（农历三月初三）

农历三月初三是仡佬族的春节，届时要准备鸡、酒、肉、饭等敬奉山神或土地，认为敬了这些神就会保佑平安。供品用过以后，就在山上或寨门前聚食。当地仡佬族人民称之为"过年"。

2. 牛王节（农历十月初一）

农历十月初一，是仡佬族的传统节日"牛王节"。每到这一天，当地仡佬族人民便要杀鸡备酒，点香燃烛，放响鞭炮，在牛厩门前敬牛王菩萨，祈愿它保佑耕牛身躯健壮、无病无灾。同时，还要给牛披红挂彩，打糍粑挂在牛角上，表示替牛祝寿。

3.供粑节(除夕夜)

即用精米敬献祖先。在乡间,每当除夕的晚上,家家都要做好米饭和菜肴举行祭祀。同吃一餐饭后,整个寨子都会在堂屋正中祭祀祖先,同时还要进行叩头、唱歌、敬献等仪式。

4.贵州名酒节(公历7月至8月)

分别在遵义市、仁怀市茅台镇、赤水市十丈洞等地举行。活动内容主要为参观遵义酒文化博物馆、茅台酒厂、遵义会议会址、赤水十丈洞瀑布等,而对于好酒人士来说,最吸引人的是可遍尝当地名酒。

(三)贵阳地区传统文化节庆旅游资源

贵阳是个少数民族聚居区,各地民族节日内容丰富,各具特色。苗族的"四月八"、布依族的"三月三""六月六""跳场"等民族节日,为少数民族青年男女寻找意中人提供了极佳的机会。除此之外,贵阳还有诸多民俗节庆活动,包括:国际阳明文化节、布依族跳地戏(正月十五)、六月六节(农历六月初六)、三月三节(农历三月初三)等。在贵阳少数民族节日、集会期间及农闲时节,农村要开展演地戏、跳芦笙舞、赛歌、赛马、斗牛等饶有情趣、极富特色的民族民间传统文化体育活动。而乡间寨上民族情趣极浓的婚俗、酒规、葬礼,也会使游人大开眼界。

(四)黔东南地区传统文化节庆旅游资源

黔东南苗族侗族自治州有全国最大的苗寨——雷山西江,全国最大的侗寨——黎平肇兴,有世界上最古老的情人节——台江姊妹节,有粗犷奔放的苗族祭祀狂欢舞蹈——反排木鼓舞,有"行云流水"的苗族飞歌,有"天籁之音"的侗族大歌,有侗族古老的鼓楼,有记载镌刻历史的精美而斑斓的苗族服饰、苗族银饰,有流淌千百年的"以歌养心、以舞养身、以酒养神"老百姓的普通生活。黔东南苗族侗族自治州民族节日每年有266个,这里的孩子会说话就会唱歌、会走路就会跳舞,国内外游客把黔东南州称之为"百节之乡"。

1.苗年(农历十月中旬)

凯里市、雷山县苗族,跳芦笙、斗牛、游方、踩鼓。

2.姊妹节(农历三月十五至十七)

台江县施洞苗族,游方、踩鼓、跳芦笙、吃姊妹饭。

3.芦笙会(正月初三至初五):凯里市翁义苗族,芦笙舞、斗牛、对歌。

4. 鼓藏节(农历十月、三月中旬):十年过一次,连过三年,第三年最隆重,分凯里市、雷山县苗族,跳芦笙、斗牛、游方、踩鼓。

(五)黔南地区传统文化节庆旅游资源

1. 斗牛

斗牛是都匀少数民族传统节日中不可短少的竞技项目,是民族力量的象征,以此来祈愿一年风调雨顺、喜悦丰收。斗牛活动历史悠久,源远流长,民间极为盛行,牛使用的是水牛,是斗牛之间力量和战术的较量,表现的是一种原始本能的力量,其势惊心动魄,扣人心弦。

2. 端节

水语叫"借端",是水族最大的节日,相当于汉族的春节。最初的端节在每年农历八月下旬至十月上旬,每逢亥日进行。由于这时正是三秋大忙季节,因连续过"端"作客吃酒影响生产,就改为每年三秋大忙之后举行,即农历十一月的第一个"亥"日举行。节日时,人们走亲访友,祝贺丰收;村村寨寨还敲击铜鼓、吹响芦笙,彻夜不绝。

3. 盘王节

又叫"做盘王""跳盘王""还盘王愿""祭盘古",是瑶族人纪念祖先的盛大节日。新中国成立前各地瑶族过盘王节的时间不同,一般多在秋后至春节前的农闲时间举行。现在则统一在农历十月十六日过节。盘王节的活动内容以唱盘王歌和跳长鼓舞为主。届时,由一至三对盛装打扮的未婚青年男女,在师公或歌手指导下唱《盘王歌》,师公助手则依歌跳起长鼓舞,表演盘王创业故事。

(六)六盘水地区传统文化节庆旅游资源

1. 折溪傩戏节(正月初三至三月初三)

农历正月初三至三月初三,六枝折溪乡的彝族同胞在村里演出傩戏,以祭神驱鬼。集神、鬼、人于一体的傩面具扮相生动,人物性格突出。每逢演出,观者踊跃,热闹异常。

2. 节采花洞(正月初一至十五)

每年正月初一至十五,滑石板村和邻村邻县数千苗胞聚集于村东侧的一个洞前,唱情歌、吹芦笙、直箫,边吹边歌,人头涌动。不少男女青年以这种方式谈情说爱,寻求对象,故名"采花洞"。

3. 跳花节(农历二月十五)

水城县南开乡三口塘每年都要举行当地苗族(小花苗)同胞最喜庆的传统节日"跳花坡"。届时成千上万苗族同胞聚集在此,身着盛装,载歌载舞,欢庆自己的节日。这是贵州省规模最大的民族节日之一。

4. 彝族火把节(农历六月二十四)

玉舍乡海坪每年农历六月二十四,都要举行盛大的彝族"火把节"。所有活动均在篝火旁、月色中举行,所以又称为"晒月亮"。

二、贵州现代地方性特色节庆旅游资源分布

除了少数民族地区传统的文化节庆旅游资源以外,最近几年,贵州举办了大量反映地方特色的现代旅游节庆活动,比较有名的是黄果树瀑布节、国际风筝节、草海观鸟节、百里杜鹃花节,等等。这对于扩大贵州及贵州景区的知名度,起到了比较积极的作用。

(一)贵州国际黄果树瀑布节

贵州黄果树瀑布以其雄奇壮阔的大瀑布、连环密布的瀑布群而闻名于海内外,并享有"中华第一瀑"之盛誉。黄果树风景名胜区位于贵州西线旅游中心安顺市西南45千米处,镇宁布依族苗族自治县境内,东北距贵州省会贵阳市150千米,有滇黔铁路、株六复线铁路、黄果树机场、320国道、贵(阳)黄(果树)高速公路贯通全境,新建的清(镇)黄(果树)高速路直达景区。景区以黄果树瀑布为中心,以瀑布、溶洞、地下湖为主体。著名的黄果树大瀑布,是贵州第一胜景、中国第一大瀑布,也是世界最阔大壮观的瀑布之一。景区内以黄果树大瀑布(高77.8米,宽101米)为中心,采用全球卫星定位系统(GPS)等科学手段,测得亚洲最大的瀑布——黄果树大瀑布的实际高度为77.8米,其中主瀑高67米;瀑布宽101米,其中主瀑顶宽83.3米。分布着雄、奇、险、秀风格各异的大小18个瀑布,形成一个庞大的瀑布"家族",被吉尼斯总部评为世界上最大的瀑布群,列入世界吉尼斯纪录。黄果树大瀑布是黄果树瀑布群中最为壮观的瀑布,是世界上唯一可以从上、下、前、后、左、右六个方位观赏的瀑布,也是世界上有水帘洞自然贯通且能从洞内外听、观、摸的瀑布。明代伟大的旅行家徐霞客考察大瀑布时赞叹道:"捣珠崩玉,飞沫反涌,如烟雾腾空,势甚雄伟;所谓'珠帘钩不卷,匹练挂遥峰',俱不足以拟其壮也,高峻数倍者有之,而从无此阔而大者"。以此为条件,为了促进贵州旅游业的大力发展并通过旅游业拉动贵州经贸招商等经济发展,贵

州开始举办贵州国际黄果树瀑布节。贵州国际黄果树瀑布节由国家旅游局、贵州省人民政府联合主办,安顺市人民政府、遵义市人民政府、贵阳市人民政府、省委宣传部、省旅游局、省经贸委、省发展改革委、省文化厅、省商务厅、省招商局共同承办,已经连续举办多届,并取得了很好的成效。贵州国际黄果树瀑布节已经成为贵州节庆文化活动的一张重要的名片。

(二)贵州毕节百里杜鹃花节

百里杜鹃位于贵州西南部,毕节地区腹地,森地面积7 288公顷,总面积为130余平方千米,初步查明的品种有马缨、团花、迷人、露珠等30余种,占世界杜鹃花五个亚属中的四个亚属,世界独有,每年3~4月开放,百花争艳,春意浓浓。百里杜鹃以其独特性、唯一性和不可复制性,1993年被国家林业局命名为"百里杜鹃国家森林公园"后,又被贵州省人民政府命名为贵州省十大风景名胜区和贵州省自然保护区。每年一度的杜鹃花节,广大的彝族、苗族、白族、仡佬族、满族、布依族同胞聚集花区,载歌载舞,展现自己的民族风采,喜迎八方来的宾客口羽。2007年,为了更好地保护和开发百里杜鹃这一世界独有的生态旅游资源,贵州省委、省政府批准成立贵州百里杜鹃风景名胜区管理委员会为百里杜鹃的保护、开发、建设提供了有力的保障。毕节每年以贵州国际百里杜鹃花节以"多彩贵州、神奇毕节、相约黔西、浪漫杜鹃"为主题,探索发展旅游节会经济的新路子,充分利用节会的综合效应,大力发展旅游文化产业,通过对毕节地区历史、文化、自然等资源的整合、提升,促进了毕节地区节庆旅游市场的发展。

(三)贵州黎平乡村旅游节

贵州乡村旅游节是在2007年开始形成并逐步发展起来的,中国·贵州省乡村旅游节首游式暨贵州省乡村旅游现场会在黎平肇兴侗寨隆重举行,并通过丰富多彩的春节旅游活动,以民族文化旅游推介为载体拓展贵州黎平县旅游的发展。黎平隶属贵州省黔东南苗族侗族自治州,位于湘、黔、桂三省(区)交界处,是全国侗族人口最多的县,是侗族女神"萨"诞生和取义成仁之地,是侗族文化的主要发祥地,也是侗族文化原生态保留地,侗族风情浓郁、古朴、纯真;是侗族大歌的主要发祥地,侗戏的原生地。这里各地农村侗族节庆活动众多,几乎月月都有;各种神话、传说、故事、笑话、寓言、谚语在民间仍广为流传。黎平侗族服饰款式多样,或富贵华丽,或神秘古朴,或简约素雅。贵州黎平是八百里侗疆的腹地,是最典型的侗乡,是中国侗族文化中心,因此有着"侗都黎平"之美誉,同时因黎平的侗族大歌流传最广、影响力最大而被称为"侗族大歌之都"。

(四)贵州织金国际溶洞文化节

贵州织金国际溶洞文化节以建设毕节试验区"中国西部最具特色的旅游胜地和精品生态旅游区"为目标,把"溶洞王国、魅力织金"打造成为"多彩贵州、神奇毕节"最具影响力的品牌,发挥织金洞天下第一洞的品牌效应,为实现将旅游产业发展成为毕节地区重要支柱产业的目标奠定坚实基础。贵州织金国际溶洞文化节以"多彩贵州、神奇毕节、溶洞王国、魅力织金"为主题,以展现织金悠久的历史文化、多彩的民族风情、独绝的喀斯特溶洞奇观三大板块为基调。同时,贵州织金国际溶洞文化节还开展国际旅游洞穴论坛,多彩贵州毕节地区旅游商品展销会,毕节地区招商引资项目推介会、织金"国际溶洞文化节",书画、摄影、文艺作品展,香粑车乐园开游仪式,织金县苗族射弩、斗鸡等民族民间体育活动。

(五)贵州威宁草海国际观鸟节

贵州威宁草海国际观鸟节已经举办两届。贵州威宁草海国际观鸟节以"相约草海,人鸟和谐"为主题,吸引了来自贵州、重庆、云南、四川、广东等地的观鸟专家、旅游企业和旅游专家会聚草海,除举办观鸟比赛外,还举办了观鸟研讨会、经贸洽谈会等活动。贵州威宁草海国际观鸟节以节日旅游为突破口,进一步推动草海旅游的规范化。作为全国26个极贫县之一,长期以来,威宁县旅游接待设施落后、管理混乱。2008年,威宁县委、县政府落实规划先行理念,投入大量财政资金进行交通、城市建设、旅游发展方面的规划。其中投入120万元完成旅游业相关规划6个,规划落地后,旅游业接待人数较之前提高了3.6倍,接待收入提高了4.6倍。通过贵州威宁草海国际观鸟节带动当地旅游市场的发展,到目前为止已落实旅游业投资5 500万元,吸引意向性投资7.2亿元。

(六)贵州·安顺(龙宫)油菜花旅游节

自2003年以来,贵州·安顺(龙宫)油菜花旅游节连续成功举办了六届,已经成为贵州省知名旅游品牌节庆活动。近年来,热情好客的安顺人民通过举办黄果树瀑布节、油菜花旅游节和屯堡文化节等大型旅游节庆活动,诚邀天下客,走进这个美丽的健康长寿之都,尽情享受自然,享受历史,享受文化。贵州·安顺(龙宫)油菜花旅游节以推出特色线路为主,活动把景区景观特色和景区新的建设成就结合起来,为赏花旅游线路赋予了更多的内涵,努力营造热烈、和谐的节庆氛围,注重游客的参与性,并为游客展示具有黔中特色的民族民间民俗文化,以及借助两赛一会成果为大家展示具有龙宫特色的精美工艺品。除此之外,贵州各地以自身的特色,打造出了很多文化旅游节,到目前为止,贵州已经形成了各具特色的多达46个地方性特色旅游节庆活动。

三、贵州节庆旅游资源评价分析

(一)贵州旅游资源与西部其他省份的比较评价

1. 贵州与云南旅游资源的比较

(1)相同点:首先,云南和贵州具有相似的区域地理条件,同处我国的西南地区,又同是被列入西部大开发的省份,经济不发达,生态环境相对脆弱,自然景观旅游资源丰富,并且不少地区都具有喀斯特地形,这样使得自然景观构成了两省旅游形象的特征之一。其次,悠久的历史文化和丰富多彩的民族风情,使得贵州和云南具有历史底蕴深厚的人文旅游资源,在人类历史的各个阶段,在云南和贵州都留下了遗迹。云南和贵州的少数民族人口都占全省人口的三分之一,云南少数民族人口位居全国第五,而随其后的便是贵州;因此,多民族在长期的历史发展中,创造了灿烂的历史文化,形成了独特的风俗习惯,构成了丰富的民族风情旅游资源。它同样是贵州、云南旅游的特色资源。

(2)不同点:首先,从总体上看,在目前的旅游资源产品中,云南有一些规模宏大的自然景观和人文景观,如列入世界地质遗产名录的澄江动化石群和世界文化遗产的丽江古城,而贵州目前尚缺这一世界级的产品。其次,从旅游发展来看,云南已先前于贵州而走在全国的前列,其旅游形象比较鲜明,旅游产品比较成熟,旅游市场比较稳定,管理体制也比较完善等。因此,在西部大开发过程中,在塑造贵州旅游形象时,必须扬长避短,突出特点,发挥自身优势。抓住游客求新、求异、尚未真正了解贵州的心理,构建出符合贵州实际的旅游形象。也正是由于贵州旅游发展起步较晚,许多自然景观、人文景观尚不为人所知,使得贵州在今后形象塑造过程中空间更大。最后,云南与缅甸、越南、老挝三国的边界线长达4 060千米,多个民族与境外相同民族在国境线两侧居住。通过"东方多瑙河";"西南丝绸之路"等边境旅游形象宣传,不断深化云南旅游形象的整体动能,使得云南旅游形象的开放程度更高,辐射范围更广。

2. 贵州与四川旅游资源的比较

(1)相同点:首先,四川和贵州同处我国西南部,地理条件相同,同是西部大开发的省份,经济发展还相对落后。两省的自然旅游资源都很丰富。贵州有国家级风景名胜区8个,省级风景名胜区24个,国家级自然保护区4个;四川有国家级风景名胜区13处,省级风景名胜区54处,国家级森林公园12处,省级森林公园60个。所以,自然资源在形象构成中都是两省的主要特征。其次,灿烂的历史文化和丰富多彩的民族风情是两省旅游资源的人文资源构成要素。贵州有少数民族19个,四川15个,贵州拥有国家重点文物保护单位9个,省级文物保护单位237个;四川有国家级文物保护单位33个,省级文物保护单位243个。

(2)不同点:首先,四川拥有九寨沟、黄龙寺两处自然遗产和峨眉山—乐山大佛这样一个世界文化和自然双重遗产。这将给四川旅游的塑造带来优势,也是今后贵州旅游形象塑造过程中必须努力的方向,才能使自身形象独树一帜,高人一筹。其次,两者虽然都以自然资源为主,但贵州由于占全省面积的76.69%,是喀斯特地貌,加之,在此基础上所形成的独特的喀斯特人文风情,使得贵州在形象塑造过程中,能够树立更独树一帜的形象。

3. 贵州与甘肃旅游资源的比较

甘肃与贵州虽然同是西部省份,经济欠发达两省的旅游业发展水平相近。甘肃有被称为"世界艺术宝库"的世界文化遗产——敦煌莫高窟,其"丝绸之路"更是扬名古今中外,因此甘肃省的旅游形象是产生在具有悠久历史的"丝路文化"基础之上的,蜿蜒1 600千米的"丝绸之路"旅游的黄金路段,到处散发着"丝路文化"的气息,这种气息不仅体现在其景观和氛围上,同时也体现在甘肃人的观念与意识上。另一方面,众多的文物古迹更多地从形象上体现了甘肃源远的历史这一特色。所以,与贵州相比,甘肃的旅游资源是以历史取胜,以"丝路文化"特色见长。尽管贵州在历史文化、文物古迹上与甘肃相比较不如之,然而,贵州独特的喀斯特文化以及许多待开发的资源使贵州旅游形象更显灵活,更具有纳新能力。

总之,在旅游资源分布上,贵州旅游资源既分布广泛,又相对集中,为各级旅游区的形成提供了前提条件,如西线旅游区集中了黄果树瀑布、龙宫、织金洞、布依村寨等景点;东线旅游区在一个200千米的环线内集中了舞阳河、云台山、飞云崖、青龙洞古建筑群、剑河温泉、苗族风情等景区景点,黔北十丈洞瀑布、赤水等。

(二)贵州节庆旅游资源的数量评价

从上述分析可知,贵州的节庆旅游资源不仅非常多,而且其中一部分质量很高,瀑布节、溶洞文化节、民族风情节等在世界和全国占有重要地位。比如,织金洞是世界罕见的奇洞,是迄今为止世界上已发现的保存最好、景观最完备、旅游和科研价值最高的溶洞,堪称溶洞世界的"大观园"。黄果树瀑布为全国最大的瀑布,也是世界著名的瀑布之一;"侗歌苗舞"一直受到国内外文艺工作者及民族工作者所重视。可见贵州的节庆旅游资源在全国旅游资源地域系统中占有独特的地位,是全国旅游资源中不可缺少的一部分。

贵州节庆旅游发展的特点与阶段如前文所述,贵州省旅游资源丰富,是我国和世界旅游资源集中的地区之一,拥有黄果树、织金洞等8个国家级重点风景名胜地区,草海、梵净山等5个国家级自然保护区,遵义会议会址、息烽集中营旧址等9个国家级文物保护单位,镇远和遵义2个国家级历史文化名城,雷公山、百里杜鹃2个国家级森林公园,24个省级风景名胜区,等等。在此背景下,为了进一步促进贵州省节庆旅游市场的发展,近年来,贵州省相继举办了一系列节庆旅游活动。通过举办节庆旅游活动,较好地推销了贵州各地的旅游品牌,创造了规模经济效益和社会效益,提高了贵州旅游文化在全国乃至世界的知名度,吸引了越来越多的旅游者,旅游收入不断提高。

具体而言,依据前文节庆旅游市场的形成机理中的构成要素,目前,贵州节庆旅游市场已经基本形成,并处于一个向上发展的阶段。首先,从需求的层面来看,无论是国内旅游者还是国外旅游者,对贵州最近几年的节庆旅游产品都给予了广泛关注,并且也取得了一定的成效。其次,从节庆旅游资源的供给,无论是各个少数民族在长期的历史发展过程中形成的存量的节庆旅游资源产品,还是最近几年贵州各地围绕自身的特色举办的一些文化节庆活动来看,贵州节庆旅游都为旅游消费者提供了比较丰富的旅游产品的选择。再次,从政府提供的各种保障措施来分析:一方面,经过多年的经济发展,贵州的经济社会、交通能力等基础设施已经取得了巨大的发展,可以保障贵州各种节庆旅游活动的开展;另一方面,针对节庆旅游的市场,贵州各地政府部门也开始注重并举办了很多节庆旅游活动,因此,从总体而言,贵州目前的节庆旅游已经形成了一个相对较为独立的整体性的节庆旅游市场。

(三)贵州节庆旅游发展及其资源整合存在的问题分析

尽管贵州节庆旅游市场已经初步形成并获得了一定程度的发展,但随着近年各地旅游节庆活动的频繁,也暴露出了不少问题,无论是在节庆旅游市场的发展层面还是在节庆旅游资源的有效整合层面,都还存在许多问题,需要及时规范,加以解决,并在此基础上制定出科学、系统的促进贵州省节庆旅游发展的战略机制。具体而言,目前贵州节庆旅游发展以及在节庆旅游资源整合过程中存在的问题主要体现为如下方面。

(1)节庆旅游运作体制落后,管理水平有待提高。纵观贵州各地举办的节庆旅游活动,直接参与者不外乎三方:政府、企业和公众(主要是旅游者和其他参与者)。在现有运作模式下,贵州旅游节庆的举办常常只是政府主办、企业赞助、公众被动参与,这样做最大的好处是政府可以依靠行政手段保证节事进程的顺利开展,可以减少某些人为的不定因素的影响,但其弊端也很明显——增加了政府非必要性事务负担和财政支出,导致贵州节庆旅游节事综合效益不高。同时,贵州节庆旅游的组织管理水平比较低下,还有待进一步提高。组织管理是为旅游节庆总体目标服务的,有效的组织管理不仅能从技术上保证旅游节的成功举办,而且对节庆的主办者、合作者和公众都具有极大的精神激励作用,而成功的组织管理又直接决定于旅游节庆的管理者和协调人员的素质。旅游节庆活动作为一个产业、一门学科,需要专业水平和专业队伍,目前贵州这方面专业人才十分匮乏,许多地方旅游节庆活动只是政府包办,政府有限的精力仅限于节庆活动的策划和实施,导致旅游节庆出现主题雷同、效率低、质量差的现象。

(2)节庆旅游商品缺乏创新性,风格不突出,导致经济效益不理想。良好的经济效益是节事得以连续举办的基础,如果主办者和各方参与者投入了大量的人财物而节庆的经济效益低下,"费力不讨好",那么各方的积极性都会遭到极大的打击,导致节庆产品生命短暂。但由于目前贵州节庆旅游市场刚刚起步,节庆旅游商品缺乏创新性,风格不突出,导致经济效益不理想。有的地区在充分挖掘本地资源、体现地方特色上未下大功夫,不能形成具有地方特色的旅游节庆活动,如贵定音寨的"金海雪山"旅游文化节,民族风格、地域风格不突出。金海(油菜花)在西南地区比较普遍,缺乏地域特色,同时也没有突出民族地域性,所导致的结果是各地举办的节庆旅游活动重复,政府财政投入的力度较大,但由此带来的效益不甚理想,甚至有些地方的旅游节庆活动接待性旅游过多,且全部费用由当地政府财政负担,本来就很贫乏的地方财政更是入不敷出。据统计,2006年,贵州省旅游总收入387亿元,仅位列全国21位,与周边云南、四川等省份相距甚远,而节庆旅游的收入仅仅30多亿元,远远落后于其他省份。

(3)特色优势文化资源转化为节庆旅游资源的能力较弱。贵州旅游的特色旅游资源十分丰富,如少数民族文化、酒文化、长征文化、蜡染文化、茶文化、夜郎文化、喀斯特山地文化、史前文化、洞穴文化、屯堡文化、阳明文化、建筑文化、服饰文化等。但是,贵州将这种特色优势文化资源转变成节庆旅游资源的能力却比较弱,目前举办的一些节庆旅游活动中,缺乏将这些文化内涵有效进行开发并以此形成节庆旅游产品,多是在进行自然风景旅游宣传或形成基于自然风景的节庆旅游,即使在将特色文化转化成节庆旅游资源时,大多强调少数民族的蛮荒和诡异,单调的民族歌舞,游客参与的内容量少且主要是"抢婚"、饮酒等民族文化中较为一、单片面的有限部分。导致一部分游客对贵州节庆旅游活动评价不高,影响了贵州旅游产品的品位和形象,难以提高贵州旅游资源利用率,带动贵州经济发展。

(4)节庆旅游资源过于分散,整合度不够。为了进一步促进贵州省节庆旅游市场的发展,近年来,贵州省相继举办了一系列节庆旅游活动,如贵州省乡村旅游节、黄果树瀑布节、油菜花节、遵义国际名酒节、凯里国际芦笙节、中国贵州(遵义)神秘赤水河旅游节、中国贵州红枫湖旅游节、中国兴义万峰林旅游节、贵州杜鹃节、贵州梵净山旅游文化节、中国都匀西部民族民间文化旅游节、多彩贵州旅游形象大使选拔赛等。但目前贵州省的节庆旅游市场的开发与培育缺乏整体的组织规划、缺乏资源的整合,难以产生节庆旅游的整体轰动效应。比如,贵州举办的金海雪山旅游节,许多地区都在举办,油菜花节、杜鹃花节许多地方也在办,且各自为政;一些少数民族风情旅游节如苗族的芦笙节、斗牛节等许多地方举办的内容相同,模式相同,缺少创意。相类似的旅游节庆活动缺少整体的规划,没有进行资源的组合,影响不大,没有产生整合力,自然其经济效益也就不高。

(5)节庆旅游资源相互之间缺少协调配合,缺少品牌化的支撑。在已有的贵州节庆旅游资源发展过程中,一方面,无论是传统的少数民族节庆旅游的发展,还是现代化的特色的节庆旅游资源开发过程中,贵州节庆旅游资源的开发与市场拓展,都缺少节庆旅游的相互协调和配合;另一方面是各个节庆旅游资产之间缺少协调配合和统一规划,造成的结果便是节庆旅游资源的浪费、重复建设,各个地方重复地开展同一类节庆旅游活动、各个节庆旅游活动在时间上重叠,在空间上更无法做到错位整合。同时,贵州节庆旅游资源的开发与整合还缺少品牌化的支撑。纵观贵州这些旅游节庆活动,我们发现真正有影响力的并不多,而真正成为品牌的就更少了,很多旅游节庆活动开始搞的时候热火朝天,钱倒是花了不少,但效果却不是很好,两三届以后各方都失去了兴趣,旅游节庆活动逐渐成为鸡肋,没有真正起到宣传贵州旅游的作用。

（四）贵州节庆旅游资源整合的指导思想与基本原则

贵州节庆旅游资源整合的指导思想是整个整合过程中的航标和灯塔,每一个整合的基本过程都应预先确定总的指导思想。在整合过程的各个阶段,以及每个阶段上的各个层面,还需要结合实际情况确定出具体的指导思想。这种具体的指导思想是贯穿整个过程的总的指导思想与具体阶段的实际相结合的产物,是总的指导思想的具体化。具体而言,贵州节庆旅游资源的指导思想就是要根据贵州旅游业发展的大环境和贵州各个节庆旅游市场之间旅游业发展现状,根据不同节庆旅游要素的整合规律,在具有节庆旅游资源的不同地区在旅游资源、交通资源、市场资源等各个层面进行不同层次的整合,并且不失时机地扩展整合面,提高整合层次,最终实现整个贵州区域节庆旅游的整体性发展。

基于以上指导思想,在推进贵州节庆旅游资源整合的过程中,要坚持如下基本原则。

(1)区域分工与联动原则。由合作论观点知道,合作是为了产生合力,创造新的生产力,谋求区域更大的发展。随着旅游业的迅速发展,区域内部各个利益主体之间,为了自身利益,以争夺更多客源为中心,展开了激烈竞争。然而,我们说现代市场竞争已不完全是无理性的竞争,而是应该在竞争中求合作,互惠互利,共同发展。对于贵州节庆旅游资源整合而言,为了实现贵州节庆旅游资源整合的战略目标,就必须与区域内的其他形式的旅游地在旅游产品、旅游线路、交通、营销等方面进行合作,形成区域联动发展。加强区域的联合和协作,可以扬长避短,发挥各自的资源优势,实现优势互补,增强区域旅游发展优势,还可借助周围旅游区提升自己的知名度,扩大自己的客源市场,促进产品的销售,降低促销成本,增强区域旅游的吸引力和竞争力。同时,在合作的基础上,还要坚持分工的原则,即在统一的合作框架下,要依据各个地方自身的特色,形成各个地方在发展节庆旅游产品、开发节庆旅游市场中的分工责任。

(2)整体优化原则。组合论告诉我们,组合是多种多样,其中优化组合最科学,优化组合是构成事物各种要素的最佳结合,它不仅在一个子系统内是优化的,更重要的是它在整体大系统内都是优化的,是整体系统的优化组合。贵州节庆旅游资源整合的过程也就区域旅游资源不断组合的过程,而区域旅游资源整合成功的标志就是贵州节庆旅游资源实现优化组合,发挥最大经济、社会、环境效应。在贵州节庆旅游资源整合中,加强区域联合与协作,突出旅游资源的特色,优势互补,联合开发旅游市场与旅游产品,有利于实现节庆旅游产品的整体优化,形成品种丰富、层次多样、功能完善、适应多种不同需求的旅游产品体系,促进旅游目的地与客源地之间的互补与结合,保障贵州节庆旅游发展的良性循环。

(五)贵州节庆旅游资源整合过程

事物之间的结合以及事物内部诸要素之间的重新结合,都是在一定的结合方式下实现的,因此,要实现结合,就必须掌握和运用适当的结合方式。贵州节庆旅游资源整合涉及旅游主体和旅游要素的整合,它们也是在一定的方式下进行的,恰当的整合方式将有助于旅游主体和旅游要素的整合,将对旅游地域综合体的形成产生良好的影响。贵州节庆旅游资源整合的主体是贵州不同县市的旅游系统,而具体的利益主体又可以分为政府和旅游企业。旅游要素包括旅游吸引力要素、旅游交通要素、旅游市场要素和旅游管理要素四类。其中旅游吸引力要素又包括旅游资源、旅游形象、旅游产品(旅游线路)和旅游配套设施要素。具体而言,贵州节庆旅游资源整合过程可以分为三个阶段:第一阶段是形成和壮大贵州节庆旅游整合。贵州节庆旅游整合应该是具有较大吸引力和竞争力的节庆旅游景区及其配套设施在一定空间范围内形成的旅游地。这时采用的整合方式是"吸附式"。这种整合方式的主要特点是整合要素之间不对称,有核心存在,整合主要依靠核心的吸引和凝聚,类似滚雪球。居于核心的整合要素,吸附相关的整合要素,在这个过程中自身也不断发展壮大,积聚能量,并产生辐射效应。旅游整合极就是核心整合要素,在第一阶段,就是以整合极为核心,通过整合其他区域的资源,市场,形象和线路,强化整合极的地位和优势。第二阶段是在节庆旅游整合极和节庆旅游线路整合的基础上形成贵州节庆旅游的发展轴,并在条件优越的地方形成新的节庆旅游整合极。在整合极之间采用的整合方式是"对撞式"。这种整合方式的特点是整合要素不分主次,整合前无核心存在,整合后也无核心。区域旅游整合不可能只有一个整合极,通过发展必然形成多个整合极,也就是多个重要的旅游中心城市和核心景区,在它们之间进行大致等量的客源互流,从而壮大各自的力量。第三阶段是贵州区域旅游的全面整合和全面发展,这个时候采取的是"交织式"。这种整合方式的特点是多种整合要素发生不同层次纵横交错的关系和联系。通过区域节庆旅游整合发展,贵州节庆旅游开发必将从整合极辐射到一般景区,旅游线路的等级化和交通的层次化,都为整合要素的"交织式"整合提供条件。

1. 贵州节庆旅游资源整合的形态定位

贵州节庆旅游整合的结果就是形成一定形态的节庆旅游地域综合体。在不同的发展阶段,节庆旅游整合形态不一样,但从一个长远过程看,这些形态又呈递进的特点。通过认识不同阶段下的旅游整合形态和不同整合形态的相互关系,可以有助于我们判断整合的进程和整合过程中的问题,并采取相应措施,促进整合第一阶段:由于是形成和壮大若干个节庆旅游整合极,不同整合极在不同区域居于核心地位,吸附相关区域的整合要素,在这个过程中自身也不断发展壮大,积聚能量,并产生辐射效应,而每个整合极之间又相互独立,这时就会出现"板块型"和"辐射型"的整合形态,即若干个不同的整合体中有核心整合要素和若干附属整合要素,附属要素围绕核心要素运动,但它们之间又相互作用、相互影响,共处一个统一体中。第二阶段:可能会形成"渗透型"整合形态,即原有旅游整合极和新增旅游整合极将沿着旅游线路进行客源互流,并逐步形成能够反映局部整合的旅游新形象和吸引力更大的旅游产品。其表现可能是沿着旅游线路形成多个节庆旅游圈。第三阶段:可能会形成"网络型"整合形态,即在旅游线路不断延伸情况下,贵州区域内的节庆旅游要素之间纵横交织,呈网络状,形成不同等级。也就是说,贵州节庆旅游整合最终形成的旅游地域综合体是一个以网络化的交通系统为骨架,由不同等级的旅游地构成的一个具有强大旅游功能的空间实体。

2. 贵州节庆旅游资源整合的内容

节庆旅游产品整合节庆旅游产品整合是区域旅游整合的实质内容。新产品线路的形成也是新旅游区形成的标志,产品整合涉及众多要素的整合,产品整合能否形成是众多要素整合是否成功的重要标志,因此产品整合能否成功决定区域旅游整合能否成功。旅游产品整合关系到旅游地域综合体的整体吸引力和竞争力。区域旅游整合的目的是建立一个充满吸引力和竞争力的旅游地域综合体,而旅游产品是吸引力和竞争力的体现,旅游产品整合的好坏将直接影响到旅游地域综合体未来的吸引力和竞争力。因此,区域旅游产品整合是区域旅游形象整合的直接体现。在推进贵州节庆旅游资源的产品整合过程中,一个最基本的思路是在坚持保护与利用原则的基础上有效推进贵州的节庆旅游线路。

贵州生态旅游资源丰富,但生态环境又十分脆弱,民间存活着的、待抢救的物质和非物质文化遗产,正在经受着消费社会过度商业化的强烈冲击,倘若开发生态旅游时急功近利,必然会使当地脆弱的生态环境、贫困的社会经济雪上加霜。贵州民族文化异彩纷呈,民俗文物之多位居全国第一,是开展民族文化旅游的宝地。但在弘扬民族文化、开展民族风情旅游节庆活动时,必须提高少数民族地区民众的保护意识,有重点地推荐每个地方的特色旅游,着重发掘、提炼和开发以民族歌舞、民族体育、民族节庆、民族风俗、民族饮食文化、民族建筑等为主要活动内容的民族文化旅游节庆活动,从而使民俗节庆旅游充分发挥它的魅力和潜能。

在开展红色节庆旅游活动时,必须将红色文化资源与其他有关的历史文化资源整合,才能打造国家红色旅游规划所要求的综合性、复合型的红色旅游产品,红色旅游节庆活动最终必须以市场为导向,进行资本化运营而非政治化运作,方能形成一个特殊的节庆旅游品牌。

具体而言,贵州节庆旅游产品的整合要按照如下的基本要素来进行。

(1)要形成贵州节庆旅游产品的统一宣传定位。近年来,生态旅游业已成为一种增进环保、崇尚绿色、倡导人与自然高度和谐的大众化旅游产品类型,是一种正在迅速发展的新兴的旅游形式,深受海内外游客喜爱。发展生态旅游不仅有利于促进生态文明建设、人与自然和谐发展、社会主义新农村建设,还可以培育壮大资源节约型、环境友好型产业,进一步推进旅游业科学发展。贵州省生态旅游资源丰富,优势明显,是贵州省最具有恒久魅力的旅游资源,开发和利用好这一宝贵资源,对于推动贵州省旅游业的可持续发展具有积极而重要的意义。为此,贵州省可"以旅游促进生态保护,以生态保护促进旅游发展"的目标,将各种节庆旅游资源整合统一在生态旅游的宣传上,对外强化贵州"自然、健康、安全"的生态旅游目的地形象。

(2)在生态旅游的整体定位下,重点挑选符合生态要求的节庆旅游产品。其基本方向是在巩固原有各个少数民族传统文化节庆旅游的基础上,大力发展红色生态节庆旅游、乡村生态节庆旅游和自然风景生态旅游三大系列生态旅游节庆旅游产品线,并对每一类生态节庆旅游,形成2~3个拳头生态节庆旅游产品。

(3)节庆旅游市场整合。旅游市场是指旅游目的地的客源。从空间范围来讲,一般旅游目的地的客源主要由三部分构成:一是专门前来目的地的外地游客;二是从外地前来,把目的地作为一个过境地,只做短暂的停留和游览的游客;三是目的地本地的游客。旅游市场整合就是要利用各自区域的原有的市场关系(三种市场关系),通过畅通游客的进出通道和旅游区之间的交通联系,促使客源在不同旅游区之间流动,从而扩大各个区域原有的市场范围,即"你的市场是我的市场,我的市场也是你的市场,大家共享大市场"。贵州节庆旅游市场整合的关键是要形成"客源互流系统",最终要达到的目标是扩大市场范围。"客源互流系统"的基础是交通建设,主要包括目的地与客源地之间的通道建设和整合区域之间的通道建设。目的地与客源地的通道建设要快速、直达和舒适;整合区域之间的通道建设要便捷、交通衔接要好。但"客源互流系统"不是一个简单的交通系统,它实际是一个市场开发系统,它的核心思想是"客源共享"或称为"客源交换",它的依据是跨区域旅游线路设计的现实性,即只有跨区域旅游线路符合市场的需求,才能导致客源在跨区域之间的流动,跨区域交通系统建设才是有效的,才能真正形成"客源互流"。因此,贵州节庆旅游市场整合要根据贵州节庆旅游市场的需求特点,在节庆旅游线路整合的基础上,突破行政区划对交通建设的限制,在全省范围内进行跨区域大交通建设,从而实现旅游客源在整个贵州区域内的自由流动,形成贵州区域内的节庆旅游大市场。为此,贵州省在三大系列的生态节庆旅游的开展上,各地要在时间安排上,形成错位有序的经济发展层次,避免产品雷同、时间上相互碰车的局面发生。

(4)节庆旅游交通整合。旅游交通是为旅游者由客源地到旅游目的地的往返,以及在旅游目的地各处旅游活动而提供的交通设施及服务。旅游交通使客源地和目的地的空间相互作用的产生成为可能,它同整个交通运输体系联系在一起。从旅游目的地来看,旅游交通联系客源地,使旅游地接待旅游者,发展旅游经济的愿望得以实现。因此,旅游交通便利程度,或称可进入性(可达性),不仅是开发旅游资源和建设旅游地的必要条件,而且也是衡量旅游业发达程度的重要标志。旅游交通包括两部分:一是旅游地与客源地和集散地的交通联系;二是旅游地内部景区之间的交通联系。旅游交通整合就是要畅通旅游地与客源地和集散地的进出通道,让游客不走回头路,根据旅游产品整合要求,在中心城市、重点景区和一般景区形成环状线路和网络状线路,减少旅游时间比,增加信息拥有量。具体而言,贵州节庆旅游的交通整合的主要是点、线、环的整合。"点"的整合是指中心城市交通枢纽的建设和中心城市之间交通干线的建设;"线"的整合是指按照节庆旅游线路整合的思路,进行旅游精品线路和主题线路的交通通道建设和整合,并按照等级向一般景区辐射;"环"的整合是指进行重点节庆景区和一般节庆景区环线建设,从而形成一种网络化的交通整合格局。为此,一方面,在宏观的层面上,贵州要打造以贵阳为核心、有效辐射全省一其他各区域市场的,覆盖航空、火车、汽车的立体型交通网络系统;另一方面,在微观的层面上,各地、各个旅游景区要为游客的出行和在景区内的旅游提供交通方便;更重要的是,各地和各个节庆旅游景区要在交通上,形成各个景区直达、直通的整合性交通发展模式,从而为旅客出行提供交通上的方便。

(5)节庆旅游管理整合。旅游管理整合从广义上说包括两个部分:一是区域内具有旅游管理功能部门整合;二是区域之间旅游管理部门的整合。这里主要讨论贵州省内区域之间旅游管理部门的整合,即区域旅游管理的整合。因此,贵州节庆旅游的区域旅游管理整合的含义是指在贵州省范围内进行区域旅游整合时,不同区域的旅游管理部门通过一定的机制和机构,针对不同区域的节庆旅游要素,实行管理标准统一化,管理方式公正化,管理过程透明化,最终保障贵州省区域内的节庆旅游整合顺利进行。为此,贵州节庆旅游管理整合可在全省建立一个统一的节庆旅游资源和旅游管理协调机构。该机构由参与区域旅游整合的各个区域的旅游管理部门组成。该机构主要负责处理涉及区域节庆旅游整合的问题,进行区域旅游整合指导,提供相关信息。主要是提供咨询服务,建立一个对话和交流的平台。

3. 贵州节庆旅游资源整合的保障体系

健全的法律法规保障健全的法律法规对贵州节庆旅游资源的整合提供了重要的法律依据和法律支持。为此,在贵州节庆旅游资源整合的法律法规层面主要解决：制定和修改地方性的有关法规及其他实施细则，规范和督导贵州省节庆旅游资源整合活动的顺利进行；制定统一详细的法律法规，理顺管理体制，规范旅游参与者的行为，保障贵州节庆旅游业的协作发展；明确节庆旅游市场主体在资源开发和使用上的权利和义务，使旅游资源得到合理配置和开发利用；保护旅游企业和旅游者的合法权益。

完善的社会环境保障贵州节庆旅游资源整合对于区域旅游经济发展乃至对于整个区域的经济社会经济进步都起着重要的作用，而这一重大活动的推进和成功不仅仅是哪个的组织或部门的事情，更离不开全社会的努力。要形成全省居民对区域旅游资源整合支持的良好社会氛围的营造，根据贵州区域节庆旅游资源整合的主题形象定位，制定统一的语言、行为规范，创造与区域节庆旅游主题形象相一致的文化服务环境等。

强大的技术信息保障在"数字地球""全球化"和"知识经济"时代，在旅游业中，科技含量将越来越高，对游客信息服务的比重将越来越大。贵州区域节庆旅游业要想快速发展，在推进贵州节庆旅游资源的整合发展过程中，就必须重视科学技术的推广应用，建立节庆旅游信息网络，提供节庆旅游供需管理信息，通过网络将本区联为一体，促进贵州省节庆旅游资源整合和旅游网络经济的快速发展。

（六）基于资源整合的贵州节庆旅游推广策略

1. 明确节庆旅游资源开发的主题

为了将贵州各地丰富的节庆旅游资源更好地介绍给游客，必须有明确的主题。主题是节庆旅游活动策划的关键一步，没有自己独特的节庆旅游主题规划，难以推动贵州旅游节庆活动持续发展。2006年，以"多彩贵州"为主题的系列宣传推介活动以独特创意、新颖的方式和大手笔的运作，在全国引起了积极反响，全省旅游业保持了快速增长的态势。2007年，贵州拟继续延伸和强化"多彩贵州"宣传主题，全年推出荔波万亩梅花节、乡村旅游节、黄果树瀑布节、油菜花旅游节、"金海雪山"旅游文化节、杜鹃花节、苗族姊妹节、赏花游系列活动等30多项民族节庆活动，向海内外展示自然生态和富有神奇魅力的贵州，进一步提高贵州旅游的知名度、美誉度和参与度。加大宣传力度，增强贵州节庆活动的影响力新闻媒介是旅游节庆宣传促销的重要工具。要继续加强境内外媒体和网络的沟通与合作，选择有影响力的主流媒体和专业旅游报，有重点地邀请境内外主流媒体赴黔考察采访，对贵州旅游节庆活动进行全方位、多角度的报道;开展合作交流活动,加大与省内新闻媒体合作力度,推出旅游节庆活动专题和专题报道,开展全方位的立体宣传;鼓励和支持旅游企业建设多语种网站,整合全省各地的旅游信息资源,构建旅游信息化平台;抓好旅游节庆活动宣传品和纪念品的设计与制作工作,开发出一批具有当地特色、信息量大、实效性强、有一定档次、适合当地市场需要的旅游节庆宣传品和纪念品,拓宽宣传品的发放渠道,形成政府主导、企业主体、多方联合、市场化运作的宣传促销格局。

2. 坚持产品的创新

挖掘本地文化,借鉴外来文化,力求节庆旅游产品创新贵州民族文化丰富多彩,有与当地自然环境融为一体的吊脚楼、风雨桥、石头屋、石板房;长期保持着古朴风貌的傩戏、侗戏;欢快热烈的芦笙舞;流传于各地各民族的酒歌、大歌、祭歌、山歌;还有与本地气候相适应的各民族人民的生活习俗,风格各异的民间工艺品,等等。在策划节庆旅游活动时,要始终把产品创新和纳新放在重要位置,要挖掘并突出贵州文化特色,使之成为贯穿整个旅游节庆活动的一条鲜明主线,贯穿于各个环节和各个时段。节庆活动要形成序列,形成固定举办模式。在固定模式的基础上,要坚持创新,最终使节庆活动真正形成品牌,产生品牌价值和忠诚度,在游客心智中产生品牌情感维系,并占据一席之地。在挖掘当地文化时,要体现其基本的文化价值观、审美观,强调其人类学、社会学特征,而不是利用地域的蛮荒和经济技术的落后以满足目前部分游客的猎奇心理,以避免对今后旅游资源和产品的进一步开发利用和品牌形象塑造造成不利影响。此外,可以引进国外某些旅游节庆活动方式,实行多元化共存共荣的原则,对国外的动态旅游景观如葡萄酒节、西红柿节、父亲节、母亲节、情人节、圣诞节等批判性地吸收,但要防止民族文化的西化、汉化、简单化、庸俗化和城市化。

通过时间的序列化安排,形成各地节庆旅游市场的错位经营旅游节庆活动与旅游地的静态资源物在整体旅游产品的构成上相辅相成,由于某些旅游资源本身的季节性,则旅游节庆活动的开展则为该地旅游的可持续开展提供了载体。因而贵州省在整合模式下开展节庆旅游活动时,要通过时间的序列化安排,形成各地节庆旅游市场的错位经营。为此,要从三个方面考虑:第一是要注意节庆活动举办时间上的连贯性,将节庆活动均匀分布在一年四季的各个时段之中,营造持续的旅游气氛。第二是要注意某些节日本身的时段性,例如贵州·安顺(龙宫)油菜花旅游节、福泉"金谷春雪"梨花节、兴义顶效桃花节等则由于本身所依托资源的时段性和最佳观赏期的特定性,决定了活动举办时间的限制性。第三是要注意每次旅游节庆活动过程中活动项目安排的时段合理性和时间上的衔接性、均衡性。根据每次节庆举办的侧重点,按照"扣人心弦的开幕—保持气氛—再起高潮—平缓进行—余味尚存的收尾"的气势起伏安排活动项目。

第二章

社区参与式旅游扶贫的基础概念及特点

第一节 社区参与式旅游扶贫的基础概念

一、民族村寨

当前国内普遍认为"少数民族村寨"与"民族村寨"在空间和行政划分的区域方面存在很大差异,民族村寨指的是我国行政划分的民族自治区和少数民族人口聚集较多人口的云南、贵州、青海和海南。本文所研究的民族村寨和少数民族村寨实际是相同的,指的是长住人口多以少数民族为主要人口,多以聚集部落方式共同生活,在日常活动中产生独具特色的民族文化。在这里,民族村寨具有地域性和民族性两个特征,地域性是指民族村寨地处偏远地带,依靠自然为生,长期信息闭塞,在生活劳作当中形成本土文化。民族性是指民族村寨原住民拥有区分于其他民族的文化特色,便是常说的民族文化,这种民族文化包括语言、歌舞、节日、服饰、餐饮、社会文化等。正是因为这些民族文化,民族村寨的旅游产业发展便有了驱动力。

二、民族村寨旅游

在斯宾塞(1996)、泰勒(2005)的"文化进化论"影响下,"欧洲中心论"及"白人优越论"等思想盛行。欧美学者认为本族、本国是文化的"高级"形态,而具有原始部落色彩的民族偏远地区的乡村文化是城市文化的原始雏形,是文明社会"蒙昧时期"的代表。这一阶段,民族村寨仅仅作为人类学者研究异文化的样本。"文化相对论"由博厄斯在19世纪末20世纪初提出,承认、尊重每种文化并给予独立关照的思想得到认可,"土生土壤"的乡野异族文化逐渐被接受。全球化推动了对社会文化多样性的认同,乡野村落逐渐进入普通大众的视野,民族文化属地也被赋予"文化遗产"的特质。随着交通工具的便捷及旅游需求的多元化,大众旅游消费倾向逐步由传统旅游地向小众原生民族文化地扩展。为推进地方经济、缓解区域贫困、保护文化传统,地方政府纷纷制定民族村寨旅游发展的相关政策,包括斯洛文尼亚的整合乡村推动革新国家发展战略、日本"逆转的仪式"、英国的"CVWB(The concept of the country village weekendbreak)"概念等。随着世界旅游业的迅猛发展,民族村寨旅游已经成为第三世界国家最重要的旅游形式。虽然,国外研究鲜见强调社区单元的"民族村寨旅游"(ethnics village tourism),其认为旅游的本质就是一种族际跨文化的交流及体验,具有社会、经济、文化和政治特征的族群,能够凭借独特性成为旅游吸引物。民族村寨的原生文化能够成为旅游发展的核心吸引力(Godfrey,1995;Hinch,1998),贴着少数民族、种族、农民、乡下人和原始部落等标签的族群文化及生活方式对旅游者充满吸引力(Bruner,1985)。

在我国,民族村寨旅游也被表述为"民族社区旅游""民族文化村寨旅游"等。对于民族村寨旅游的界定,主要有以下视角:一是供给属性。依托原生民族文化和自然环境条件激发游客旅游动机(罗永常,2003),由村寨社区提供旅游服务及接待活动(黄海珠,2007),满足游客对异质文化体验需求(李天翼,2011)的旅游方式;二是市场属性。依托民族文化及自然风光,满足学习、度假、考察、购物等旅游功能(杨昌儒等,2004),迎合游客体验乡村文化、感受奇风异俗需求的休闲旅游活动(彭兆荣,2005)。可见,对于民族村寨旅游来说,民族文化及自然风光是供给基础,满足游客需求是市场前提。根据研究需要,本书将"民族村寨旅游"定义为依托民族村寨人居环境及地域空间,以原住居民自然创生的族群文化及乡土景观为吸引物,满足市场特定的文化认知及心理体验的跨文化体验形式。

随着旅游产业经济地位的凸显,不少民族村寨逐步以旅游为重要经济生活方式,衍生出提供旅游服务的功能(黄海珠,2007),演变为民族原生文化载体的"民族旅游村寨"(田敏等,2012)。对于"民族村寨旅游"与"民族旅游村寨"的认识,刘孝容(2013)前者是产品视角的定义,是后者的旅游内容;后者是功能视角的定义,是前者的物质载体,二者无本质区别。这样的分析有一定道理,但是混淆了旅游形态与村寨形态的逻辑关系:首先,两者是不同的主体对象。前者指以民族村寨为对象的主题旅游活动,后者指以旅游为主要经济方式的民族村寨。其次,两者形成的逻辑条件不同。前者是随着旅游产业的发展,市场对异质文化的追逐推动依托民族村寨中开展旅游活动的旅游方式,即民族村寨成为旅游资源。后者在民族村寨中旅游经济活动的重要性逐步提升,民族村寨逐步放弃传统农业生产,形成以旅游经济功能占据主导地位的村寨形态。因此,虽然两者是从不同视角对同一内容的审视,但是不能将其等同。

三、贫困

中国古代通常将"穷""困""贫"解释为生活贫穷而财物匮乏的境况,常用"食不果腹,衣不蔽体,房不避风"来表达。《说文》将"贫"解释为:"财分少。"对于"穷""贫""困"三个概念,中国古代有不同的认知,《广雅·释诂四》指出三者没有质的区别,可以互通;《左传昭公十四年》指出"贫"与"穷"在程度上是不同的,"大体贫穷相似,细言穷困于贫,贫者家少财货,穷谓全无家业";《荀子·大略》指出了"富""贫""穷"的差异及具有可测度的特性,即"都有之者富,少有之者为贫,至无有者为穷"。

萨缪尔森(1996)指出,"贫困,是一个非常难以琢磨的概念,因为其对不同的对象意味着不同的内涵"。贫困往往与缺衣少吃、收入低下、营养不良、医疗教育缺失等现象有重要关联,不同历史阶段、社会经济文化、政治宗教信仰、社会价值观念的主体对贫困均有不同的认识。贫困的概念伴随着时空及观念的变化而变化,因此"不具备确实性"(奥本海默,2013)。

20世纪60年代之前,贫困并未纳入经济学研究范畴,故而缺乏与贫困有关的经济学解释(舒尔茨,1987)。第二次工业革命后,贫困再次成为学者们的关注热点。朗特里(2004)认为贫困就是个人和家庭缺乏获得必要物资和服务的状态,并以家庭在物质方面是否匮乏为标准,提出计算贫困的依据——贫困线。奥尔辛基(2007)通过食品费用设定了美国的贫困线,以一个家庭的收入是否低于食品费用的三倍作为划定贫困人口的标准。劳埃德·雷诺兹(1982)认为,"贫困,就是缺乏足够的收入保障以达到起码的生活水平"。该阶段往往将贫困与生活标准挂钩,将其视为经济层面物质及财富的匮乏。但是,对"社会可以接受的生活标准"存在理解上的巨大差异。早在18世纪,亚当·斯密(2014)就指出,必需品并不局限于生活不可缺少的商品,更是"按照一国习俗,少了它,体面人自不待言,就是最底层的人民,亦觉得有伤体面的所有生活必需品"。由于一个地区约定俗成的"必需品"要高于官方所划定的"必需品"的概念,因此,最早作为划定贫困依据的"贫困线"至今未得到公认。

社会经济转型、公共资源分配与政策评估等现实需求推动贫困理论的研究进入新时代。第一,1960年以来,全球经济变化带来失业水平大幅上升继而产生新的贫困人口。新自由主义政策的推行,国家社会福利降低,贫困人口在社会生存和发展机会获得等方面均处于不利地位,第二,20世纪以来,相对富裕社会中贫困的定义和测度受到学者关注,很多国家根据社会总体收入水平的变化确立了相对贫困线。除了生活水平的衡量,对于贫困人口生活必需品和社会参与获得的考量得到认同。第三,政府公共开支的紧缩,政策的目标性和效率性要求提升。如何通过政策扶持减缓社会贫困,有效地将公共资源分配到最需要的地方和人,成为新贫困理论的政策背景。在这样的背景下,贫困与剥夺的关联性被纳入视野。《向贫困开战的共同体特别行动计划的中期报告》指出,"贫困应该被理解为个人、家庭和群体的资源非常有限,致使他们被排除在其所在的成员国可以接受的最低限度的生活方式之外"。阿玛蒂亚·森(2015)从伦理的角度对贫困和饥荒进行了重新解读,提出了经济学的伦理研究范式,指出贫困意味着机会和能力的贫困,并强调穷人之所以深陷贫困恶性循环,根本原因是其应该享有的基本权利遭到了系统的剥夺。森拓宽了贫困的解释领域,众多学者和机构逐步转向从"经济—社会特征"的角度来讨论贫困。汤森德(1997)指出"贫困就是一个资源被剥夺和侵占的过程",不能仅仅把贫困定义为生存条件和经济收入的剥夺,更应该关注多元的社会需求'。奥本海默(2015)强调,贫困会使人们丧失免受疾病侵害、获得教育、住宅安全并安享晚年的机会。联合国开发计划署(UNDP)提出"人文贫困",是对最基本发展机会和权利的否定。《世界发展报告》在1981年指出贫困是获得事物、达到一定生活水平及参与社会资源分享机会的缺乏,1990年则直接描述为"缺少达到最低生活水准的能力"。王小林(2017)指出贫困就是:"由于收入与财富的严重不足使人深陷艰难困苦并难以摆脱的困境之中。"

因此,贫困可以理解为当人们免受饥饿、寒冷、疾病等侵害的能力以及接受教育、医疗、社会参与等机会及权利遭到剥夺时,所表现出来的物质、社会和精神生活的匮乏现象,是对人类尊严的践踏;消除经济贫困绝非脱贫攻坚的终极目标。

四、旅游扶贫

解决贫困问题是关系着一个国家和谐稳定发展的重要的战略性决策和部署。如何打好扶贫攻坚战是我国实现全面建成小康社会的奋斗目标首要解决的难题。扶贫有狭义和广义的概念，狭义扶贫是指政府和社会通过采取一定的措施，对有劳动能力的贫困人口进行帮扶，增加就业的机会，提高社会劳动生产率，帮助其发展生产和经济，通过增加人均可支配收入，从而改变穷困现状的一种社会工作。广义扶贫是指采取生产性和分配性在内的帮扶措施，以直接或间接的方式增加困难人口收入，最终使真正贫困的人口、地区得以可持续发展。

旅游扶贫的方式在我国是针对扶贫和精准扶贫工作的不断深入开展，政府部门通过结合各地贫困现状和扶贫工作进展的实践而提出来的。旅游扶贫是一种"授人以鱼，不如授之以渔"的全新扶贫方式，内容涉及面广，扶贫成效明显。吴忠军（1996）认为旅游扶贫是通过开发利用贫困地区富含的旅游资源，发展贫困地区的旅游业经济实体，使旅游业发展成为当地支柱产业，实现当地居民和地方财政双脱贫致富。高舜礼（1997）认为旅游扶贫目标地是具备一定旅游资源，即旅游发展基础的经济不发达地区。旅游扶贫的目标人口的界定是个非常重要的技术概念，扶贫的目标定位于贫困人口的受益和发展，"贫困人口"概念的模糊使用会导致扶贫的机制失灵或"瞄不准"的问题（周歆红，2002）。曾本祥（2005）也提出旅游扶贫的真正目标是如何让贫困人口在当地旅游业发展中获得相应得益和增加自身发展机会。隆学文和马礼认为，旅游扶贫是指在旅游资源赋存的贫困地区以发展和支持旅游产业来带动区域经济的发展，从而形成一种实现脱贫致富的发展模式。

结合诸多学者的观点，本文中所提出的旅游扶贫，是指在具备一定旅游资源或发展旅游潜力的少数民族村寨，大力扶持旅游产业，以社区参与的方式，使贫困人口从中获益并能够获得可持续性的自救和自我发展能力，并带动贫困地区经济、社会、环境等全面的可持续发展，从而使社区居民实现脱贫致富的目标。

五、社区参与

社区参与属于社会学的概念，威尔·保罗认为社区参与是一种积极主动的参与过程，通过受益者对发展计划的实施方向和执行情况施加影响，而不是仅仅得益于参与本身。西方学者认为社区参与旅游发展指在社区能够最大限度地参与到当地旅游业发展规划和决策的过程中,并参与到当地旅游实际发展和管理中,最终实现当地社区经济社会利益最大化。西方民主社会自治一直以来都非常强调社区的参与,通过借鉴西方社会的社区参与理论,结合中国的实际,我国社会科学家认为社区参与强调社区居民自愿参加社区开发规划及社区公益活动或公共事务的行为,体现了社区居民对分担社区责任和共享发展成果,并使每个居民都能为社区的共同利益贡献力量。

在我国,黎洁、赵西萍提出社区参与的方式是当地社区居民通过参与到当地社区旅游规划开发决策和进行收益分配和过程。孙九霞、保继刚将社区参与旅游发展定义为在社区进行旅游开发规划的发展过程中要充分考虑当地社区的意见建议,将其确定为开发主体和社区主体,从而保证社区旅游是在可持续发展的前提下全面综合协调发展,这是社区参与的过程及目的。旅游活动是一种综合性和产业关联性强的行业,在旅游发展中要面对不同的利益主体和不同的参与者,社区主体的定位应该包括当地社区居民、企业、政府及其他利益相关的群体等。因此在旅游发展中的社区参与可以明确地定义为将社区作为旅游产业发展的主体,参与到时旅游目标地旅游规划、开发、利益分配等活动中,使社区居民既能分担社区旅游全面发展的责任,又可以共周分享社区旅游业发展带来的利益和成果。

六、社区参与式旅游扶贫

社区参与式旅游扶贫实际上是精准扶贫理念的探索与实践。国际社会上提出的"有益贫困人口发展的旅游"(即 PPT 战略)和"消除贫困的可持续旅游"(即 ST-EP 战略),从不同的侧重点对旅游扶贫的核心思想做了阐释。PPT 战略强调贫困人口在旅游业发展中的净收益;ST-EP 在 PPT 的基础上更加注重旅游业发展的可持续性,强调以保护自然环境和社会环境为基础,协调贫困地区的旅游和环境的发展,实现贫困人口旅游业收入的持续增长。由于贫困社区的一定资源、区位或市场优势,旅游扶贫逐渐成为当地依靠产业发展来脱贫的一种模式。旅游扶贫是利用"市场消费搬运"实现先富带后富,穷人通过参与旅游产业发展不但获得一定经济收益,同时也可以提高自我发展的能力。社区参与式旅游扶贫以社区的发展需求为基础,重视对社区旅游资源的整合运用。社区参与式旅游扶贫体现了一种参与式扶贫的

"精准化理念"。社区参与式旅游扶贫通过动员和培育社区作为参与主体的方式回应社区发展的特殊性,社区参与式旅游扶贫将一家一户的分散经营与旅游大市场相连接,以社区的旅游资源优势来带动旅游产业的扩大和集体经济的形成,推动社区整体脱贫。另外,社区参与式旅游扶贫注重扶贫对象精准,贫困户在享受社区整体发展成果之时也可以提高自身一定的人力资本能力。

七、扶贫效应

效应是组织利益相关者所控制的与组织目标有关的行为。效应是一个多维度的概念,应注意系统和发展的眼光来理解它,从时间、方式、结果三维视角去分析评价效应。扶贫效应则是在效应含义的基础上建立起来的,即以扶贫项目要达到的效果和产生的影响为目标,在规划期内通过整合并投入扶贫资源,并按照国家扶贫相关的政策规定或法律法规,应用于瞄准的贫困地区或贫困人口的各项建设和帮扶,经过有计划地管理,实现与投入相比更多的产出。在长期的扶贫实践中,逐渐形成了客观和主观两种绩效评价模式和方法。客观绩效评价是以扶贫执行机构即相关政府部门为中心,追求客观定量指标,以求描述、分解和落实政府职能。主观绩效评价则由政府中心转向公众为中心,在扶贫实践中,重视扶贫对象满意度等软性指标,以求直接反映扶贫对象对扶贫开发的评价结果。在本社区参与式旅游扶贫效应的内容方面总体来说至少包括了扶贫的经济效应、社会效应、环境效应、文化效应、居民感知效应。

第二节 社区参与式旅游扶贫的主要理论

一、环境贫困理论

恶劣的自然环境及不利的地理区位会制约地区经济社会发展,对于贫困的形成及保持"稳态"具有一定的解释力。贫困,可以理解为"特定时空情境下'人''业''地'维度上的剥夺或三者之间未能实现协调发展的过程与状态"(丁建军,2018)。

瓦伦丁(1968)、罗德曼(1971)最早提出了环境贫困论,认为地理环境是导致"贫困陷阱"(poverty trap)的重要原因。戴维·S. 兰德斯(2001)点评到:大自然是不平等的,同时,这种不平等是极难消除的。萨克斯(2005)指出:"当一个国家地处土地贫瘠、区位闭塞、易达性差的地理区位,自然中极易遭受疾病与恶劣天气的危害,那么就可能深陷贫困,这就是地理命运"。在一段时期内,地理因素导致贫困的理论被套上"环境决定论"的帽子而遭到质疑,维达尔·白兰士(V. Blache)强调人的主观能动性,将人地关系表述为一种"或然"(possibilism)关系,人类选择的能力决定着其处于什么样的发展状况。但是,大多数国家贫困人口在空间分布上均集中在远离中心城市、自然生态环境恶劣、交通设施绕离(Kanbur 等,2005)及公共服务滞后(Palmer-jones 等,2006,Okwi 等,2007)等农村地区,贫困的分布具有典型的"空间属性"却是不争的事实。

空间地理因素对贫困的影响包括地理区位、资源禀赋、社会结构及公共设施等。首先,由于地理破碎,环境恶劣,使得某些经济区域处于地理位置不利的状态,会形成空间贫困陷阱。Partridge 等(2008)及 Bird(2003)的研究显示与城市经济中心的距离与贫困具相关性。Palmer-Jones 等(2006)和 Kam(2005)的研究也发现地区的土壤、气候、地形等直接影响着地区的经济结构及发展水平。其次,地理因素导致的"贫困陷阱"会形成基于储蓄的贫困陷阱、技术非凸性的贫困陷阱、人口文化或传统制度因素的贫困陷阱,会形成外部市场摩擦,并产生红白喜事大办、赌博、懒惰等贫困文化。最后,因为资源极度稀缺,导致穷人行为偏差,陷入"行为贫困"。穷人可能对未来的贴现太大,厌恶风险,可能不太关心自己的小孩,或者可能受到各种行为偏差的约束。

二、资源诅咒理论

20世纪中期,随着和平与发展成为世界的主题,世界经济格局也在发生巨大的变化。一些资源相对匮乏的国家和地区经济迅速发展,成长为世界上重要的经济体,如日本、中国香港及新加坡等;而另一方面,一些地大物博的国家反而经济低速不前,甚至深陷贫困,如巴西、印度及非洲国家。资源导向型国家发展缓慢的象引起了不少学者的关注,Auty(1993)首先提出了"资源诅咒"的假说,认为政治及经济状况是重要的影响因素。"资源诅咒"的原因,有两种代表观点。

(1)非制度性原因。主要包括贸易条件的易变性,认为初级产品的价格波动影响财政收入及宏观政策的调整,继而国内经济波动,经济增长减缓。Gylfaon(2001)认为资源丰裕国家的产出主要由增加自然资源的投入实现,这将导致资本需求减少、利率降低继而使储蓄及经济增长率保持在较低水平。

(2)制度性原因。与其他区域相比,资源丰裕的国家或地区更容易滋生腐败(Sala Martin 等,2003),从而导致经济效率低下。Laneand 与 Tornell(1996)由此提出了贪婪效应(Voracity Effect),并发现当一个地区资源价格迅速增长时,这两种效应往往相伴而生。Baland Francois(2000),Torvik(2002)认为资源价格提高会产生严重的寻租行为,继而抑制经济增长。还有学者从政治体制角度研究了政治体制与"资源诅咒"的关系,Sonin(2003)分析了资源财富未能转化为国家财富的原因在于产权结构、法律及收入分配的不合理"。Aandersen 等(2008)通过实证研究发现,总统制的国家"资源诅咒"现象明显,而议会制国家则不然。李志龙(2009)、王必达等(2009)的研究也发现"资源诅咒"的出现,与制度建设所处的阶段有密切关系,这种影响主要是由于资源丰裕程度的差异对人力资源的影响导致的。

(3)我国的民族地区既是资源富集区,也是经济贫困区;既是资源的重要供给地,也是扶贫攻坚的主战场。资源诅咒理论对民族地区贫困具有重要的解释力。

三、精准扶贫理论

随着我国的扶贫瞄准单位逐步由县调整至村,精准扶贫是在瞄准单位细化的情况下,对于减贫效应递减、扶贫靶向偏离、扶贫措施针对性不强等问题的有效回应,是依据一定的科学标准和程序,通过精准识别不同的贫困地区、贫困村、贫困家庭,建立联动帮扶、区别管理、准入退出、科学评估的贫困治理方法。精准扶贫理论是对世界减贫理论的重要补充。

于2014年国务院在《关于促进旅游产业改革的若干意见》中首次提出旅游精准扶贫的概念,指针对区域贫困状况及旅游发展情况,差异化实施精准扶贫的科学方法和程序,针对旅游扶贫对象进行精准识别、帮扶及管理的扶贫模式(邓小海,2015)。旅游精准扶贫是对国内外旅游反贫困经验的借鉴和反思,是建立在以贫困人口为核心的、可持续的、动态扶贫机制。精准扶贫的精准性在于确保贫困人口真正从旅游发展中受益(王永莉,2007),由于市场主导的产业特征,加之贫困人口人力、社会、金融等资本的缺失,导致其被排斥在旅游受益主体之外(肖建红等,2014)。识别偏差、贫困人口意识薄弱、产业发展乏力等是旅游精准扶贫面临的现实问题(张春美等,2016)。吴忠军等(2017)、吴靖南(2017)建立了信息识别、激励帮扶、协调管理、考核脱贫和保障监督的旅游精准扶贫体系。旅游精准扶贫深化并落实了精准扶贫,是民族地区旅游发展的重要目标及方向,也是村寨旅游扶贫的核心。

四、文化资本理论

资本,是经济学的理论核心。彼得·德鲁克(1998)指出:"21世纪,资本、土地及劳动的地位将退位,真正占主导地位并起决定作用的生产要素,就是文化"。人类对资本的认知经历了从传统资本(土地、劳动及资本等)向人力资本继而文化资本逐步扩展的过程。布迪厄(2012)依托马克思资本理论,将文化与经济、社会并列为三大资本,并指出文化资本是"在社会场域中通过实践及代际传递进行积累、转换与传承"的任何与文化(文化活动)有关的有形或无形资产。文化资本同样具有能够在市场上通过投资而获取回报的资本属性。文化资本的概念,很好地解释了不同社会阶层的群体为什么会取得不同的成就及地位。

文化的经济功能在布迪厄提出文化资本概念之前就受到了经济学领域的关注,最早可以追溯到亚当·斯密的《国富论》。马克斯·韦伯(1987)也指出文化能够通过作用经济主体的行为对经济产生影响,"资本主义精神"是西方国家经济迅速增长的重要因素。罗纳德·科斯(1937)认为文化传统、风俗习惯、人情世故等文化要素通过制度构建对国家社会经济发展产生深远影响。斯罗索比(1999)正式将"文化资本"纳入经济学分析框架,并论证了文化系统的优化,能够推动经济产出及社会福利的提高。随着价值观、思维方式、宗教信仰等因素对经济发展的影响得到越来越多的学者认可,文化资本逐步成为经济学家普遍采纳的资本理论研究范式。克里斯托弗(2012)将文化资本界定为一种重要的公共物品,能够降低交易成本继而推动经济增长。巴罗(2003)等发现宗教信仰会对经济产生正向作用。Luigi(2006)认为文化会影响个人信仰及价值观念,继而对经济产生作用。高波等(2007)认为文化资本是个人行为特征及决策的依据,也是制度安排、技术创新等的重要解释变量。罗浩(2009)设计了文化资本对经济作用的分析框架,文化通过作用与投入要素、技术创新及制度变迁对经济产生深远影响。

还有学者将研究对象扩展到区域,考虑区域文化与区域经济发展的关系。Tabellinii(2010)通过对欧洲的实证研究显示,不同的区域文化具有不同的地方经济绩效。穆罕默德·汗(2010)将文化的指标分解为信任、尊重、自觉、服从等,利用对亚洲11个国家的数据研究发现,信任、尊重及自觉对经济有积极影响,而服从则有消极影响。徐明生(2011)验证了文化资本与区域经济发展存在长期的均衡关系。金相郁等(2009)依托省际层面的数据,揭示了文化资本与区域发展不平衡及经济增长差异之间的关系。

五、参与式反贫困理论

贫困的表现看起来大致相同,但造成贫困的成因却不尽相同。资源短缺虽然是导致贫困的一个非常重要的因素,但无法探究到贫困的内在成因。参与式发展理念为贫困问题提供了一种新的思路。参与式发展理念最早由美国康奈尔大学诺曼·乌赫弗教授提出,主旨思想为"发展对象不但要执行发展,而且还要作为获益方参与监督和评估"。事实上,20世纪50—60年代,一些西方发达国家在对第三世界国家进行发展援助时采用的"社区发展战略"就已经体现出了参与式扶贫的发展理念。从全人类的发展角度来看,发展中国家与发达国家一样享有平等的,不容剥夺的公平发展权。基于此,贫困地区和贫困人口也拥有同样获得公平发展的权利。这一认知促使一些国际援助机构向"参与式"发展援助方向转变,在实际探索的基础上理论逐渐成熟起来。20世纪80—90年代,人们发现"穷人"之所以贫穷是由于其参与社会发展的机会被剥夺。诺曼·龙认为,正是由于社会本身具有的复杂性和动态性,使得计划干预手段对于贫困问题的解决收效甚微。他提出,因为参与社会活动的个体都是独立自主的,因而运用"行动者为导向"方法可以使个体对自己的处境有个明确的认识,并能主动采取积极地行动来实现目标。随后一些学者的研究对此观点进行了补充,农民研究专家斯科特在对东南亚等地农民的道义经济研究中发现,所谓的农民并不是被动的个体,当他们在面对外界巨大的压力,生无可退的时候大多会奋起反抗,有时候甚至会迸发出巨大的发展力量。从当前参与式扶贫的基本逻辑来看,采用"自下而上"的参与方式和重视民众的参与这两点上基本达成共识,成为辨识这一理论的基本特征。

参与式反贫困的核心在于确保贫困人口的"有效参与"。"有效参与"是贫困人口作为一个具有独立意识的个体参与到扶贫方案的制定、扶贫资源的投放、扶贫资金的使用和项目的选择等整个发展过程之中,并且能够最终分享到项目产生的利益。因为只有社区主体实质性的参与项目,才能实现对社区资源的有效整合,项目的实效才能真正得到落实到贫困人口身上,并在这个过程中培育居民对社区的归属感和认同感。可见,参与式扶贫的核心在于"赋权"和"增能"两个方面。从"赋权"方面来看,社区权利的获得应该建立在一定的制度基础之上,即强调"制度增权"的重要性。社区居民要想真正参与到事关个体和组织发展的相关决策中去,必须要明确社区共有资源和个人资本的权属关系,因为只有这些权属获得了制度上的认可和保障,贫困人区和居民具有了实际的社区事务的参与权和决策权,其收益权才能获得保障。其次,对地方性知识的重视。受后发展主义理论的影响,地方性知识在地区发展中的重要性愈发凸显。参与式发展发展的提出正是建立在对本土知识重视的基础上,本地居民在长期的生产生活中形成了一套与地方自然环境和文化相适应的知识和技能。因此,在发展战略制定、实施的整个过程中,尊重当地人的理念、征求本地人的意见是项目成功的一个重要前提。

随着人们对"参与式"扶贫理论和实践研究的不断深入,一些学者开始对这一理论提出了质疑。里沃特指出,参与式扶贫中会出现居民"搭便车"的现象,不仅会增加扶贫项目的实施成本,还有可能会激化个人与集体之间的矛盾。还有,如果一味地强调对社区和居民进行"赋权",则有可能会弱化地方政府的权威,进而影响到扶贫资源的获取和发放,最终会对扶贫效益产生不利的影响。更为严重的,还有可能使基层的扶贫治理陷入"内卷化"的困境。另外,需要注意的是,参与式扶贫虽然在一定程度上能够增加社区在发展过程中的决策权和参与权,但是,即使对社区给予了充分的参与权,并不能保证社区可以自主决定其发展内容和发展方向。因为一方面社区有限参与权的获得只有在外部主体的默许下才能实现;另一方面由于扶贫涉及面广、参与程序复杂,社区居民能力欠缺,使得他们往往在参与中表现出严重的力不从心。因此,参与式扶贫理念从根本上看,仍旧无法摆脱贫困人口被外部权力控制的命运。实践中,一方面应从制度建设和机制创新等方面确保贫困人口的有效参与;另一方面要注重贫困人口自身能力的提高。学者阿玛蒂亚·森的"能力贫困"理论和舒尔茨的"人力资本"理论对参与式发展理论中人的重要性进行了深层次的研究。

六、利益相关者理论

利益相关者理论是20世纪60年代左右在西方国家逐步发展起来,进入20世纪80年代以后其影响迅速扩大,并开始影响美英等国的公司治理模式的选择,并促进了企业管理方式的转变。弗里曼在1984年出版的《战略管理:一种利益相关者的方法》一书中明确提出利益相关者管理理论。利益相关者是指影响组织目标或受组织目标影响的任何个人和群体,是旅游扶贫开发中一个无法逾越的议题,直接关系到扶贫目标的实现。又或者说,旅游扶贫所着力要解决的其实就是利益相关者的"利益"实现问题。通过梳理利益相关者理论的发展脉络发现,利益相关者理论在整体上呈现出不断深化、不断修正和不断实践的特点。大体可概括为三个经典的发展阶段:"利益相关者的影响""利益相关者共同参与""利益相关者的共同治理"。这三个发展阶段在发展中并非是一个以直线性方式存在的矢量,而是呈现为一个由内而外,层层向外推进,不断深化的同心圆发展格局。

1. 利益相关者影响

利益相关者影响是在对传统企业的"股东中心论"反思和重构的基础上产生的,它的出现极大地冲击了传统企业"股东至上"的理念。因此,该阶段被称之为"利益相关者影响"阶段。这一时期利益相关者主要是作为企业的一种对抗性力量而存在,关注的重点是组织与利益相关者之间的关系,其中尤为关注的是利益相关者对企业组织战略及企业绩效的影响。利益相关者影响的提出者认为,包括企业股东在内的所有的利益相关者其实都对企业注入一定的资本,承担了一定的企业经营风险,企业应将全体利益相关者的利益作为企业关注的重点,而不是仅代表某一主体(如股东)的利益。虽然这一时期的利益相关者理论考虑到了其他利益相关者的利益诉求,但却没有真正关心他们的利益是否实现,实质上不过是一种价值工具主义的表达。坎贝尔一语道出了其中的本质:"我支持利益相关者理论,并非由于赞同某些左翼人士的公平观,而是因为我相信它是理解在商业活动中如何挣钱的基础。"这种明显的工具主义倾向一定程度上遮蔽了这一理论的学术价值和学术空间,也遭到了人们的诟病。

2. 利益相关者参与

"利益相关者参与"是利益相关者理论进入的第二个阶段。20世纪70年代中期,关注"参与"的一些学者提出,可以借助一定的组织程序将利益相关者纳入到组织中来,借此扩大利益相关者的权利,并通过对相关活动的决策、参与和资源分配对组织施加一定的影响,从而实现控制权的分享。这一阶段的利益相关者理论较"影响"阶段虽有超越,但并没有本质上的区别。这一阶段研究关注的重点主要有社区参与、社区增权。

(1)社区参与。20世纪80年代之后,社区参与成为旅游研究中的一大热点。一般意义上,社区是指特定区域范围内由具有共同利益的人群所组成的整体。在旅游开发中,这些人群之间既有着共同利益,也存在着差异化的需求。如何在保证社区整体利益的前提下,通过一定的整合将他们纳入决策和行动中,并最大限度地满足个体的差异化需求,是旅游开发背景下一个不可忽视的问题。在此背景下,1985年,墨菲最先将社区参与作为一种旅游规划方法引入旅游学科研究中,提出在旅游发展中要尤为重视当地居民的意见。此后,社区参与逐渐深入到旅游发展的方方面面,形成了以"社区为中心"的旅游发展理念,社区参与的重要性得到普遍认可,"借助旅游业这一新兴经济模式达到社区全面发展目标,而非仅仅经济增长"。社区旅游与传统旅游将关注点放在吸引外资和引入第三方管理等方面不同,社区参与更加专注于社区内部的整合和发展。旅游场域是一个"权力场"和"利益场",社区参与的过程其实就是社区与其他利益相关群体之间相互博弈、竞争合作的过程,从而使社会能够合理公平地获益,并合理承担成本的过程。在国内的旅游研究领域,社区参与在旅游社区实现善治和旅游地发展路径优化方面的作用也受到了学界的重视。社区参与主要包括参与旅游地的发展决策和参与旅游利益分配两个方面,前者是后者的必要保障,后者是前者参与的目的。保继刚和孙九霞认为,社区主体地位的获得是建立在社区能够充分参与到社区的旅游规划、旅游开发、旅游管理及旅游监督等整个过程之上。

(2)社区增权。社区增权是在社区参与的基础上提出的,是对社区参与的进一步深化和拓展。20世纪70年代增权理论开始兴起,增权作为"赋权"或"充权",增权理论的核心在于权能的增加。目前人们对权能的界定尚不统一,Pinderhughes给出的观点具有一定的代表性,他认为"权能"是个体或群体自身所拥有的一种能力,这种能力是能够掌控自己生活空间与发展的能力,既可以是客观存在的,也可以是人们的一种自我主观感受,即权力感。相反的,凡是阻碍个人对自己生活空间行使决策权或丧失自我控制能力的一种状态,就是缺乏权能。"增权"是指,增权主体(个人、组织或社区)对自我内部潜能进行深入挖掘,或通过外界力量帮助增强个人能力和获取社会结果的整个过程。由于我国在民族旅游资源原始产权方面存在着界定不清、边界模糊、主体缺位等问题,"制度增权"显得尤为重要。学者左冰和保继刚通过对社区旅游收益分配问题的分析,认为我国当前现行的农村土地制度存在的缺陷是造成社区居民旅游参与资格被剥夺、参与权利被侵犯的直接原因。学者保继刚进一步提出,从法律层面为"旅游吸引物"立法才是解决问题的关键。总之,社区参与和社区增权理论的提出,为我国民族村寨旅游扶贫开发中社区居民利益所得和权利获取,提供了一种值得借鉴的方法和路径。对于我国民族村寨的旅游社区而言,增权的实现不仅需要在平等商谈的基础上争取自上而下的"权能"实现,更要增强社区居民自身的自信、自尊和自强的发展理念,通过上下两种途径齐头并进,在改变外在结构性困境的同时,改变贫困群体的态度和意识,从而最终实现社区居民与自然生态、社区居民与外来参与群体之间的关系,提高社区或社区居民的自觉意识,增强他们解决社区问题的能力。

3. 利益相关者共同治理

20世纪90年代,利益相关者治理开始进入大众视野。1989年,阿尔卡发基和阿巴斯提出在环境问题中借鉴德国公司的合作治理模式。自此,"利益相关者共同治理"引起了社会的广泛重视,至20世纪末利益相关者共同治理理论最终形成。该理论认为,在公司经营中投入了资本的所有利益相关者不但都应该分享企业的剩余收益,而且更应该通过契约和制度的形式保证其能够参与到公司治理之中,从而实现"共同治理"的目标。利益相关者共同治理与之前的"影响"和"参与"阶段的最大不同在于,衡量标准由原来的注重股东获益向全体利益相关者共同获益转变,并且将所有的利益相关者都视作为公司治理的平等主体,遵循着平等合作的基本原则。

(1)社区治理。从字面意思上看,"治理"意为"控制""引导"或"操纵",是对统治的超越。治理理论始于17世纪,源于公司治理。20世纪80年代末,为了弥补"政府"和"市场"的双重失灵,西方一些国家和苏联开始着手对公共部门进行改革,提出在政府管理体系中引入公司管理机制。关于治理的定义较多,总体来说治理具有以下特征:一是治理主体的多元化。政府不是公共管理领域的唯一主体,社会团体、企业或个人等都可以参与其中。二是治理主体间需要协同合作。治理本质是运用制度去引导权力、规范公民行为,最大限度地增进公共利益的过程。治理主体之间存在着权力和责任的模糊性和依赖性,需要彼此之间进行合作和互动。三是治理的实现需要建立一个合作平台。多元主体之间的合作需要依赖权力关系的稳定和良好伙伴关系的建立,因此建构一个"自主共治"的合作网络联合体是十分必要的。

(2)善治。20世纪90年代以来,国外组织和学者在讨论如何实现有效治理问题的基础上提出了"善治"的概念。善治的达成并不仅靠单一主体就能达成,而应是一种多方参与的共治过程。其中,政府的协调职能无法替代,公民社会的积极参与和市场的资源配置作用亦非常重要,因而建立在政府、社会和市场协作基础之上的治理才是有效的。查尔斯.J.福克斯将善治的核心归结为"以人为本"。R.罗茨从过程角度提出了对善治的理解:好的善治需将市场、公共管理部门、个体和私营部门积极纳入其中,建立起政府与民间、公共部门与私人部门互信和共赢的社会协调网络。我国学者俞可平认为,"善治本质上是政府与公民对公共生活的合作与管理,民间社会是决定其是否实现的重要因素,没有健全的民间社会和广泛的公民参与,善治就不可能得到实现"。新制度主义经济学为制度在解决贫困问题上的作用提供了理论基础。"制度是决定经济发展的决定性因素"的新制度经济学基本观点为善治提供了一种新的思路,即如能为主体间的合作提供制度上的保障,制度本身就能够协调不同主体和组织之间的矛盾,从而达到善治的目的。同时应注意的是,善治的实现取决于两个基本性的条件:一是政治系统自身的合法性和民众对其体制的认同;二是该体制具有足够解决问题的能力,并能够通过协调达成社会共识。

4.少数民族村寨旅游扶贫的主要利益相关者

从本质上而言,少数民族村寨的旅游扶贫开发是一项关涉多方利益的社会公共性活动。目前学界对有关社会政策利益相关者参与的各方尚没有一个统一的划分。根据米切尔的划分方法,结合少数民族旅游村寨的实际情况,将少数民族村寨旅游扶贫中涉及的主要利益相关者划分为政府、旅游企业、社会组织、社区和贫困人口五大类。这些参与者介入旅游扶贫开发,必然都有着各自的利益诉求,因而也会对旅游扶贫的目标和方向产生一定的影响。深入分析各利益相关者在旅游扶贫中的行动逻辑和需求,寻找各方在利益诉求上的平衡点,找到各方之间进行合作的纽带,对旅游扶贫开发目标的实现至关重要。

(1)政府是我国扶贫工作的主要领导者和执行者,在旅游扶贫中负责统揽全局。2014年国家提出要创新扶贫机制,对政府各级部门的权责进行了明确分工,按照"中央统筹,省总负责,市县抓落实"的原则进行责任划分,明确了中央政府在扶贫工作中居于核心的领导性地位。由于地区差异的存在,中央政府并不直接对地方旅游扶贫工作做出具体的政策性规定,也不会直接介入地方旅游扶贫的具体工作,通常的做法是从全局出发,对地方旅游扶贫下达一些指导性的意见和总体规划。在政策指引下,中央一级的政府主要采取"项目制"的形式调动地方政府的工作积极性,推动扶贫工作的开展,并对地方官员的扶贫绩效进行考核。地方政府是国家扶贫政策和区域旅游扶贫开发的主要执行者,全面负责区域内的旅游扶贫开发工作。由于地方政府及各级官员在旅游扶贫开发中同样存在着自身的利益诉求,比如政绩考量和部门利益等,因此既有可能是旅游扶贫的助力者,也可能会阻碍扶贫工作的正常开展。

(2)旅游企业是旅游扶贫的重要参与者。随着我国民族地区市场化程度的逐步提高,市场在民族村寨旅游扶贫开发中的作用也愈发凸显。旅游扶贫作为一项重要的产业化扶贫模式,市场在旅游扶贫开发中的作用集中体现在旅游企业对地区资源的优化配置上,如在对贫困地区旅游产业的发展、贫困农户家庭生计的选择等方面都承担着重要的引导和指导作用。

(3)社会组织是未来旅游扶贫的主要参与者。"社会"泛指社会组织和个体社会工作者。目前,社会组织在我国民族地区旅游扶贫开发中存在着严重的参与不足的问题。虽然一些国际NGO组织展开了一些针对贫困地区的帮扶项目,但在具体实施中大多需要依赖当地政府进行,社会组织在贫困帮扶中并未形成一股独立的帮扶力量。在精准扶贫的目标要求下,民族地区的旅游扶贫实践需要调动更多的社会组织和社会工作者参与其中,成为扶贫政策的有力推动者。

(4)社区是国家与农民之间联系的重要纽带。社区作为"国家—社区—农户"链条上国家与周多分散农户之间的联系纽带,承担着落实扶贫工作"最后一公里"的重要职责。在精准扶贫的背景下,旅游扶贫的关键在于如何将国家政策和资源与贫困居民利益进行对接和挂钩,政策和资源能否对贫困人口切实产生作用,能否真正惠及贫困人口,很大程度上依赖作为基层管理和组织平台的社区能否进行有效的承接和落实。

(5)贫困人口是主要的参与者和受益者。贫困人口集旅游扶贫实施主体和目标群体于一身,是旅游扶贫的直接利益相关者和关键主体。贫困人口的有效参与是确保贫困人口利益实现的直接途径,是扶贫是否成功的关键所在。因此,贫困人口既是旅游扶贫直接的受益者,实际也是旅游扶贫开发的主要助力者。但是实践中贫困人口由于在立场、角度和利益诉求方面与其他主体不同,可能会对旅游扶贫项目的实施造成一定的障碍,对于此类问题需要进行分类和细致的处理。

七、旅游乘数理论

乘数这一概念由美国学者理查德·卡思(1931)提出,后来被凯恩斯采用并进一步对其内涵进行了完善。"乘数"反映现代经济各部门关联密切,一个产业或部门的投资会在其他部门引起连锁反应(刘起运,2005)。乘数效应作用机理在于:初始性(自发性)需求注入经济系统后,通过经济系统中投入产出的技术联系以及其他关联机制,产生引致性需求,经过分配和再分配渠道在经济运行中形成一个不断收敛并且不断累加的结果,使总产出倍(侯荣华,1998)。旅游业综合性、关联性比较强,相比其他产业而言,旅游业的"乘数效应"更加显著,表现在旅游收入、旅游消费、旅游投资或旅游服务进出口的增加会引起旅游经济或就业人数呈现倍数级增长。旅游乘数理论被广泛应用到评估旅游消费对旅游收入增长及旅游目的地经济影响。Mathieson&Wall(1982)、Archer(1982)等学者的认为旅游投资及消费在经济系统中导致的直接、间接和诱导性的变化比率,即"旅游乘数效应",可以分为三类:一是直接效应,旅游直接拉动社区经济增长。二是间接效应,直接受益的利益相关主体购进原材料和设备等进行旅游产品再生产,在这一过程中相关部门及个人获得收益,如社区贫困人口将自己的农副产品销售给旅游经营大户,从而获得收入。此外,各级政府通过旅游税收调节二次分配,增加社会福利,使贫困人口间接地从旅游收入中获利。三是诱导效应。旅游受益者通过采办生活物品或其他服务性质产品,促进当地的经济增长,从而产生诱导效应。扶贫中发挥旅游乘数效应,就是通过发展旅游业直接或间接拉动当地相关产业发展,推动当地经济增长和产业结构调整。旅游乘数理论为社区旅游扶贫提供了理论依据。

八、可持续发展理论

可持续发展理论(Susrainable Development)是在20世纪80年代,西方国家经历了工业化快速发展带来的人口膨胀、资源危机和环境破坏等一系列严重的社会问题后,探讨出的人类发展的新思路。联合国大会于 1980 年 3 月第一次使用可持续发展的概念后,这一概念逐渐被官方使用。可持续发展观最为重要的特点就是研究了人类的前后代之间代际关系。因此,可持续发展观强调规范现在人类的行动来为未来发展创造更好的条件。可持续发展观首要强调发展的必要性,只有通过发展才能在面临生态经济发展重大危机时提供必要的物质、政策支持,打破恶性循环,使人类摆脱困境;它还强调代际公平性,这一代不能为发展自身经济摆脱贫困而以牺牲下一代的资源环境为代价,同在代际基础上强调发达国家或地区也不能以牺牲发展中或欠发达地区的资源和利益为代价,因此要保持代际的公平性,发展要以后代及弱势群体的利益为先,长远发展。因此可持续发展要恰到好处地处理好发展与环境的辩证关系,确保经济社会发展的有序和长远。可持续旅游,随着旅游业成为全球最大的产业之一后也对旅游业赖以生存的旅游资源和环境质量的严重破坏后,在 20 世纪 90 年代引起高度重视的。国内外众多有志之士和学者做出了诸多相关有益的研究和探索,我国也提出了旅游业的可持续发展概念。可持续发展观在旅游业中的引用,其实质改善我国旅游经营机制,必须以保护资源和环境为前提,追求最优经营效益,强调旅游资源环境的保护和有效长远利用。

第三节　社区参与式旅游扶贫的特点

一、就地化扶贫

"一个完全依靠传统农业的国家必然是贫穷的"(舒尔茨,2006)。目前,很多扶贫方式都是以对传统农业的变革为突破口,如常规产业扶贫、异地搬迁、对口支援帮扶等,但是,这些扶贫方式需要帮扶对象在某种程度上改变传统的生活方式,甚至离开传统的生活场域才能实现。这些改变,对于外来帮扶主体是顺理成章的"进步和适应",但是对于长期生活在传统社会中的群体,特别是弱势贫困主体而言,这种适应是艰难且成本高昂的。许多贫困地区的民众反而习惯懒惰的生活,甚至拒绝就业,安于现状。这样的事件中我们容易"鄙视"穷人的"惰性"及"短视",但却常常忽略了一个常识:长期生长于传统"强烈的'我群'认同"的传统社区中的人,要彻底颠覆并改变自己的生活习惯,且要重新学习新的求生技能及生活方式,对任何人而言都必将是困难重重的。

随着旅游发展走向纵深,文化内涵及精神体验成为重要的市场需求。Cannell(1976)论述道:"人们出游的目的在于寻找体验真实并排泄由于制度化、程式化的现代生活衍生的消极情绪。对于现代人来说,只有在别的地方才能找到现实和真实性,特别是较单纯及较简单的生活中。"他进一步分析到,"现代游客对原始民族、贫困群体及少数民族族群产生着与社会科学家一样的好奇心"。村民真实的乡野生活、和谐的生存环境及鲜活的文化语境是民族村寨旅游的核心吸引物,民族村寨传统宁静、少受都市喧嚣影响的特定场域,正好符合具有强烈的"文化真实性"要求的游客诉求。虽然,"游客对于原始民风的渴望与当地居民对现代生活的追求"会成为村寨旅游发展中难以调和的矛盾,但是与其他扶贫方式相比,村寨旅游扶贫是发生在栖息地及"熟人社会"中缓慢的调适,这样的适应能够更加自然及顺畅。

二、参与式扶贫

长期以来,政府是我国贫困地区旅游扶贫的主导力量,正规的经济成分在竞争中具有先天的优势,且由于与政府良好的"关系",能够极大地主导有利于自身的旅游产业格局,因此能在旅游发展中获得极大的利润。通常,政府驱使村民搬离、引入企业投资,然后"圈地卖票"、政企共赢是主要的旅游开发方式;丧失传统生计方式的原著居民,"由于缺乏政府有效支持而被排斥在旅游发展及决策之外,无法分享到旅游发展带来的收益"。民族村寨旅游融贯了社区居民与旅游吸引物之间的关联,旅游村寨的居民仍然从事着传统的农业生产,过着原生的乡野生活,但却成为游客"凝视"的对象。民族村寨是能够通过共同目标及集体活动等"需求性动力"形成的具有极强"内聚力"的特殊群体,是自然山水、田园林木、建筑民居等有形资产与乡野逸事、民俗传统、行为规范等无形资产的综合体。旅游推动了村寨各种要素的整合,使得村民能够依托经济、土地、房屋及无形的民族传统文化等资本要素,主动或被动地参与到旅游发展中,促进贫困的消除。葛荣玲(2014)指出,旅游的兴起为偏远而封闭的村寨带来了发展的机遇,使得"曾经的劣势变成了优势,相对'原生态'的族群文化景观成了旅游开发不可多得的资源,当地人从中看到了希望"。依托社区的旅游扶贫所具有的内生可能,在村寨旅游发展中,村民是否受益且愿意合作、合作的程度如何,是民族村寨旅是否能够真正得以发展及发展水平如何的重要标志。

民族村寨迎来了发展的机遇,使得"曾经的劣势变成了优势,相对'原生态'的族群文化景观成了旅游开发不可多得的资源,当地人从中看到了希望"。依托社区的旅游扶贫所具有的内生可能,在村寨旅游发展中,村民是否受益且愿意合作、合作的程度如何,是民族村寨旅游是否能够真正得以发展及发展水平如何的重要标志。

三、有尊严扶贫

与动物相区别的独立能力是人拥有尊严的基础,对"尊严"的探究,是人类文明的永恒价值追求。马克思批判了先验、虚无的尊严观,认为尊严受到其所在历史的规定及限度,尊严的基础是实现个人,标志是社会进步。贫困,不仅是经济上"捉襟见肘","它首先是一种人与人之间的关系"。旅游精准扶贫的目标,也并非仅仅是帮助穷人增加经济的收入,更重要的是通过旅游发展增强自身的能力和自信。以往的扶贫实践,"往往以工业文明的价值观和消费观凝视乡村",或者仅仅关注旅游开发及经济收入提升,忽视了对人能力的提升。贫困不仅是物质上的,更是观念上的,扶贫的最终目标在于使穷人过上有尊严的生活。旅游者进入民族村寨,将带来一些新的生活方式,激发村民通过学习和变革适应,实现了"离土不离乡"的现代化。例如,阳朔的"月亮妈妈",只有小学三年级的文化水平,却在旅游发展中掌握了11国语言。村寨旅游扶贫的核心是依托本民族地方文化、社会环境、人文社会等地方基因,通过旅游业的发展有效激活民族村寨的资源、人力及发展动力等内在因素,推动地方的文化交流、经济发展及社会进步,让当地村民能够有机会、有能力、有自信、有尊严地获得生计的可能,这样的扶贫方式与传统单纯的救济式扶贫有着本质的区别。

四、包容性扶贫

费孝通指出,中国传统社会每个人都是"关系中的人"。现代化浪潮下的农村劳动力形成了阶段性的迁徙,"离土又离乡"的外出务工收入成为农村家庭的主要收入,乡村社会日渐陌生化和疏离化,"脱臼中断了原来的生活模式和社会关系,……人们背井离乡而陷入贫困,身份认同遭遇威胁"。对此,贺雪峰(2013)分析,当今中国农村"差序格局"正在解体,村寨社会经济格局的演变已成为难以阻挡的现实。如何在新的时代背景下,调适社会关系推动村寨社会经济关系的和谐发展,是需要考虑的现实命题。旅游在客观上促进了不同地域、民族及国度之间的文化交流,旅游经济社区相较而言有更多的包容性和多元性,在旅游市场驱动作用下,能够更好地重构和梳理村寨的社区关系及层级,使处于"震荡"中的村民能够较好地适应新的社区结构,并在这个过程中重新建立权利和利益关系。

关系的和谐发展,是需要考虑的现实命题。旅游在客观上促进了不同地域、民族及国度之间的文化交流,旅游经济社区相较而言有更多的包容性和多元性,在旅游市场驱动作用下,能够更好地重构和梳理村寨的社区关系及层级,使处于"震荡"中的村民能够较好地适应新的社区结构,并在这个过程中重新建立权利和利益关系。

五、内生性扶贫

2020年,扶贫攻坚将取得阶段性胜利,中国将实现全面小康,但"饱而复饥、暖而复寒"的返贫现象能迅速吞噬扶贫的成效,形成资源、人力、政策等的无谓消耗,削减脱贫的勇气及信心。2016年,全国因病返贫的人口高达553万户、734万人,因赌、因创业、因婚、因学返贫等现象仍然十分严重。根据对部分民族村寨贫困户的问卷调查,其收入来源中具有"造血功能"的打工收入及家庭经营性收入与具有"输血功能"的扶贫资金及政策补贴基本持平,贫困户的自我"造血"功能仍然十分薄弱,"扶贫奶一断,立马返贫"。这一方面反映了我国贫困地区缺乏增收致富的产业,或者民族村寨拥有良好的自然生态及独特多彩的民族文化,天然具有旅游资源的特性;另一方面,更为重要的是,民族村寨本身就是各民族人民生产生活的场域,是民族文化、生态文化及社会经济的自然耦合体。在特定的市场条件中,充分发挥民族村寨的特色文化优势,开发优质旅游产品,形成特色旅游文化产业,不仅是具有内生性的旅游脱贫路径,更是特色民族村寨文化延续、人丁繁衍的可持续路径。

六、可创新扶贫

传统依托风景名胜的观光游览正在让游客产生疲劳,对于"远方"的朝圣将演绎为中国人追崇的旅游模式。根据"马蜂窝"的调查数据显示,"传统景点的搜索热度上涨了56.3%,而具有IP属性的景点的涨幅却达到了135%"。村寨,是最具有IP特质的深度旅游资源,其不断创新的文化遗产将成为推动扶贫走向纵深的动力资源。不少民族村寨是传统民族文化工艺的主要基地,2018年,文化和旅游部、工业和信息化部联合公布了"第一批国家传统工艺振兴目录";同年,《关于支持设立非遗扶贫就业工坊的通知》出台,鼓励拥有一定工艺基础及市场前景的老少边穷地区民族村寨,通过复兴传统工艺,带动就业并增加贫困人口收入,实现"扶智"与"扶志"的结合。以贵州为例,仅2017年,手工业产值就突破60亿元,实现百万余人就业。通过强化乡村振兴与文化遗产复兴的同构关系,推动传统的复兴与创意造物的践行,村寨旅游扶贫正在走向"狠、稳、准"的新阶段。

第三章

贵州民族村寨社区参与式旅游扶贫发展过程

贵州作为一个少数民族人口众多的欠发达省份,境内分布有众多大小不同、特色各异的少数民族村寨。由于这些村寨大多地理位置偏僻,在长期的地理隔离中保持了浓郁的民族风情和秀丽的自然环境。然而在现代发展语境下也都面临着同一个难题,即"贫困"。自2000年以来,国家持续加大了对少数民族村寨的扶持和开发力度,相继出台了一系列政策对民族村寨的基础设施、特色民居和产业发展进行重点扶持和培育,为贵州民族村寨的自然资源、文化资源优势转化为旅游产业优势提供了必要的条件。长期以来贵州少数民族村寨以发展旅游业作为脱贫致富的重要手段,在长期的实践中探索出了一条以"民族村寨"为基本单元的社区参与式旅游扶贫开发模式,并取得了不错的扶贫效果,涌现了一批效果显著的民族村寨社区参与旅游扶贫样本。本章将通过对贵州旅游扶贫发展过程、民族村寨旅游扶贫发展历程进行梳理,希望从历史的角度对研究对象的整体情况有所了解。

第一节 贵州民族村寨旅游扶贫开发过程

一、少数民族村寨是贵州贫困人口的集中地

贫困问题一直以来都是制约贵州经济社会发展的顽疾。多年以来,贵州省贫困人口数量始终位于全国前列。根据贵州省统计局网站数据,贵州省贫困面基本情况见表3-1。

表 3-1　贵州省贫困面基本情况

年份	贫困县（个）	贫困乡（个）	贫困村（个）	贫困人口（万人）	脱贫人口（万人）	减贫摘帽乡镇（个）	贫困发生率(%)
2010	50	934	13 973	418	137		12.1
2011	66	868	13 973	1 149	60	66	33.4
2012	66	740	13 973	923	226	128	26.8
2013	66	568	13 973	745	178	172	21.3
2014	66	409	9 000	623	122	159	18
2015	66	190	9 000	493	130	219	14

2010年贵州有贫困人口418万,贫困发生率12.1%;2011年贵州有贫困人口1 149万人,贫困发生率33%,占全国近9.4%;2012年有贫困人口923万人,贫困发生率26.8%;2013年贵州有贫困人口745万,贫困发生率21.3%;2014年有贫困人口623万,占全国总数的8.9%,贫困发生率18%;2015年贵州省农村贫困人口493万,占全国8.77%。从2010—2015年贵州贫困人口数量变化情况来看,尽管呈现年年递减的趋势,但绝对贫困人口数量在全国总贫困人口中一直占有相当高的比例,2010—2015年分别占了全国贫困人口总数的2.5%、9.4%、9.3%、9.0%、8.9%、8.8%(图2)。

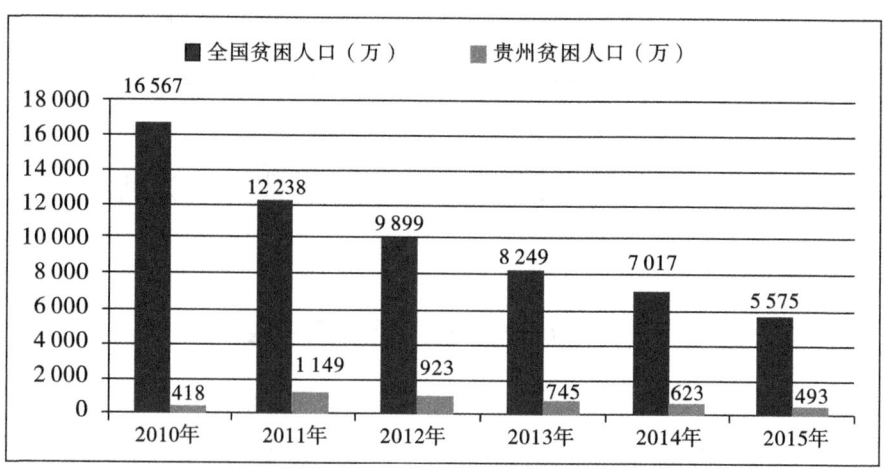

图2　2010—2015年全国与贵州贫困人口数量

资料来源:国家统计局和贵州省统计局网站。

2014年、2015年全国贫困人口超过了200万的13个省份中,贵州省的贫困人口总数均排在首位;其中2015年较2014年减少了130万贫困人口,脱贫速度排在全国第2位;从13个省份的贫困发生率比较来看,2014年和2015年贵州始终处在第4位(表3-2)。

表3-2 2015年贫困人口超过200万的省(区、市)

地区	贫困人口(万人)			贫困发生率(%)		
	2014年	2015年	2015年比2014年减少	2014年	2015年	2015年比2014年降低(百分比)
全国	7 017	5 623	1 394	7.2	5.8	1.4
贵州	623	493	130	18.0	14.0	4.0
云南	574	471	103	15.5	12.7	2.8
河南	565	430	135	7.0	5.3	1.7
广西	540	430	88	12.6	10.5	2.1
湖南	532	464	68	9.3	8.1	1.2
四川	509	381	128	7.3	5.5	1.8
甘肃	417	307	110	20.1	14.8	5.3
安徽	371	309	62	6.9	5.7	1.2
陕西	350	264	86	13.0	9.8	3.2
河北	320	299	21	5.6	5.2	0.4
江西	276	200	76	7.7	5.6	2.1
湖北	271	384	-113	6.6	9.4	-2.8
山西	269	231	38	11.1	9.5	1.6
贵州排位	1	1	2	4	4	2

这些数据表明,贵州的扶贫工作虽然取得了一定的成效,但扶贫工作难度相当大,任务更为艰巨。从贵州省少数民族村寨分布格局来看,不管是在历史上自然形成的传统村寨,还是当前通过政府异地搬迁而重建的新型民族村寨,"聚族而居"仍然是民族村寨的主要特征和基本存在形式。少数民族村寨是贵州省民族地区经济发展和典型民族传统文化的集中地和展示

地。在长期的历史发展中,基本上形成了一个相对封闭、独立的经济、社会和文化承载单位。但是,长期以来贵州省民族村寨在地理位置、经济发展、社会发展上的边缘地位,导致了民族地区经济社会发展水平的长期滞后,导致民族村寨成为贵州省贫困人口的聚集地,贫困问题的"重灾区"。

二、民族村寨文化保护和开发的相关政策

为推进民族地区经济快速发展和加快脱贫进程,党中央、国务院加快了对民族地区传统文化的保护和开发工作。尤其是在"非物质文化遗产"保护和"历史文化名村(镇)"建设等工作的共同推进下,国家出台了一系列的政策和文件,开启了民族村寨旅游开发和文化生态保护并进的全新时代。2004年,社会主义"新农村建设"序幕在全国范围内拉开,作为新农村建设的一项重要内容,乡村旅游成为我国新农村建设的重要模式。2009年,《国务院关于繁荣发展少数民族文化事业的若干意见》和《关于进一步繁荣发展少数民族文化事业的若干意见》等文件的出台,对民族地区经济发展、民族关系巩固和各民族文化事业的发展均产生了积极的推动作用;同年,国家民委、财政部共同实施"少数民族特色村寨保护与发展"工作,提出"十二五"期间在全国范围建设1 000个民族特色村寨的发展目标,极大推动了我国少数民族村寨经济社会的发展。与此相适应,2009—2012年,中央财政共投入2.7亿元发展资金,对全国28个省(区,市)的370个村寨进行试点建设,主要从特色民居保护和改造、特色产业培育和特色文化传承三个方面进行重点建设。2011年,国家民委颁布的《关于少数民族特色村寨保护与发展规划纲要(2011—2015年)》提出,"少数民族特色村寨是我国新农村建设和新牧区建设的重要组成部门,计划在全国范围内启动特色村寨建设工作"。文件规定,列入特色村寨的必须满足如下条件:具有浓郁民族风情和较高的文化保护价值;少数民族人口占总人口的比例不少于30%、少数民族总户数必须达到50户以上、特色民居占村寨民居总数的50%以上。特色村寨建设项目的启动为特色村寨文化保护和产业发展带来大量的资金支持、人力支援和政策扶持,标志着民族村寨建设迎来了新的发展机遇。2013年12月,全国范围内的少数民族特色村寨选拔、命名和挂牌工作正式启动;2014年9月,全国第一批340个特色民族村寨名单公布,其中贵州省有62个特色村寨入选,占总数的18%;2017年第二批717个特色村寨公布,贵州有151个特色村寨入选,占总数的21%,仍是入选数量最多的省份;2016年7月,住房城乡

建设部、国家发展改革委和财政部三部委联合发布了《关于开展特色小城镇培育工作的通知》,号召在全国范围内开展特色小镇培育工作,并提出了具体要求:截止到 2020 年,在全国范围内建成 1 000 个左右的特色小镇;贵州省积极响应,随即出台了《关于加强民族特色小镇保护与发展工作的指导意见》,对本省特色小镇的建设做出明确要求:特色小镇辐射半径 30 千米以内带动的特色村寨数要达到 3 个以上。2017 年 5 月,国务院发布了《兴边富民行动"十三五"规划》,计划在全国范围内选拔一批地理位置优越、民族文化突出的特色村镇,进行重点规划和建设。

三、贵州民族村寨旅游扶贫历程

贵州境内分布着侗、苗、彝、水等 49 个少数民族,其中世居少数民族就有 17 个,贵州少数民族人口大约有 1 254 万人,占到了全省人口总数的 36.77%,其中苗族、布依族、土家族和侗族等少数民族人口最多。贵州省有 3 个民族自治州、11 个民族自治县、254 个民族乡,其中民族乡的数量在全国位居第一。长期的经济发展滞后却也使贵州民族风情和原生态的自然景观得以保存完好,贫困区域与旅游资源富集区高度重合的特点使贵州具备了旅游扶贫开发的必要条件。如何将"因山而穷"转变为"依山而富"成为摆在贵州旅游发展道路上的重要课题。

早在 20 世纪 80 年代末,贵州省就开始探索适合地域条件和资源条件的发展道路。1982—1984 年,贵州省旅游局在黔东南州选取了 8 个少数民族村寨作为旅游开发试点;1991 年,贵州省政府从全省具备乡村旅游发展条件的 1 000 个村寨中筛选出 126 个典型民族村寨,开展了以民族文化为载体的民族村寨旅游;1998 年,中国与挪威共同出资 186.7 万元修建了六枝梭嘎民族文化博物馆,成为落户贵州的第一座生态博物馆;2002 年,贵州省委、省政府在《中共贵州省委、贵州省人民政府关于如快:旅游业发展的意见》中明确提出,"要重点发展生态旅游、民族文化旅游和乡村旅游,并决定在资源条件和开发条件较好的民族村寨建立乡村旅游示范区或旅游扶贫示范村";2003 年《贵州旅游发展总体规划》中提出,重点开展具有贵州特色的乡村旅游发展模式,即需要同时具备生态旅游和民族文化旅游的特色;2004 年世界旅游组织、世界银行和新西兰政府共同资助的民族村寨重点旅游项目"巴拉河乡村旅游"项目正式启动。这一时期,贵州省约有 130 多个民族村寨开展了独具特色的乡村旅游。2006 年贵州乡村旅游共接待游客人数 1 683 万人次,占全省旅游总数的35.82%,旅游收入为33.58亿元,占全省旅游总收入的8.7%,同比增长59.98%;民族村寨旅游直接或间接带动从业人员大约17.85万,占全省旅游从业总数的41.23%。2009年,在国家少数民族特色村寨建设精神的号召下,贵州省计划在"十二五"期间重点开发500个民族村寨。2009—2013年的5年间,贵州省共向少数民族地区投入专项资金7950万元,并整合了其他部门、行业的资金共计20亿元。经过近30多年的发展,以"民族村寨"为主要模式的乡村旅游已经占据了贵州乡村旅游市场份额的"半壁江山"。民族村寨乡村旅游不仅能为民族地区的贫困人口带来直接的经济利益,拓宽就业渠道,促进本地产业的发展,改善农村的基础设施;还可以给当地带来信息、知识和技术,开拓当地少数民族群众的视野,为民族贫困地区创造更多的发展机会,旅游综合效益显著。因此,旅游开发是民族贫困地区"造血式"扶贫开发的重要选择。

当前,贵州实施乡村旅游扶贫的民族村寨已达3000多个,涌现出了一批知名度较高、特色鲜明的少数民族村寨:"世界最大苗寨"西江千户苗寨、"中华布依第一寨"贵定县音寨、"世界最大的侗寨"肇兴侗寨、"古法造纸"丹寨石桥等,这些村寨已经成为闻名遐迩的乡村旅游地。贵州以乡村旅游带动居民脱贫致富的发展模式也被列入世界旅游组织的长期观测点。其中,黔东南的西江苗寨是旅游扶贫中的佼佼者,其不仅是闻名全国的知名旅游地,还是在带动贫困人口脱贫方面做出了突出的贡献。西江苗寨居民人均收入由2008年的不足2000元增长到2017年的15000元,增长幅度为原来的7.5倍,同时也极大地带动了周边村寨的发展,西江苗寨所在的西江镇共有2.6万人口,直接或间接参与旅游的人数已经达到了7000多人,民族村寨旅游扶贫巨大作用和重要地位不言而喻。

第二节 贵州民族村寨社区参与式旅游扶贫的主要类型

随着精准扶贫工作的深入推进,旅游扶贫作为我省产业扶贫的重要手段越来越被人们所认可,同时在贵州少数民族村寨旅游发展过程中也积累了大量社区参与式旅游扶贫经验和旅游发展模式。社区参与式旅游扶贫是指贫困地区从社区的角度考虑旅游业发展,社区居民作为主体,参与社区旅游发展计划、项目以及其各类事务与公益活动的行为及其过程,这样通过社区参与的方式为社区居民提供更多的就业机会、增加收入,使贫困社区居民在共同承担旅游扶贫的风险和责任的同时,能够公平分享旅游发展带来的经济、政治、社会、环境等各方面的利益,从而实现减贫和促进贫困地区经济社会可持续发展的目的。然而由于这种模式在旅游开发中存在一定的难度,如:村民普遍缺乏旅游从业的相关生存技能、缺乏资金。因此,社区参与式旅游扶贫中也少不了政府、企业等组织的帮扶。本书针对社区参与式旅游扶贫过程中政府、企业参与地方旅游开发中的帮扶力度,对贵州省民族村寨社区参与式旅游扶贫划分为政府帮扶型、企业帮扶型、社区自主型三类。

一、政府帮扶型社区参与旅游扶贫——"寨沙侗寨"

在政府帮扶型社区参与旅游扶贫模式中,政府为地方旅游经济开发提供了重要保障,一方面直接提供或间接引导涉旅企业为少数民族村寨提供旅游开发基础资金;另一方面引导居民积极参与旅游开发过程,从而在参与过程中,使当地居民实现增收,帮助贫困人口实现脱贫。这一类型的典型代表有寨沙侗寨。

寨沙侗寨是贵州省江口县侗族聚居的一个自然村寨,侗寨位于国家级自然保护区梵净山脚下,省级风景名胜区太平河畔,区位条件优越,自然风光优美,而且具有厚重的文化优势,然而,多年来却守着"金山"受穷,在旅游扶贫开发前,人均纯收入不足1 000元,村民多以务农和抬滑竿卖苦力为主要收入来源。全村78户人家中贫困户超过50%。2011年,江口县以寨沙侗寨作为旅游扶贫试点,发展乡村旅游,当地经济收入大幅增长,农民人均纯收入从2010年的不足1 000元增长到现在的3万元。寨沙先后被命名为"全国金融扶贫乡村旅游产业示范村""贵州省100个文化旅游景区乡村旅游示范点""国家3A级旅游景区"和"国家乡村旅游扶贫示范点"。在寨沙模式中,政府主要负责旅游规划、政策资金扶持、基础设施建设等。寨沙旅游开发之初,村民们苦于资金缺乏,一直无动于衷。为此,江口县成立了寨沙乡村旅游开发试点工作领导机构,制定了寨沙乡村旅游发展规划,先后整合扶贫开发、旅游开发、美丽乡村建设、生态移民、"一事一议"等涉农资金和帮扶资金4 000多万元,投入寨沙乡村旅游基础设施建设,同时,对参与乡村旅游开发的农户进行财政补贴和贷款贴息,先后投入财政补贴和贷款贴息资金200多万元,撬动2 000多万元贷款资金投入乡村旅游开发,解决了贫困乡村旅游业发展资金不足、难以启动的问题,带动了当地群众对乡村旅游业的投资和参与,寨沙面貌焕然一新。在政府的帮扶下,寨沙实行着村民自主经营、管理自治原则,通过组委会和乡村旅馆合作社,负责调解村民纠纷、卫生打理、安全防范、公共设施、集体资产管理、带动经营能力较差的农户,让他们以旅馆入股的方式参与其中,由合作社统一经营管理,农户参与利益分成,不落下任何一户人家,实现共同富裕。截至2018年,寨沙村民人均纯收入达3万余元,全村实现脱贫32户132人,贫困发生率降至0.33%。目前,全寨有农家乐74户,其中村民自己经营有11户,外来租赁经营有63户,每户租金在8万~10万元每年,带动就业270余人,年游客接待量54万余人次,年旅游收入900余万元,村民旅游行业参与度非常高。

二、企业主导型——"秀水模式"

企业主导型社区参与旅游扶贫模式是指在旅游扶贫中,企业为贫困地区发展旅游业投入主要资金,让各个利益主体参与到企业中,从中受益,主要的利益主体包括乡镇企业和旅游部门。这种模式下贫困居民参与形式主要包括以下几方面:一方面企业通过雇佣居民,特别是为当地贫困人口提供就业岗位,解决他们的基本生活问题,增加收入,提高他们的生活水平;另一方面是企业以股份合作的方式,让当地居民参与其中,通过土地资本、旅游项目等参与到旅游发展,按期分红,得到收益。这种模式间接地转换了传统贫困人口的角色,把居民自身的发展与旅游发展结合起来,让居民在旅游扶贫中承担相应的义务。企业主导旅游扶贫模式企业的地位是举足轻重的,它可以为当地居民提供就业岗位,运用本身的专业力量,开发当地旅游发展的潜力,促进旅游业的发展,增加居民收入,提高居民的生活水平。企业通过投资建设,获取利益报酬,维持企业发展。反过来,企业的发展也可以提供更多的资金用于旅游社区的教育、卫生、道路交通等基础设施的建设。企业主导型的典型代表有"秀水模式"。

秀水村位于贵州安顺普定县龙场乡,由7个自然村寨组成,面积9.2平方公里,森林覆盖率95%,全村878户3 247人,该村少数民族以苗族、布依族为主。在2015年旅游扶贫之前,是典型的无产业、无集体经济、无收益来源的"三无"贫困村,村民生活水平差,收入低。2015年,在贵州省"千企帮千村"精准扶贫行动背景下,兴伟集团对秀水村进行结对脱贫帮扶,为秀水旅游扶贫开发投入超过3.77亿元,建设了波玉河漂流、龙滩露营基地、秀水湖、水上乐园等56个旅游景点的基础建设。以波玉和流域原生态休闲旅游度假区为龙头,建设以漂流、垂钓、健身等为一体的城郊休闲旅游基地。整个基地设施,依山而建、傍水而居,村内波玉河蜿蜒流淌,清末民初的悟空石桥横跨河上,沿河两岸是葱茏植被掩映青砖碧瓦的美丽景色。在兴伟集团的帮扶下秀水村成立村级公司对景区进行经营管理,村支两委经营管理公司,公司收益通过"秀水五股"分配方式确保所有村民共享旅游收益。其中人头股(占10%)、土地股(占30%,每亩土地每年1 000元)、效益股(占30%)、孝亲股(占5%,65岁以上老人每人每月500元)、发展股(占25%)。到2018年村民人均纯收入达到12 800元,实现脱贫321户1 323人,贫困发生率为降至0.93%。实现了从"三无"贫困村到"小康村的"的巨变。2016年,秀水村被国家农业部评为"中国最美休闲乡村"。

三、社区居民完全主导型——"郎德模式"

社区居民完全主导型旅游扶贫模式是指居民通过自身或者是组成社区参与到旅游发展中,减少贫困发展的概率,增加经济收入,实现生活的富裕。这种模式在旅游开发中存在一定的难度,主要是因为:一是大多数居民缺乏旅游从业的相关生存技能;二是在投入旅游开发的过程中大多数居民缺乏一定的资金。因此,这种模式少不了政府、组织机构、人员的共同努力,让居民更好地参与旅游开发。政府要为居民营造良好的旅游发展政策环境,比如降低居民,尤其是贫困居民参与到旅游发展的中的门槛,给予他们参与旅游业中的资金支持和技术支持;其他部门或者组织机构需要为他们提供和创造脱贫致富的旅游发展渠道,比如商品贩卖店、餐饮、家庭旅馆接待等,为贫困人口从事旅游行业而获取收益;旅游者可以对当地居民主导的旅游行业进行宣传,可以对贫困居民给予一定的资金援助,转变当地居民的旅游发展观念,促进他们脱贫致富。居民主导旅游扶贫模式下的典型景区有花溪镇山村、郎德上寨等。

郎德上寨是贵州省黔东南苗族侗族自治州雷山县的一个民族村寨,也是集人文景观和自然景观为一体的国家重点保护村寨之一。据2010年统计,郎德上寨有村民148户、700多人,均为苗族。"陈"姓是这一村寨中主要家庭姓氏。郎德上寨旅游开发采用人民公社时期的工分制模式。主要由村民自发起来、全民参与、采用以"工分制"为基础、集体分配为形式的社区参与旅游模式,真正实现了村民对旅游经济、管理、决策的全面控制。即由村里参与旅游接待的村民记工分,按出工及贡献情况计算分值,到年底、月底再根据工分进行现金分配,以此补贴村民因为参与旅游接待而造成的农时误工。郎德上寨的旅游开发主要是民俗风情展示,每天表演散场后由各组发票人员负责收缴工分票、登记工分,再到村会计处汇总。村会计必须把每天旅游接待中每户居民所得工分做登记,每月结算一次进行分红。具体做法是:会计算出当月全村总工分和当月可分配金额总数,然后以当月总收入确定当月每个工分值多少,最后依据各户当月获得工分算出每户村民应分得的金额数。每天计算当天每户总工分,每月结算每户旅游接待收入。郎德上寨在开发民族旅游前,经济收入主要依靠传统农业;但随着旅游业的不断发展,旅游收入在村民总收入中的比例逐年上升。

郎德上寨"工分制"的操作方式:郎德上寨"工分制"实行严格的工分票分阶段发放制度,根据参与人员的不同制作不同分值的工分票,以穿戴是否整齐和是否按时到岗到位来分阶段发放,有关村干部负责各组(如老年组、妇女组、表演组、学生组)等工分票的发放和回收登记,原则上村民参加接待的工分多少依其扮演的"角色"和"着装"不同而不同,但迟到或穿错服装会扣分。

郎德上寨"工分制"的基本特征:村民选举旅游接待小组成员负责日常管理;全体村民平等享有参与权与分配权;体现对弱者的保护。"工分制"的社区旅游管理模式在确保人人有平等参与旅游接待的基础上,向普通群众、妇女、老人、小孩等弱势群体倾斜。例如:参与旅游管理的旅游接待小组成员每个人每场只能拿 18 分,而群众演员每人每场最高的可拿 20 分;作为演员的妇女如果能全程参与完整的接待表演,其工分数要高于参与全程表演的男性;70 岁以上的老人每场都会有"工分"。

第三节 贵州民族村寨社区参与式旅游扶贫取得的成绩

新时期,贵州省出台了《贵州省发展旅游业助推脱贫攻坚三年行动方(2017—2019 年)》,继续坚持将乡村旅游作为精准扶贫战略的主要抓手,发挥旅游业在带动贫困人口脱贫方面的积极作用。确定了到 2019 年力争实现通过旅游带动 100 万建档立卡贫困人口脱贫,且人均纯收入中有 1/5 以上来自旅游产业的战略目标。为了更好地发挥旅游业的脱贫攻坚作用,进一步提出了两个全面覆盖的发展目标:一是贫困村寨旅游规划制定全面覆盖,通过旅游扶贫云系统对全省 3 347 个贫困村、51 万贫困户、172.24 万贫困人口进行了建档立卡;二是对 9 000 个"宜游"贫困村实现旅游人才培训全覆盖。

一、社区参与旅游成为贵州精准扶贫的重要方式

贵州省约有 4/5 以上的贫困人口聚居在深山区、石山区、高寒山区和少数民族聚居区的现状,决定了实施旅游扶贫开发的紧迫性和重要性。贵州省内分布着大大小小、特色各异的 3 万多个村寨,具备了依托乡村旅游进行扶贫的可行性。为了更好地发挥乡村旅游在扶贫攻坚中的积极作用,"十二五"期间,贵州先后在全省范围内建成了 10 个省级、20 个地级和 100 个县级旅游扶贫示范区,遴选了 300 个贫困村作为旅游扶贫倍增计划试点村。"十三五"期间,贵州计划从六个方面继续加大到乡村旅游扶贫的工作力度:一是依托正在实施的"5 个 100"旅游景区建设工程,实现"景区带村"脱贫。通过对景区周边村寨进行资源和基础设施普查,将一些适合发展乡村旅游的贫困村纳入建设清单;并且积极探索多元化的经营和发展方式,实现景区建设与贫困人口的多元利益链接方式,如将贫困村民的房屋、土地和劳动力等资源量化入股,实现"三权"促"三变",通过景区门票分红、景区就业和自主创业等途径,确保贫困人口获得旅游收入。二是依托"百区千村万户"乡村旅游扶贫工程促进脱贫。根据不同地区的发展条件和贫困农户的发展意愿,在民主协商的基础上,采取"一村一品""一家一艺""一户一特"等形式发展特色产业,贫困农户可以通过直接就业、经营旅游小企业、出售农副产品、出租房屋或者资本入股等方式获得旅游收益。三是通过打造旅游特色品牌为扶贫创造条件。围绕着贵州"山地公园"和"多彩贵州"的总体旅游形象定位,鼓励一些历史底蕴深厚、地域特色鲜明的民族村寨打造特色旅游品牌,如休闲度假、民族医药、特色农业和户外运动等特色旅游开发模式。与此同时,继续加大对旅游产品的宣传和营销力度,提升旅游扶贫景区(点)的传播力和影响力。四是加强对旅游从业人员的培训和旅游扶贫项目的支持,精准施策。借助"雨露计划"对乡村旅游从业人员进行分级、分批、分类培训,力图克服人力资本的"短板",同时创新贷款融资模式,通过与国家开发银行、农商银行合作,将财政扶贫资金作为"黏合剂",帮助旅游企业和贫困农户解决贷款难和融资难的现实问题。

二、社区参与旅游扶贫成绩显著

在贵州几十年的脱贫道路中,旅游扶贫可谓是功不可没,发挥了重要而积极的作用。"十一五"期间,贵州乡村旅游共带动 105 万农村贫困人口的就业,实现了农民人均纯收入的 15% 来自于旅游业,42 万贫困人口通过旅游开发实现了脱贫。"十二五"是贵州旅游扶贫的重要发展时期,在此期间,贵州全省被列入全国乡村旅游扶贫重点村的村寨达到了 517 个,建立了 4 个全国休闲农业与乡村旅游示范县(点),总共提供就业岗位 234 万个,总受益人数超过 470 万人。贵州省实现了每年平均乡村旅游总收入逾 20 亿元,农民人均纯收入的 20% 来自乡村旅游的总体目标。乡村旅游发展的"贵州模式"也得到了联合国世界旅游组织(UNWTO)的高度认可,认为"中国的乡村旅游发展模式具有很高的推广价值"。2016 年,贵州省共投入 123.61 亿元发展乡村旅游,通过重点扶持 100 个旅游景区建设和发展乡村旅游,基本实现了对 1 417 个建档立卡贫困村的旅游全覆盖,带动 29.4 万建档立卡贫困人口实现脱贫,占全省脱贫人口总数的 24.5%。乡村旅游除了带动就业之外,对乡村扶贫还具有积极的作用:形成了多种形式的旅游经营模式,进一步优化了村寨的产业结构,辐射带动了相关产业的发展,尤其是推动了特色农业的发展;通过发展乡村旅游,提高了村寨妇女的权利和地位,一定程度上推动了社区的民主化进程等。以民族文化为主的民族村寨旅游扶贫效果尤其突出,以西江苗寨为例,2015 年西江全镇各村寨总共接待游客人数达到了 250 万人次,实现旅游综合收入 6 亿元,居民人均纯收入达到了 7 200 元,其中有 2/3 以上直接或间接来自参与旅游所得。

贵州是全国脱贫攻坚的主战区和决战区,可以说,中央能否如期完成 2020 年全民小康的脱贫任务,贵州起着一定的决定性作用。从这个意义而言,贵州的脱贫攻坚不仅是一项重大的经济问题,更是一项伟大的政治任务。实践证明,乡村旅游已经成为我国扶贫事业的重要路径,对身处脱贫攻坚关键时期的贵州而言,乡村旅游的意义更为明显大。"十三五"时期,贵州省继续将"大扶贫"作为贵州旅游发展的重大战略,采取更加切实有效的措施,积极推进"旅游+扶贫"的全域旅游深度融合发展路径,切实让贵州的"绿水青山"变成贫困群众手中脱贫致富的"金山银山",举全省之力坚决打赢脱贫攻坚这场"硬仗"。

总之,作为贫困人口众多、贫困程度深重的多民族省份,贵州需要趟出一条能契合自身实际、依托自身特色、适合自我发展的脱贫之路。独特的自然资源和丰富的民族文化资源决定了"旅游扶贫"是贵州实现脱贫的绝佳选择。民族村寨是我国民族地区贫困人口最为集中的基本单元,新时期国家确定的将扶贫目标对准重点的贫困村和贫困人口的政策,使得民族村寨在扶贫攻坚中的作用更加凸显。20世纪末以来,国家针对民族地区实施的一系列保护和发展少数民族村寨的政策和措施,一定程度上为村寨旅游扶贫开发奠定了基础。实践中,贵州立足于区域特色和民族特色,创造性地走出了一条独特的旅游扶贫开发路径,极大地带动了当地人口的脱贫。截至目前,贵州全省已经形成了大大小小、星罗棋布的上千个民族村寨旅游景点,并形成了一批在全国乃至世界都享有知名度的民族旅游村寨,如西江苗寨、肇兴侗寨和朗德苗寨等。但我们也必须清醒地看到,虽然贵州的民族村寨旅游扶贫开发走在了全国的前列,但是暴露出来的一些问题也不容忽视。一些民族村寨的旅游开发在经历了早期的快速发展之后,开始进入了发展的"瓶颈期",面临着诸如经济效益开始下滑、游客增长缓慢、贫困人口难以获益等问题。还有很多村寨在发展的十字路口,不知道何去何从。在精准扶贫的大背景下,如何走好脱贫攻坚工作的"最后一公里",实现民族村寨旅游扶贫的可持续发展,是当前和今后一段时间里必须集中应对的问题。

第四章

其他地区民族村寨社区参与式旅游扶贫发展概况

第一节 平安壮寨概况

一、人口和自然状况

龙脊梯田位于龙胜各族自治县和平乡的境内,距离龙胜县城22千米,距离桂林市103千米,景区面积达66平方千米,梯田区域海拔最低为300米,最高海拔1 100米,坡度大多在26至35度之间,最大坡度达50度。龙胜县平安壮寨属于龙脊梯田景区的一部分,距离所属的和平乡所在地12千米,北靠中禄村,西邻龙脊村,南邻金江村,该寨曾称"马城""平瑶"等,平安之名因"平瑶"而来,这个村寨占地约3万平方千米,分为上、中、下三个小寨,平安村共8个村民小组,居民193户,830余人,分为12个支系,其中多集中在七星伴月附近地势相对平坦处,为163户,共720人,壮族居民占98%以上,廖姓占到99%,只有少部分从外面嫁来或上门的瑶族或汉族,但他们的子女都姓廖。

平安壮寨梯田是龙脊景区的核心,与周围村寨相比,其梯田景观更具观赏性。据了解,平安寨共有大小各异的梯田15 862块,如链似带,最大的梯田有0.62亩,最小的梯田只能插3株禾苗,多数是只能插四五行禾的"带子丘"。

二、旅游资源

1. 自然资源

七星伴月是平安壮寨梯田的一大景观,也是龙脊梯田的精华,主要是由七个小梯田圆顶伴着一个大圆顶而得名,从远处看起来整个山都是窄窄的梯田,而田埂则像是画等高线。给人整体美感,另外关于七星伴月还有一个凄美的爱情传说,更增添了此处的吸引力。

另外,九龙五虎、二龙抢珠也是重要景点,九龙五虎指有九条山脉的脊背从上而下,像是九条龙从天空中俯身下到河边饮水,在它旁边有五个小山头像老虎一样蹲在地上,故而得名"九龙五虎";在风雨桥旁边有一个像龙珠的土山包,在它的左右两侧分别有一条山脉把它夹住,仿佛活生生的两条龙在争夺珠宝一样,被称为二龙抢珠(现在由于居民在山脊上乱建房子已经看得不明显了)。

2. 人文资源

平安壮寨的麻栏建筑一般是高脚麻栏式建筑,壮族的麻栏式建筑被看作是壮族稻作文化的象征。一般来讲,该建筑分为三层,一层饲养家畜,二、三层住人。走进寨子,家家户户都是高脚麻栏式建筑(部分新建的已超过三层达到四五层),一座座麻栏式建筑组成了一道别样的风景。

壮族歌舞,壮族是一个能歌善舞的民族,三月三的歌圩节是壮族比较重大的节日,在平安寨至今还保留着唱歌的习俗。平安壮寨也有正式开放于2009年5月的龙胜民俗大观园——龙脊民歌堂,是专门为游客进行民族歌舞展演的地方。

特色饮食,龙脊茶叶、龙脊辣椒、龙脊水酒和龙脊香糯并称为龙脊四宝,龙脊茶叶在清朝乾隆年间曾是贡品,细品其味,先觉苦涩,继而感到纯香清甜,浓浓郁郁,沁人心肺;独特的气候和环境使龙脊香糯香软可口;龙脊辣椒有一股浓烈独特的香味,皮厚子小,辣味适中;龙脊水酒俗有"龙胜茅台"之称,除了龙脊四宝,平安壮寨还有龙脊土鸡、竹鼠、山鸡等一些野味。

三、旅游业开发的历史与现状

1. 第一阶段:1988年以前

由于公路未通、路远山高、知名度不高等基础因素的限制,只有体力充沛的少数人才能欣赏到山寨的美景。在此阶段,主要是一些摄影爱好者、画家、一些零星的外国背包客前来观光欣赏美景,由于平安寨没有旅店及与旅游配套的基础设施,所以,接待的工作主要由村里的领导负责。

2. 第二阶段:1989—1998 年

龙脊梯田被确定为省级风景名胜区,被政府视为开发对象之一,随后村民萌生了参与旅游服务的意识,并开办了 2 家农家旅馆,1994 年举办的农产品促销会扩大了龙胜县的知名度、1996 年旅游公司开始介入改善了旅游基础设施、县政府规划旅游和 1998 年开始铺公路,都为旅游业的进一步发展奠定了基础。

3. 第三阶段:1999—2000 年

此阶段是平安壮寨旅游业的飞速发展阶段,从 1999 年国庆节开始,开发后的平安壮寨由县旅游公司经营,在旅游业开发后,村民主要是通过开办农家旅馆、抬轿子和做导游、出售手工艺品等参与旅游的经营活动。这个昔日沉寂的山村成为一个以旅游为生活中心的新社区,自此,平安壮寨成为龙脊景区旅游的主要目的地。

4. 第四阶段:2001 年至今

目前,龙脊梯田景区由桂林市龙脊旅游股份有限责任公司管理。桂林龙脊旅游股份有限责任公司是一家综合性的旅游企业,是政府授权唯一一家经营龙脊景区的合法企业,公司的经营范围是:龙脊景区门票、餐饮、文化娱乐、医疗咨询、日用百货、停车收费。公司下设:综合办公室、传媒部、财务部、销售部、工程部、安质部、生产经营部(分为门票组、餐饮组)等七个职能部门,目前公司在册员工有 80 人(绝大部分都是龙胜县各乡镇户籍员工)。

第二节 程阳马安侗寨概况

一、人口和自然状况

程阳桥风景区位于广西壮族自治区三江侗族自治县古宜镇的北面 20 千米处,三江县是广西境内唯一的侗族自治县,地处广西与湖南、贵州两省交界地带,东部与龙胜、融安两县交界,西部同融水县、贵州省从江县相连,南邻融安、融水两县、北靠湖南省通道县、贵州省黎平县,总面积为 2 454 平方千米,辖 15 个乡(镇),总人口 36 万人(2007)。程阳桥景区坐落于三江县的

第四章　其他地区民族村寨社区参与式旅游扶贫发展概况

林溪乡境内,距离三江县城18千米,是1988年广西壮族自治区人民政府下文批建的桂北第一批风景名胜区之一。

程阳桥景区是三江县最大的旅游景区,也是侗族风情旅游的典型景区,该景区绵延几千米,浓缩着侗族文化的精华,范围包括马安、平坦、平寨、岩寨、东寨、程阳、平铺、吉昌,俗称"程阳八寨"。马安侗寨约有182户,人口约为805人,由于生活空间的封闭、交通不便利,至今还保留有完整的侗族文化和良好的生态,有"民族文化之乡","百节之乡"的美誉,其节气又具有"寨寨不同风,村村不同俗"的特点,吸引了大批游客的到来。

二、旅游资源

1. 自然资源

程阳风雨桥是建筑的集大成者,集桥、廊、亭三者于一身,既有实用价值,又有艺术观赏价值和民族特色,在中外建筑史上独具风韵,横跨在广西三江侗族自治县林溪乡马安寨下方的林溪河上,是国家重点保护文物。程阳桥又叫永济桥、盘龙桥,建于1912年,主要由木料和石料建成,是侗寨风雨桥的代表作,尽管其上部是全杉木结构,没有一颗铁钉,是目前保存最完好、规模最大的风雨桥,是侗乡人民智慧的结晶,也是中国木建筑中的艺术珍品。

2. 人文资源

侗族吊脚楼,马安寨的民宅建筑几乎仍为外廊式木楼,根据地势和用料的不同,低则二层,高为五层,多为三间五柱式房屋,一层由于潮湿多为蓄养家畜、堆放杂物。二层以上住人,走进马安寨,一排排的吊脚木楼,临河沿溪,依山就势,巍峨参差,鳞次栉比,构成一道特别的风景线。

鼓楼是侗族的公共建筑,是侗寨的标志性建筑,也是侗族文化的标志。马安鼓楼位于马安寨寨子中央,像宝塔又像亭阁,集宝塔和亭子的优雅于一身,雄伟壮观而又玲珑雅致。鼓楼分为上、下两部分,上半部重檐斗拱像宝塔,檐的层数是单数,为九层;下半部为四角形,像亭子,为正方形厅堂,具有很高的观赏价值。马安寨坝头(侗族农耕染织及手工作坊文化),独具特色的手工业生产和民间传统工艺生产也是一道美丽的风景。侗族妇女多精于侗锦,侗族妇女织造的锦带,以五色丝线挑成花木、禽兽,各式各样,侗族妇女织造的侗布、侗被、侗锦、挑花帕等物,质地优良,图案精美,五彩缤纷,光彩夺目,堪称一绝,此外,还有木匠、瓦匠、石匠、铁匠、芦笙匠,他们制作手艺高超,制作的产品极具观赏性。

侗族歌舞表演,侗族地区一向被誉为"诗的家乡,歌的海洋",有"饭养身、歌养心"的之称。程阳桥景区内歌舞文化极为丰富,有歌舞之乡、侗戏之乡、琵琶歌之乡、哆耶之乡、山歌之乡等美誉,马安侗寨鼓楼前的戏台是专门供民族歌舞表演的场所。

三、程阳桥马安寨开发的历史

1. 第一阶段:1987 年以前

这一阶段主要是自主发展阶段,由于程阳桥是国家级文物保护单位,所以县文化局开始派专人在程阳桥设卡卖票,每人 0.5 元,门票费用主要用于维护和修缮程阳桥。游客大多是冲程阳桥的名气来的。马安寨本寨人在鼓楼收费:中国人 0.2 元,外国人 0.4 元,所收费用本村人共同分享。这一阶段处于旅游业开发的初期阶段,旅游业发展缓慢,经济效益不明显,属于自主发展阶段。

2. 第二阶段:(1987—2000 年)

该阶段主要是由政府主导阶段,县文化局对程阳桥进行直接管理,县旅游局则负责景区的规划、投入和宣传。由于政府作为后盾,开始宣传景区,景区的基础设施有所改善,修通了县城通往景区公路,修建宾馆等旅游配套设施,但由于各方面的限制,获得的效益不明显。

3. 第三阶段:(2001—2005)

2000 年出台的《三江侗族自治县程阳桥景区管理办法》,明确了景区的管理主体。此阶段前期(2000—2003)由旅游管理部门经营,旅游带来经济效益使经营部门不断的探索景区开发的新模式;后期(2003—2006)景区经营权通过招标交由程阳桥旅行社经营。由于旅行社未能对景区进行有效的经营开发,致使冲突和矛盾重重,环境恶化,旅游资源闲置。

4. 第四阶段:2006 年至今

程阳八寨社会主义新农村建设指挥部对程阳景区基础和配套服务设施建设(重点建设时期 2006—2008)。2008 年 4 月,交由柳州市三江程阳桥旅游投资开发有限责任公司(属于国有企业),开始接手管理程阳桥景区,但由于经营不善,旅游业发展缓慢。2012 年交由三江县多耶城旅游发展有限公司对景区进行开发和管理。在旅游公司的协助下,程阳桥景区得到很大的发展。

第三节　甘河瑶寨概况

一、人口和自然概况

甘河瑶寨位于广西河池市南丹县城东部里湖瑶族乡境内,里湖瑶族乡位于广西南丹县东北部,东与贵州省荔波县交界,西与小场乡接壤,南与八圩瑶族乡毗邻,北与芒场乡相连,地处云贵高原东南缘的尾端,乡政府驻地距县城26千米,总面积383.75平方千米。甘河瑶寨景区距县城17千米,距里湖瑶族乡8千米,占地30亩,现有80多户,人口360多人,是以甘河瑶寨为中心,由瑶寨村和岩溶地河两部分组成,是一个以展示白裤瑶民族文化为主的人文风景旅游区,景区包括甘河瑶寨、地下大峡谷、凉风洞表演场三个部分。

白裤瑶是瑶族众多支系中的一个分支,自称"吉努",因男子常穿长只及膝盖的白裤而得名,人口近3万,其大多集中于南丹县,约有2万余人。千百年来,白裤瑶在长期的生产、生活过程和社会实践中,白裤瑶民创造了具有鲜明特色、极具民族性和独特审美观的民族文化。如铜鼓文化、婚丧文化、陀螺文化、服饰文化、饮食文化及寨居文化等,是南丹民俗文化中最独特、最突出和最具魅力的,是南丹旅游吸引物的核心。专家们认为:白裤瑶至今仍处于母系氏族社会向父系社会的转型时期。他们过着原始而古朴的生活,温文谦恭。

二、旅游资源

南丹白裤瑶地区喀斯特山地奇特而瑰美,根据中国地质科学院联合英、美、意、等国探险队考察,仅于里湖周围35千米就有200多个溶洞和天生桥地下河溶洞系统,自然景观非常壮观。此外,南丹是我国著名的锡矿区,又"锡都"之民俗风情,白裤瑶是一个由原始社会生活形态直接跨入现代社会生活形态的民族,因此至今仍遗留着母系社会向父系社会过渡的遗风,其中尤以送葬、赶夜街、细话歌等风俗民情为代表。该瑶族支系被联合国教科文组织认定为民族文化保留最完整的民族之一,堪称"民族活化石",进入寨中,可观赏到白裤瑶服饰的制作全过程(纺纱、织布、粘膏画、冷染、刺绣、缝制),还有凉风洞表演场专门为游客表演原汁原味的白裤瑶民歌和舞蹈。

白裤瑶民居和粮仓,2002年建成的甘河旅游新村,旅游新村以原始村落为主调,建有特色民居21栋,粮仓16个及其配套设施,这些建筑保持了白裤瑶的民族特色,吸引了大批游客的前往。

白裤瑶特色食品,"圣水"豆腐丸是神州瑶都的一大名菜,也是"瑶家十八酿"之一,味美独特令人回味无穷。南丹瑶鸡由于肉质鲜嫩、味道鲜美、皮薄、脂肪少、口感好,一直是市场上的抢手货,被誉为"广西四大名鸡之一"。此外还有瑶山糯米封肠、瑶家烟肉、腊肉、瑶家羊骨圆等。

三、甘河瑶寨的开发历史

1. 第一阶段:2000年—2004年

2000年甘河白裤瑶旅游新村是以旅游扶贫的口号下,在广西壮族自治区政府的支持下开发的,甘河瑶寨占地30亩,于2001年10月破土动工,2002年建成了21栋特色民居和16个粮仓及旅游配套设施,因后续资金等多方面的原因被河池市中级人民法院活封。这一阶段的旅游开发属于初期阶段,游客极少。多为观光客、背包客和一些白裤瑶的研究者。

2. 第二阶段:2005年—2009年

经南丹县旅游局的努力争取,2005年6月,甘河得以解封。之后县旅游局积极整合旅游资源,推陈出新,成功引进泽源公司投资开发南丹县的旅游项目,并签订了《投资与开发南丹旅游项目协议书》,利用各种渠道、各种机会宣传白裤瑶旅游产品。由于经营管理,没几年公司就不开发了。此阶段,由于政府的介入和努力,甘河瑶寨的旅游业得到飞速发展,旅游设施逐渐完善,游客逐渐增多。

3. 第三阶段:2013年至今

2013年,南丹县旅游局把"甘河+温泉"打包给东谋公司进行开发和管理。

第四节 各地区村寨社区参与方式比较

一、社区参与方式

1. 平安寨的参与方式

由于平安壮寨开发时间较长,发展的相对成熟,社区居民的参与方式多样,村寨里约有80%以上的人参与到旅游业,参与方式主要有:开设经营家庭旅馆和餐馆、向导服务、从事交通运输业、抬轿子和搬运行李、加工销售民族特色产品和当地土特产、加入民族歌舞表演队,等等。从调查问卷的结果来看,开设经营家庭旅馆和餐馆所占比例最大,达到60%。其次是抬轿子和搬运行李,占20%。再次是向导服务和加入民族歌舞表演队占10%,从事与旅游相关的其他行业的占10%,社区居民的参与方式多样化。

随着平安壮寨的居民参与方式和利益主体的多样化,各个利益主体为了维护自身利益,出现了许多的矛盾和冲突,为了解决这些问题,促进旅游业的有序发展,村委会做了很多努力,也颁布了很多相关措施。

2. 程阳马安侗寨的参与方式

程阳马安侗寨开发时间比平安壮寨相对较短,参与手段比较单一,提供的旅游产品比较少,主要的参与方式有:开设经营家庭旅馆和餐馆、从事交通运输业、加工销售民族特色产品和当地土特产、加入民族歌舞表演队等等。调查问卷的结果显示约有30%的人参与到旅游业中,通过整理发现,在这30%的人中,有18%的人参与到与食宿接待有关的旅游服务,有70%的人参与到民族歌舞表演和加工销售旅游产品中,剩下的12%从事与旅游业有关的其他行业。

3. 甘河瑶寨的参与方式

相比平安壮寨和程阳马安侗寨,甘河瑶寨的社区参与度最低,因为甘河瑶寨是政府一手包办的旅游景区,只有20%的人曾参与到旅游业发展中,参与方式少之又少,主要有:经营餐饮业和住宿业、加入歌舞表演、加工销售旅游产品、在旅游公司上班,等等。据笔者随即走访的30人中,只有8人曾参与了旅游业,其分布为5人参与餐饮和住宿业,3人加工销售旅游产品,2人曾经加入过歌舞表演队。

二、民族旅游村寨居民参与机制比较

1. 平安壮寨、甘河瑶寨、程阳马安侗寨参与方式的比较

在社区居民参与旅游业的过程中,旅游发展越好越成熟的地方,社区居民参与方式多样化且有序,反之,则参与方式无序且单调。

在甘河瑶寨和程阳桥马安寨地区,社区居民参与旅游业的主要方式有:经营餐饮和旅馆、做乡村导游、文化讲解员、从事交通运输业、加工销售本地旅游产品、开设杂货店等,参与到歌舞表演和销售特色产品的人相对较少,参与方式比较单一,销售商品没有差异性,人们还没有认识到特色产品赚钱的重要性,不敢尝试新的服务行业,经济效益不高。加上景区的管理跟不上,景区的游客越来越少,旅游业发展十分缓慢。

平安壮寨社区居民参与旅游的方式多样且有序,主要有:经营家庭旅馆,从事交通运输业,从事背包及向导,销售土特产,抬轿,搬运行李,参加歌舞表演,等等。平安寨社区居民参与程度高达70%以上,且参与方式灵活多样,有很多人家里经营家庭旅馆,在外面又从事抬轿子的工作和经营交通运输业,如:平安寨的廖先生,家里有一家旅馆、有3亩水田、农忙季节在田里干活,由于开车技术好,农闲季节还去给别人开车接送客人。平安壮寨参与方式多样,但在开始阶段业出现了一些矛盾,后经过村委会的调节,有效的减少了矛盾的发生。总之,平安寨社区居民的参与程度高,参与方式多样且有序。

综上所述,从参与方式上看,程阳马安侗寨和甘河瑶寨的参与方式比较单一,无组织、无纪律。平安壮寨的居民的参与方式多样且有序,村委会还很好地扮演协调者角色,有一定的组织性。

2. 参与教育培训的比较

参与教育培训主要包括两个方面的内容,一是面向社区居民的教育和引导,包括对社区居民传统文化价值的教育和旅游影响的教育;二是对旅游从业人员的培训,包括有针对性地培训各个领域的旅游从业人员,既包括旅游知识也包括思想认识,前者能使社区居民更好的认识自身的文化和对旅游带来的影响,达到"预警"的作用。后者能提高社区居民服务的能力,令其更好地掌握旅游服务技能。相比之下,后者更为重要,它能提高社区居民的参与能力,唤醒居民的商品意识,认识到作为参与主体参与到旅游业的发展过程中。

第四章　其他地区民族村寨社区参与式旅游扶贫发展概况

平安壮寨在发展初级阶段,社区居民没有认识到参与教育培训的重要性,没有接受过正规的教育培训,经过近二十年的发展,旅游业发展的相对成熟,参与人数多,受益面广,社区居民逐渐认识到教育培训的重要性,主观上希望能接受关于旅游的教育培训,由于村委会和旅游公司只是提倡人们学习旅游知识而没有举办系统的培训班,人们旅游知识和技能的培训主要是通过自发学习的阶段。据调查,平安壮寨的宾馆和饭店无论是装修风格还有服务态度,都具有一定的专业标准,展现了壮族的特色,民族歌舞则是由民歌堂根据游客的喜好编排的。

程阳马安侗寨和甘河瑶寨处于旅游发展的初级阶段,社区居民对社区参与还不是很积极,对旅游业认识的深度和广度都不够,无法清楚地认识到旅游业的重要性,不仅在旅游业的开发之前没有经过专业的培训,在开发后也没有积极学习旅游的知识和技能,只有少部分的人为了打工或者是从事旅游业自发地学习了驾照、厨师等技术。景区的宾馆和餐饮业都是社区居民按照自己的喜好自己经营的,民族歌舞表演也是由村民自主编排的,旅游知识严重匮乏。

总的来说,平安壮寨、程阳马安侗寨、甘河瑶寨都缺乏旅游知识的培训,不同的是:随着旅游业的发展程度的加深,平安寨居民有学习的愿望,并且自发学习到了很多关于旅游的知识,获得更多的经济效益,而程阳马安侗寨和甘河瑶寨对旅游业的认识不足,没有学习的愿望,所提供的旅游产品和服务质量差。

3.参与旅游决策的比较

社区居民参与旅游决策是体现民主的最好方式,也可以促进景区更快、更好、更合理地发展。

甘河瑶寨和程阳马安侗寨旅游发展问题主要是由村委会和旅游公司共同商定决策的,一般是由旅游公司针对发展过程中出现的问题,和村委会主要成员开会进行商议,然后把商议的结果告知社区居民,商议的结果不论社区居民反对与否,都一概实行,同村委会的访谈中我们发现,旅游公司自始至终都占有主动权,当然它的利益就得到最大限度地维护,村委会在决策的过程中没有太多的话语权,他们的建议大多数没被采纳。所以村委会的作用只是象征性的。

与甘河瑶寨和程阳马安侗寨不同的是,平安壮寨的决策机构是由旅游公司、村委会、协管和旅游协会(由有代表性的社区居民组成)构成的,景区的大部分股份还是掌握在龙脊县政府手里面,旅游决策的过程是:根据旅游发展的需要,由地方政府、旅游公司、旅游协会共同协商议定,有村委会发出通知告知居民,在日常旅游发展中,居民对旅游的建议和意见可以找旅游协会或者是村委会,后二者根据居民的需要,在决策的时候提出来,虽然不能被完全采纳,至少旅游公司能最大限度地考虑社区居民的意见和建议。

总之,在旅游决策上,平安壮寨的居民有着主动参与的意识,为景区的发展提出了不少切实的意见和建议,维护了自身群体的利益。在实际决策过程中,景区的领导部门能照顾到社区居民的利益,决策程序正式且有序;而程阳马安侗寨、甘河瑶寨的社区居民没有形成参与意识,村委会的地位只是象征性的,决策程序不正式且无序。

4. 居民参与意识的比较

居民的参与意识直接影响着社区居民的参与程度,居民的参与意识又受到政治文化传统、旅游业的发展状况、旅游管理部门人员的素质和自身素质的高低、旅游收益的分配方式、居民与旅游公司的关系等因素的影响。

从问卷调查的结果和对村民的走访我们可以清楚地看到,甘河瑶寨和程阳马安侗寨的社区居民参与意识明显的较低,主要原因有以下三个:第一,旅游的发展程度明显不同,平安壮寨比甘河瑶寨和程阳马安侗寨发展较成熟;第二,居民文化程度的影响,平安壮寨居民的受教育程度远远高于甘河瑶寨和程阳马安侗寨;第三,平安壮寨的旅游协会和村委会同旅游公司的沟通较多,决策部门重视社区居民的意见和建议。

三、民族村寨旅游的不同发展模式及存在的问题

(一)发展模式

1. 对社区居民进行综合管理

龙脊梯田早期是由少数旅游者发现,在大规模游客到来之前,旅游公司就介入并对其进行开发和管理的。景区和社区一体化,社区本身就是旅游景观的重要组成部分,在这一景观居于主体地位的就是社区居民,对于平安寨来说主要是指壮族居民,正是由于壮族这一特色民族的存在,才使旅游资源具有开发价值,壮族的传统文化,对于游客来说具有深深的吸引力,社区居民又是民族文化的载体,对于旅游公司来说,在开发过程中,如果没对社区居民进行综合管理,容易破坏景区的形象。

第四章　其他地区民族村寨社区参与式旅游扶贫发展概况

在景区开发之初,旅游公司就特别注意处理好公司和村委会、村民的关系,并注重提升居民的素质,改善景区形象。采取的主要措施有:协调民族关系、组织村民活动、处理公司与村民间的纠纷、接受村民的投诉和建议、负责景区内土地管理、起征和补偿费的发放。对于社区居民来说,土地就是他们的一切,平安壮寨的居民世世代代生活在这里,靠地吃饭,因此,在处理土地问题的时候要格外的小心,稍有差错就会引起不必要的纠纷和矛盾。

2.成立旅游协会

旅游协会是旅游公司与村民之间主要的沟通桥梁,旅游协会是由村委会的主要领导、每个小组的组长和具有代表性的村民共同组成的,主要的任务就是协调公司与村民之间的关系,协助公司管理景区,维护社区居民的利益,与公司一起共同处理村民因旅游业发展产生的矛盾,每年一次同旅游公司协商旅游门票收益比例。旅游协会是以村委会为基础的,利用村委会在村民之间的领导和动员能力,起到沟通和调节的作用,公司按照村民小组划分责任区,如有损坏,有关部门人员要协助公司进行调查和处理;公司与村民之间要有矛盾,旅游协会应该参与调解,并积极主动制止村民和旅游公司的不合理要求。

3.对社区居民进行教育和培训

随着旅游业的发展,旅游公司清楚地认识到,由于社区居民自身素质普遍不高,对旅游业缺乏清楚的认识,小农意识根深蒂固,普遍没有法制观念,不利于景区的管理。社区居民的参与热情虽然很高,但在实际情况是由于上述原因的限制,参与旅游程度非常低。为了提高村民的素质,增进村民与公司的相互了解,促进旅游业的发展,公司也做了很多的努力:由村委会召集村级领导,共产党员、村民比较有影响力的人物进行学习,面向青年人进行工艺培训,向社区居民进行旅游影响教育,对旅游从业人员进行技能培训和知识培训。

(二)存在问题

平安壮寨社区居民虽然广泛地参与到旅游经营活动中,公司也力主推行社区参与的理念,但在参与的过程中,由于利益相关者比较多,各个利益相关者的利益诉求不一样,所以,社区居民在经济收入增加的同时,与其他矛盾主体的矛盾也逐渐地突显出来:村民之间的矛盾、村民与外来投资者的矛盾、村民与政府职能部门的矛盾、村民与公司之间的矛盾,这对旅游业的发展带来了不小的困难。

从学术理论的角度看,主要是利益相关者之间的矛盾。相对剥夺现象最早是美国社会学家 Stoufer(1949)在《美国士兵》一书提出的,默顿(Merton,1957)在《社会理论与社会结构》一书中对这一概念做了进一步的阐释,并提出了"参照群体"的概念,英国社会学家 Runciman(1966)在《相对剥夺感与社会公正》(Relative Deprivation and Social Justice)一书中从经济学的视角定义了相对剥夺感。主要内容为:在以下情况下,我们可以说一个人被相对剥夺了 X:①他不拥有 X;②他看见其他人拥有 X,3 期望拥有 X;④同时这种期望是合理的。罗桂芬(1990)《社会改革中人们的"相对剥夺感"心理浅析》认为相对剥夺是一种广泛存在的社会心理现象,是指"人们将自己的利益得失与其他群体或自己过去的经历进行比较后而产生的不公平感"。

因此,从广义上讲,相对剥夺感是指在社会群体内由于不公平现象而产生的不满、怨恨、愤怒等情感,现实社会不可能是完全公平的,因此,相对剥夺感也不会消除,在现实中相对剥夺感是无时不在、无处不在的。民族地区开发旅游业的过程中,面对产业结构调整,人民收入差距日益增大,游客与旅游目的地居民之间的互动交流日益增多,当地居民从心理和能力上还没准备好如何让应对这些问题。他们会产生相对剥夺感。随着旅游的发展,社会问题会日益增多,人们之间相对剥夺感更强,这样容易造成矛盾,甚至发生冲突。根据主体差异,旅游业导致的相对剥夺分为两种情况:一是社区居民的相对剥夺,现阶段在民族村寨的旅游开发当中,社区居民由于参与旅游发展不完善,话语权缺失,相对处于弱势地位,相对剥夺感较强。二是旅游者的相对剥夺,旅游者在旅游过程中花费的金钱却得不到相应的旅游服务,在投诉过程中处于弱势地位,旅游者会产生相对剥夺感;旅游者会拿旅游体验与以往的旅游体验进行对比,如没有超过以往的旅游体验,也会产生剥夺感。

在民族村寨旅游业中,村民与其他利益相关者之间的矛盾也在多个方面有所体现。

1. 村民之间的矛盾

平安壮寨的村民之间的关系是世代积累下来的,关系非常融洽、和谐,如:一家建房子全村人都会去帮忙。在旅游业介入后,没有形成规范市场秩序和完善的制度保障,不规范的竞争、拉客抢客、相互压价等现象也时有发生,经济收益不均导致村民之间关系紧张。在调查中,很多人的观点是做旅

第四章 其他地区民族村寨社区参与式旅游扶贫发展概况

游后村民之间就没有以前那么融洽、互助互爱、人们对此感到即感慨又无奈。做旅游业之前,家家都是靠务农生活的,收入差距比较少,现在,由于住址距离景区的远近、个人能力有差异等原因,导致村民之间的收入差距越来越大,矛盾由此产生。

2. 村民与外来投资者的矛盾

村民不满外来投资的原因主要有两个:一是外来投资者拥有雄厚的资金、先进的技术和优质的服务,其所投资的餐馆和旅馆经营状况都比本地投资者好,收益比本地投资者高。另外,外来投资利用自身的特点和优势,与外面的旅行社有着广泛的联系,有利于组织客源。因此,生意自然很红火,平安壮寨生意最好的里安山庄、丽然酒店、神龙堂等都是由外来投资者承包经营的。二是景区是以梯田为基础发展起来的,梯田是平安壮寨的祖先一代代辛辛苦苦耕种的结果,外来投资者对梯田没有做过任何的贡献,却从景区赚取了大部分的利润。村民从心里觉得被剥夺了,从心底里对此感到不满。

3. 村民与旅游公司的矛盾

平安壮寨的旅游业发展到一定的程度,旅游公司才介入的,修建了停车场、门票处及景区的一些基础设施,旅游公司管理景区的过程中,矛盾一直不断,主要还是利益的分配问题,随着游客的增多,门票价格的上涨,村民逐渐不满于公司仅仅投资了一些小项目和每年分给村民为数不多的梯田维护费。公司认为,旅游的收入在逐年增加,但是公司要发放工资、分给村民钱、修建和维护基础设施等出钱的地方很多,现在公司也是勉强经营,村民认为门票分配不合理,获得的利益较少,因此,双方关系很僵。

4. 村民与政府职能部门之间的矛盾

在平安壮寨,村寨社区本身就是景观的主要组成部分,景区和社区一体化,在一体化的景区中居住的居民处于主体地位,正是由于这些民族传统文化更增添了此处的吸引力,对于开发者而言,要妥善处理好居民与其他利益相关者主体的关系,处理不好就会严重影响旅游业的长远发展。程阳桥景区包括程阳马安侗寨等八个村寨社区和社区居民,但在一般人的思想意识中,景区的核心应该是全木质结构鬼斧神工的程阳桥,程阳桥位于马安侗寨东北面寨口的林溪河上,马安侗寨和社区居民属于景区的外围地带,处于景区的延伸地带,程阳桥社区侗族居民的传统文化作为人文景观也是景区不可缺少的一部分,二者相互辉映、缺一不可。程阳桥景区不包含程阳马安侗寨社区居民的所有生活，景区中向游客展示的只是部分生活，对于程阳桥，马安侗寨不仅在地理与景区紧密相连，在社区居民的潜意识里也是不能分割的。自1916年建成以来，一直在马安侗寨居民心里占据重要地位，程阳桥不仅是村民的宗教信仰，还是村民平时纳凉、歇息的好地方。

虽然景区提供的旅游产品不是社区的生产和生活方式，但是游客的食、住等基本保障都是依靠社区提供，这就说明社区与景区相互依存、缺一不可，二者紧密相连。虽然社区的居民不能提供更多的旅游产品，但他们给予游客的是自然与人文的和谐存在，这种紧密相连的状态，决定了景区是一个开放性的景区，地域广阔。在实际中，景区没有明确的界线，虽然人们普遍认为是程阳八寨都在景区的包括之中，地域广袤，至今没有明确的界线，给日后旅游公司的开发、规划和管理带来很大的难度。

三、解决策略与完善路径

（一）政府主导

由于民族旅游业的发展对于改善社区基础设施、提高社区剩余劳动力的就业率、增加社区居民的经济收入等具有积极的作用，因此，社区居民的参与旅游业的积极性较高。社区居民参与到民族旅游业中能对保护社区传统文化、维护自然生态环境、推动民族地区的城市化进程起到积极的作用，但由于社区居民受教育程度低、参与能力较弱、自身地位低、参与机制不完善等因素的影响，现阶段，我国的社区居民参与范围较窄、程度低，在社区参与的过程中还存在不少的问题和冲突。要想彻底地解决这些问题，充分地社区参与是必由之路，如何提高社区居民的参与度，可以从以下几条路径来进行考虑。

旅游市场存在的外部不经济的现象（市场失灵的一种表现）以及自身的不确定性，需要政府的介入以促进其平稳发展，在西方，政府干预经济市场的事实已经成为一种普遍的既定国策。我国的旅游业还处于整体的开拓期，政府对旅游业的干预较强。但旅游业的发展涉及经济、文化、社会环境，是一种"高度的政治现象"，因此，必须明确政府的作用，政府在旅游社区中的主导地位不是一切都是主导，而是有限主导，政府唯有把握好这个度，才能提高社区参与的程度，促进旅游业的可持续发展。政府可以从以下三个方面来帮助旅游业的发展。

第四章　其他地区民族村寨社区参与式旅游扶贫发展概况

（1）制定切实可行的旅游政策。政府在我国就是权力的象征,具有很高的威望。政府可以通过制定适当政策来营造民族地区社区参与的大环境,其主要内容就是制定法律法规,一方面用来规范社区居民的行为促进民族地区旅游业的可持续发展;另一方面为外来投资者创造投资环境并规范其行为,为游客提供舒服旅游环境。在广西的龙胜、南丹和三江,地方政府出于摆脱贫困的良好愿望,制定了一些法律法规支持旅游业的发展,但现实情况是旅游业的迅速发展,后期的管理出现了明显的滞后性,当社区参与的高涨热情迅速进入景区后,就会导致无序的状态的出现。所以政府的理性决策和制定良好的公共政策能为社区参与提供保障。

（2）充当协调中介的角色。旅游业由于关联性较强的特点在发展的过程中会涉及很多的利益主体,主要的利益主体有:政府、游客、旅游企业、旅游资源和社区居民,不同的利益主体之间有不同的价值取向,不可避免地就会引起矛盾和冲突,如果不能恰当、合理地处理好这些矛盾和冲突,就会破坏政府的威信。在这种意义上,政府又要充当协调者和中介者。政府除了制定法律法规,还可以运用经济和非经济的手段对旅游业进行干预、调节和监督,引导旅游业健康快速的发展,并保证各个利益主体都能从旅游业中获益。平安壮寨村委会为了解决景区发展中出现的矛盾想出很多的切实地对策来协调各方的利益,很好地充当了协调中介作用,相比之下,程阳马安侗寨和甘河瑶寨地方政府这点做的稍有欠缺。

（3）摆脱经营者角色。在传统意义上,权力和经济是紧密联系的,政府为了自身的利益利用权力产生的"寻租"行为在民族旅游景区屡见不鲜,为了防止这种行为的发生,信息公开化是一种有效的方式,这样可以使社区居民对政府行为有效监督。此外,政府的问题更有发言权。因此,在社区参与旅游发展的过程中,引入非政府组织和专家、学者以及民间组织等第三方力量是非常有必要的。总的来说,第三方力量的作用主要表现在以下三个方面。

一是要帮助弱势群体。在旅游发展过程中,为了使社区居民更清楚自己利益所在,知道维护自己的利益,就需要第三方力量的引导和启迪。

二是支持行业协会的发展,才能实现广大人民的利益。如平安寨村委会成立的旅游协会,门票利益的分配的比例是由旅游协会和政府一起跟旅游企业商讨的,政府制定的政策都要和旅游协会进行商讨,从而起到很好的作用。

三是建立专门团队为政府提供服务。专家、学者可以为政府提供积极的咨询和服务,政府在做决策的时候需要倾听学者和行业协会等第三方力量的意见。

(二)公司企业自治

由外来旅游企业主导民族村寨旅游开发的日常事务,在我国已成为大多数民族村寨旅游发展的选择,西部的许多少数民族村寨有非常好的旅游资源,但其旅游的发展受到了诸多条件的限制,如缺乏资金和技术、可进入性差、基础设施建设落后,其中交通因素成为制约民族旅游业发展的最大障碍。旅游企业以其雄厚的资金、过硬的技术介入到民族村寨旅游业中可以迅速解决上述问题,促进旅游业的发展。

我国企业的现状是社会责任意识淡薄,企业界和政府都没能引起足够的重视,旅游企业也不例外,根据企业类型的划分,旅游企业属于劳动密集型产业。旅游企业在旅游业的发展中做出的贡献是有目共睹的,但现阶段,我国旅游企业为了追求自身的经济效益从而忽视了民族文化和生态环境,严重损坏了景区的形象,甚至对旅游业来说是毁灭性的打击。旅游企业由于自身发展时间短,面对旅游业暴露出的问题,显现出不成熟的特征,在处理一些问题时还显得力不从心,社会责任的履行还不够,主要表现在以下两个方面。

首先,对民族村寨旅游的认识不足,旅游企业介入民族村寨旅游业,其首要目的就是要获取利润,从企业的角度讲,能获取持续不断的利润是企业做大做强的最优选择,也是企业存在的本质,这时企业关注的景区的长远发展,反之,旅游企业只为回笼资金,关注短期利益,置社会利益和环境效益不顾。这种认识是片面的,特别是在民族村寨旅游中,如果企业只追求经济的利益,带来的后果是非常严重的。如环境污染、传统文化破坏等。这是旅游企业对民族村寨旅游业认识不足的表现。

本书认为,在民族村寨旅游中,解决上述问题的办法是提高旅游企业的社会责任感,增强公司企业的自制能力。在旅游开发时处理好与当地居民的关系,不但要促进当地旅游业的发展,还要用于承担保护环境、保护资源、维护当地居民利益的责任。

鉴于企业自身在旅游业发展中的地位,旅游企业应该加强学习进一步提高自身文化素质,对民族村寨旅游业有一个清晰、全面的认识。只有在全面、清晰地认识民族旅游的基础上承担社会责任,提高企业社会责任感,才能促使民族旅游快速健康的发展。

(三)合同规范制约

法治是目前治理社会最好方式,人类的行为是自私的,需要用法律来规范和约束人们的行为,由于新闻媒体和大量学者、专家的宣传和倡议,现在法治已经深入人心,民族地区居民的法律意识也开始觉醒,在社区参与中,合同等法律手段是对社区参与各方的有效制约,法治所规范的是各利益相关者的经营行为。此外,合同也是保障弱势群体利益的重要手段,毕竟在旅游开发过程中,农民的能力较弱,地位较低。如果没有合同等法律手段的规范和制约,旅游市场将会出现无序和混乱的现象。社区参与中,合同规范制约的作用有以下几个方面。

1. 合同可以规范乡村居民的行为规范

在民族地区,居民有信守合同和约定的历史基础,在缺乏法律的时候,各少数民族地区的居民运用习惯法来规范乡民的行为,这些习惯法大都没有成文,却有很高的威信,约束着人们的行为。现代法律我们就可以看作是习惯法的延续,现代农民由于地位比较低,从心底对法律有自然的敬畏之情,不敢去触犯法律。因此,制定合同可以规范乡村居民的行为规范。

2. 合同可以保障社区的居民的利益

纵观我国民族村寨旅游地区,由于各种原因居民利益被侵害的例子比比皆是,这与我国法律不完善有着直接的关系,法律的特点就是其权威性和稳定性。在国家政策的宣传下,民族地区居民的法律意识在逐步增强,完善的法律法规可以帮助居民在自身利益受到侵害的情况下维护自身的利益。

3. 合同可以规范利益相关者的行为

民族旅游村寨由于自身条件的限制,在开发和发展的过程中,投资主体多元化是现代的大趋势,利益相关主体出现多个,但大家的目标只有一个:获取利益的最大化。这样就不可避免地会产生矛盾,如有完善的合同就可以最大限度地减少摩擦,维护景区的良好形象。

(四)社区能力建设

随着旅游业的发展,社区居民逐渐认识到社区发展主要是依靠自身参与达到改善社区经济、社会和保护民族文化的目的,所以,民族村寨社区居民的政治诉求和利益诉求日益增强,这是长期被压榨的结果,也说明了社区居民有能力参与到旅游业中,在共同的利益面前已形成一股合力。然而,现实中西部很多民族村寨的社区居民由于自身的受教育程度和地位比较低,社区参与的能力较弱。社区文化是历史长期积淀的结果,社区参与牵扯到社区文化的发展方向,可以唤醒社区居民文化自觉,从而达到促进社区文化发展的结果。社区能力建设直接关系社区参与的程度,社区能力建设的途径主要有以下三种。

1. 推行参与式发展

在农村的发展中,参与式发展就是让人民自主参与项目的决策、实施和利益分配及监督和评估,参与式发展的宗旨是通过民主的方式,使社区每位公平的拥有选择权、决策权和收益权。由此可见,参与式发展的中心就是发展,在发展的过程中,让发展主体始终真正地参与到发展项目的决策、评估、实施、管理的过程中,达到社区可持续发展的目的。在民族村寨旅游业中,参与式发展可以促使旅游业快速发展,使各个利益相关者达到多赢的局面。

2. 加强教育培训

尽管社区民族的参与能力和参与意识有所提高,但较低的文化素质大大降低了社区参与度,所以,有必要提高社区居民受教育程度、对社区居民进行旅游文化知识教育、旅游服务的技能培训。在经济利益的诱导下,社区居民的学习能力很强,在甘河瑶寨社区,很多社区居民渴望学习的旅游服务的技能,以便将来自己经营旅馆和餐馆用。社区参与过程本身就是学习的过程,通过参与,居民可以学到很多与旅游相关的知识。程阳马安侗寨以前对村民进行过培训,但其深度和拓展度都不够,现在已跟不上时代的要求。平安寨旅游协会的成员指出,以前都是开会的时候随便教育和引导社区居民,现在领导是天天忙着开会,根本没有时间对村民进行培训。

3. 培育社区精英

社区居民由于自身条件的限制组织性较差,犹如一盘散沙,仅仅靠政府的领导是远远不够的,只有当社区居民自觉的形成组织能力,才能促进社区的可持续发展,这种自觉的组织能力的形成不仅要靠专家、学者和政府的引导,主要还是靠村民和社区自身力量的一点一滴的积累。对于社区而言,政府和旅游企业都是外部的利益相关者,所以社区内部利益相关者,也要形成自身的合力,才能形成自己的组织,为社区参与做准备。平安寨成立的旅游协会之所以能够有效地参与到旅游业的发展中,主要因为程阳马安侗寨的乡村精英(经济能人)有效地带动了居民的认识。乡村精英一般指的是通过自己辛苦的努力,在经济领域获得成功,并赢得人们的尊重,在当地一般享有较高的威望的人士。社区旅游精英作为社区的经济能人,他们经过旅游参与的实践,提高了认识和参与能力;他们离游客和市场最近,对于旅游的发展方向有所把握,通过精英的示范作用,社区居民更真切地认识到社区参与的重要性。

第五节 其他社区参与旅游发展模式的案例分析

一、公司主导型:以贵州天龙屯堡为例

公司主导型模式是指公司在政府宏观政策引导下全面行使经营权和管理权,并决定最终的利益分配。如贵州天龙屯堡的天龙文化旅游公司,它作为社区旅游开发的核心,与政府、农民旅游协会、旅行社分工合作,形成了"政府+公司+农民旅游协会+旅行社"的社区参与旅游开发模式。天龙屯堡采取的是整体租赁经营,即政府将经营权授予民营企业或以民营资本为主体的股份制企业,由其组织投资、开发、经营、管理,并按约定比例由景区所有者和出资金者共同分享收益。下面以天龙屯堡为例分析分析这种模式的具体运作。

(一)模式的具体运作

天龙屯堡有着独特的旅游资源。明朝时期大量的移民带来各自的文化与当地的文化相融合,经过600年的发展演变,至今传承了当年的建筑、服饰、语言、信仰、饮食及风俗习惯,这一独特的汉族文化现象被人们称为屯堡文化。它也因此成为明代北方汉族传统文化的活化石和独具特色的文化旅游资源。1999年,平坝县供销社职工陈云出资,在天龙镇政府的协助下成立了"屯堡文化资料收集小组"和"旅游开发筹建组",着手对天龙进行摸底调研,提出可行性研究报告和商业计划书,后来通过反复论证,正式组织实施。2001年5月,由陈云、县建行职工郑汝成及贵阳风情旅行社负责人吴比等3人共同投资100万元组建的"天龙旅游开发投资经营有限责任公司"成立。

1."天龙屯堡文化旅游"经营模式

天龙屯堡文化旅游开发实行了"政府+公司+旅行社+农民旅游协会"的

模式。由个人、旅行社分别作为股东出资组建天龙旅游开发投资经营有限责任公司,公司与镇政府、村委达成协议经县人民政府同意授权经营50年。按照各负其责,各司其职分工。政府负责交通、通信等基础设施建设和协调旅游投资公司、旅行社与村委会、农户之间的关系,并做好旅游开发和环境保护规划;旅游投资公司负责旅游开发项目的资金投向及商务运作;旅行社负责开拓市场、组织客源;村委会和农民旅游协会负责天龙古镇的环境卫生、治安秩序,组织地戏演出,提供住宿餐饮服务,组织村民参加英语、导游知识等各项培训,等等。责任到人,分工明确,责、权、利的互动关系促使各项工作从一开始就开展得有条不紊,秩序井然。

2. 天龙分配模式

在利益分配方面,由公司统一景区的经营管理,统一收取门票,负责整个景区内所需的费用开支,并对门票收入进行再分配,即上交政府税收和共性开支、村委管理费和必要费用、农民旅游协会基金和各种活动费用、旅行社市场拓展金。上述几项之和占公司毛收入的46%,其余54%作为公司承担的费用开支和所得。毛收入的分配比例为:政府11%,村委会10%,农户及旅游协会14%,旅行社11%,公司54%。农户自己出卖的旅游商品及服务收入全部归农户所得,政府不再提成。合理分配,按劳取酬的原则,使天龙古镇广大村民从旅游开发中普遍得到了实惠,从而激发了他们投身旅游工作的极大热情。

(二)模式的特征及意义分析

天龙乡村旅游模式产生了巨大的经济效益和社会效益。村民的收入大幅度提高,天龙屯堡品牌形象不断提升。发展乡村旅游以来,2004年全村旅游综合收入1 370万元,政府旅游综合税收收入113万元,公司直接门票收入410万元,旅行社收入786万元,农民旅游协会34.4万元。2005年,农民人均纯收入2 980元,比开发前净增收入820元。同时形成了屯堡旅游食品、酒类、驿茶、服装、工艺品系列品牌。天龙模式虽然成功,但也存在许多不足与局限。如文化遗产需要妥善完整地保存,旅游产品有待进一步开发,服务人员素质仍需提高等。最关键的是在利益分配问题上还要寻求更好的解决方案,目前的利益分配方式虽然能使参与各方普遍受益,但仍然存在一些矛盾。据悉,文化旅游公司曾投资修缮了部分保存较好且具特色的民居并以租用的形式作为旅游景点来使用,造成这部分居民的获利明显高于其他居民。这就需要通过社区的利益再分配(如社区福利)来均衡居民间的收益。总体而言,天龙模式有以下几个特征。

1. 政府的政策主导

政府的政策在天龙模式中起到了重要的宏观指导作用。第一,政府负责旅游资源的保护和规划工作。县、镇均出台保护通告,公司根据保护的要求和规划的安排进行开发利用包装景点、组织演出、展示文化、解决食宿,构建吃、住、行、游、购、娱要素,在保护旅游资源的前提下开展旅游活动,保证当地旅游业的可持续发展。第二,政府出资改善了体育场、停车场、道路、河道等基础设施,推动了旅游业的发展。第三,政府负责协调各利益主体间的关系,解决开发过程中出现的矛盾,保证旅游开发活动的顺利开展。

2. 由文化旅游公司统一经营

天龙旅游开发投资经营有限责任公司作为第三方组织参与天龙屯堡的旅游开发,并统一景区的经营管理。公司统一决定项目的资金投向,统一收取景区门票,统一进行收益分配,这样有利于开发活动有组织有秩序地开展。但由于该公司是私人投资的赢利性组织,不可避免地与各利益主体存在利益冲突,如公司与村民间关于门票收入分配问题的矛盾。解决这个问题可以考虑以协会为单位作为股东进入公司,或村民以实物或现金直接入股进入公司作为股东,实行股东、股值年分红制。

3. 村民自发成立旅游协会,居民参与程度高

旅游协会代表村民参与旅游开发事务,代表村民的利益参与旅游收益分配。协会组织村民进行各种旅游服务培训,提高村民的服务技能,使更多的村民能够参与到旅游开发中来。目前全村从事第三产业者占村民劳动力的40%,一半以上从事旅游服务。

二、政府主导型:以浙江松兰山为例

政府主导型模式是指由政府主导旅游社区的开发、规划、经营、管理,并对景区的经营收益进行统一分配。对于跨行政区划,协调难度较大,景观质量较高的旅游资源,运用这种开发模式较为适宜。如浙江松兰山的"政府+公司+社区组织"模式就是典型的政府主导型模式。它实行的是政府主导,企业推动,乡村社区参与的旅游开发模式。下面以松兰山为例分析这种模式的运作。

1. 模式的具体运作

松兰山是浙江省象山县一个著名的海滨度假区,1997年开始进行旅游开发,主要客源市场是上海、杭州、宁波。旅游方式主要为海滨度假,这种形式的旅游活动消费层次较高,游客不以观光为主要活动,而以海滨和其他娱乐活动为主。

松兰山的旅游开发中,政府从宏观上进行规划和指导。象山县政府对松兰山旅游开发进行总体规划,负责公路、绿化、水电、环保等基础设施建设,制定相关的旅游开发政策。同时,政府在松兰山成立旅游管理部门,负责松兰山的整体开发行为。进入松兰山海滨旅游区的门票由松兰山的政府管理部门出售。

外来投资商根据松兰山的旅游规划进行项目投资。投资方向主要集中在可以开展经营活动的服务性场馆,如饭店、剧场等大型旅游娱乐及其他大型旅游活动设施。企业通过经营收回投资并获得回报。

松兰山景区周边的梅村是主要的参与方。政府征用该村的土地,用于修路的土地是无偿征用的,其他土地的征用费约为90万元。作为补偿,旅游区将属于梅吞村的滩涂改造成沙滩,将经营权交给村庄。梅吞村成立了南沙滩综合服务中心,全村农民自愿入股,共有50户入股。入股的方式是每户出1个劳动力,旺季每户要出2人从事经营和后勤工作,每年每户平均约可获得5000元的收入。村集体还以保留的30亩地入股,加上一部分征地费投资建设了一个停车场(占30%股份)和美食一条街(占50%股份)。停车场由旅游区统一经营,按股份分红;美食一条街则由村集体出租给个人经营,由村集体收取租金。

2. 模式的特征及意义分析

松兰山的旅游开发走的是一条高投入、高收益的路子,并实行多方合作,在合作的基础上整合多方利益,使得旅游开发能够有序地进行,在短短数年间,松兰山就成为浙江沿海著名的旅游目的地。松兰山的旅游开发主要由三方组成:一是当地政府;二是外来投资商;三是当地村庄(含村民个人和村集体)。实行的是政府主导、企业推动、乡村社区参与的旅游开发模式。

(1)政府的主导作用。第一,政府推动了松兰山的旅游开发。第二,政府对旅游区制定完整的规划并根据规划进行开发。第三,政府负责松兰山旅游区各种配套设施的建设。第四,政府制定旅游开发的政策,协调旅游开发各方的利益。

第四章　其他地区民族村寨社区参与式旅游扶贫发展概况

（2）企业的促进作用。像松兰山这种大型旅游区的开发，是一个相对长期的工作，单独依靠政府的力量是很难完成的，当地村民也没有能力进行大规模的旅游投资。因此，必须引进外来投资才能促使旅游开发迅速开展。投资商对旅游接待和娱乐设施等经营项目比较感兴趣，因为这些项目可以较快地收回投资并收益。外来资金的进入加快了松兰山旅游区的建设步伐，迅速提升了松兰山的开发档次，但外来资金的注入也导致了开发效益的流失，因为外来资金主要关注的是经营性的项目开发，因而加剧了旅游收益的外流。

（3）农村社区的参与。松兰山开发模式的特点是，在旅游开发的同时，兼顾社区居民的长远发展，使得他们能够分享旅游收益，获得旅游就业的机会，或从事旅游经营活动，甚至整个社区都能够得到某些产业的股份，从而使村民能获取长久的经济收益。但是，松兰山的社区参与模式，不是由农村居民个人参与的方式，而是由社区集体出面，组成在农村社区行政领导管辖下的经济开发组织实行管理。同时对于农村社区所享有的股份，也由农村社区集体分配。

三、社区主导型：以四川九寨沟为例

社区主导型模式是社区参与程度最高，参与范围最广的模式。四川九寨沟的"社区机构+居民+公司"的模式就是在社区机构的主导下，成立联合经营公司，鼓励吸纳居民共同参与旅游开发。由于九寨沟自然保护区属县级行政单位，因此它的社区机构不仅是社区的代表，同时也担负着政府职能。下面以九寨沟为例对这种模式进行分析。

1. 模式的具体运作

九寨沟地处中国西部四川省阿坝藏族羌族自治区境内，属于少数民族地区。1980年以前，九寨沟的居民主要以耕作、畜牧和传统的手工艺为生。从1984年旅游业发展以来，居民逐渐放弃了以前的谋生方式，加之九寨沟自然保护区在景区内实行"退耕还林"和"禁养牲畜"的保护政策，截至2002年，景区内居民彻底停止了耕作和畜牧，基本都参与到旅游经营或与旅游经营相关的工作中。

九寨沟设立专门的社区管理机构，同时利用社区现有的管理组织对社区进行管理。九寨沟自然保护区属县级行政区域，负责保护区内居民的生产、生活、经营、治保、文教、卫生等工作。管理局下设居民管理办公室，主要

负责处理保护区与区内居民之间的关系,督促景区居民遵守自然保护区条例,扶持他们脱贫致富。景区的村寨由村委会负责处理村寨的公共事务,村委会也是居民向管理局反映问题的机构。

九寨沟管理机构创造多种渠道鼓励与吸纳社区居民参与旅游从业和管理。九寨沟发展旅游业之初,就注重吸纳景区居民参与旅游工作与管理,优先安排景区居民就业。景区内受过一定教育的居民优先安排在管理局或下属企业就业;对景区居民子女以前是中专以上学历的全部安排就业,现在是大专以上的全部安排就业;对外来人员的聘用则需大学本科以上并经过考核合格方能录用。优先安排就业的政策使当地居民参与到了景区的管理中,并有利于景区管理与当地的具体情况相适应。对景区内那些文化教育程度较低而有劳动能力的居民,九寨沟管理局尽量将其聘用为护林员和环卫工人。此外,允许景区居民在规范管理下自主经营。部分居民租用诺日朗综合服务中心购物点的摊位,或在景点、自家铺面经营旅游商品,在景点出租民族服装供游客照相。景区内居民旅游从业人员497人,占景区内居民总人数的49.4%。

为了便于统一管理,避免恶性竞争,九寨沟管理局成立了九寨沟联合经营公司,股份由管理局和居民的实际资产(床位数)两部分构成,管理局占23%,居民占77%。对景区内家庭旅店采取了特许经营的方式,要求所有的家庭旅店必须获得管理局的特许后方能经营,并根据实际的游客数量决定每家旅店的床位不能超过45张。需要住宿的游客全部由联合经营公司安排,每人交纳22元的住宿费给联合经营公司,由联合经营公司分别安排住进居民的家庭旅店。到年末,根据各家各户的入股床位数分配收入。

随着游客数量的快速增长,景区内住宿餐饮对脆弱的生态环境不可避免地产生负面影响。2001年7月,九寨沟自然保护区管理局做出了"沟内游,沟外住",经营活动外迁的决定,停止了景区内家庭旅店经营。对居民的收入分配分存量和增量两部分考虑。存量部分收入分配:以1998年核定的38万游客人为基数,按人均22元住宿标准从门票收入中提取,作为居民最低生活保障金,在居民中平均分配;增量部分收入分配:联合经营公司投资修建了诺日朗综合服务中心,作为游客在景区内统一的就餐和购物点,诺日朗服务中心的股份比例为:管理局51%,景区居民49%;收入分配则按最初联合经营公司成立时的出资比例核算,管理局23%,景区居民77%,最大限度地保全了景区居民的利益。

2.模式的特征及意义分析

九寨沟自然保护区成立后激发了当地居民对发展的渴望,政府对其进行正确的引导,积极引导居民参与到当地的旅游事业中,让他们继续发挥主人翁作用,并使他们分享旅游发展带来的经济收益,提高居民的生活水平。由于社区深入地参与到旅游从业中,旅游业成功地替代了传统的农牧业,自然资源得到了很好的保护,居民收益也大幅度提高,目前人均年收入可达14 700元,是发展旅游业前人均收入的近百倍。九寨沟模式有以下几个特征。

(1)政府的宏观指导。九寨沟社区管理机构既是社区的代言人,又担负着政府职责。由九寨沟管理局对社区进行统一管理,管理局设立居民管理办公室协调居民与保护区的关系,处理社区的公共事务,带领居民参与旅游发展,为居民的意见反馈提供渠道。

(2)社区居民全面参与。我国大多数保护区社区参与当地旅游业发展停留在被动式参与、咨询式参与或象征性参与层次。保护区管理机构是政府派出机构,脱离当地社区自成体系,管理人员也大部分是外来人员。九寨沟自然保护区管理局在社区参与管理方面突破了以上的象征意义参与,通过优先安排就业、大力培养起用当地人进入管理层、建立居民参股经营的股份公司等政策,使管理机构和当地社区融为一体,社区居民在九寨沟旅游事业的保护和发展中扮演了主要角色,起到了重要作用。这种参与方式已经是实质性的参与方式。

(3)公平优先的利益分配机制。联合经营公司成立之初以每户的床位数入股,年终按股分配。由于居民原始经济实力不同,拥有的床位数差别很大。这一阶段的分配方法实际承认了资源初始占有不均的事实,尚未实现"公平"目标。2001年实行"沟内游,沟外住"的政策后,每年从门票收入中固定提取836万元,从每年的经营收入中对居民实行平均分配。这一分配方案基本改变了以前初始资源占有不均状态,达到了公平的分配目标。其次,联合公司的资本构成打破了股份公司通常的产权结构,即所有权、经营权、收益权统一的结构;将所有权、经营权、收益权倒挂,即管理局拥有绝对的控股权(51%)、经营决策权,但是大部分收益权(77%)却由居民占有。这一分配模式充分考虑统一管理后对景区居民不能再自由从事旅游经营的利益补偿,将社区居民的利益最大化。

四、国内社区参与旅游发展三种模式的比较分析

上文所述的三个案例中,政府的宏观指导作用在社区参与旅游发展过程中有明显的体现。社区居民也都是通过参与旅游经营活动或旅游就业参与到社区旅游开发中并从中受益,居民对社区旅游的发展持支持的态度。但是,在发展模式、经营方式、利益分配等方面,三个社区各有不同。以下从几个方面进行分析。

(一)运行模式

天龙屯堡的"政府+公司+农民旅游协会+旅行社"模式在公司的统一经营管理下,各参与方通力合作,明确分工,形成了一个统一的运行体系。各方的优势得到最大程度的发挥,再辅之以合理的利益分配机制,使各项工作开展得有条不紊,井然有序,社区旅游得到较快发展,居民的生活水平也得到了提高。天龙模式的参与主体是:政府、公司、农民旅游协会、旅行社。它的特点是以公司为核心,四个参与方组成一个统一的运行体系,各司其职,分工合作。旅行社作为一个重要的合作方负责开拓市场,招揽客源。

松兰山的"政府+公司+社区组织"模式是在政府的宏观规划下进行旅游开发活动的,政府发挥了主导作用。但是该模式没有形成统一的运行体系,也没有进行统一的利益分配,然而各方都在政府的引导下积极参与旅游发展,争取从旅游发展中获得最大收益。政府对当地居民进行适当的补偿,并扶持它们参与旅游经营,居民获得了收益,对旅游发展有较大的热情。与天龙模式相同的是,居民参与不是个体行为,而是由代表居民利益的社区集体统一参与旅游开发。松兰山模式的参与主体有:政府、公司、社区组织。三方构成主导与协作的关系,三方各有各自的盈利渠道,政府收入主要来自门票收入,公司收入主要来自大型旅游设施的营业收入,居民收入主要来自从事小规模的旅游经营所得及以劳力入股村集体的服务中心得到的年底分红。三方之间没有形成统一的利益分配体系。松兰山模式在公司的经营上与另两者的区别在于公司经营主体引进了外来投资商,另两者的公司则由本地民营企业或社区管理机构控股。

九寨沟的"社区机构+居民+公司"模式是由社区管理机构对当地的旅游开发进行统一管理。与前面两者不同的是,九寨沟社区机构既代表居民利益,又行使政府职责。在社区机构的主导下,成立联合经营公司统一旅游经

第四章 其他地区民族村寨社区参与式旅游扶贫发展概况

营活动,并统一安排居民的就业及收益分配,居民参与主要是以旅游就业的形式体现的。九寨沟模式的参与主体是:社区机构、居民、公司。它的特点是由担负着政府职能的社区管理机构对整个社区的参与行为进行管理,通过安排居民就业让其参与旅游发展,并让居民拥有公司的股权,分享公司的收益。社区管理机构拥有对公司的控股权,全面负责公司的日常管理运营。

(二)经营方式

天龙模式中的屯堡文化旅游公司作为整体运行体系的核心,负责整个景区开发项目的经营管理,统一收取景区门票,支付各参与方的运行费用,并进行年底的收益分配。天龙屯堡采取的是整体租赁的经营方式,景区的所有权与经营权分离。政府将50年经营权授予天龙文化旅游公司这一民营企业独立控制和管理,由其组织投资,租赁开发,实行垄断性建设、经营、管理,并按约定比例由景区所有者和出资者共同分享经营收益。这种经营方式是以独家经营为主,控制主要接待设施和开发利润,但不排除其他资本参与景区部分设施、服务的开发经营。如天龙屯堡就有其他旅行社参与经营,但是旅行社只有经营收益权,不参与景区经营管理,同时还必须遵循景区内的统一规划管理和建设标准。

松兰山模式中的旅游经营公司是各自独立的,是外来投资商投资兴建的,各个公司之间彼此独立,没有进行分工合作,是相互竞争的关系。它们各自通过旅游经营获得收益,获得的盈利并不参与分配。景区门票收入由政府管理部门控制,再通过就业等形式来补偿村民。松兰山采取的是政府主导型模式,这是一种事业管理模式,这种模式的旅游开发属于公益性活动,开发资金主要来自财政支出,旅游开发收益除了满足旅游区的正常支出和收回投资外,应该是没有盈余的。但是,由于政府直接从事市场经营活动,很容易使模式异化,社区享受不到旅游开发的收益,却可能要承担旅游开发带来的不良后果。

九寨沟模式中的联合经营公司是由社区组织机构控股,社区居民参股的,是一种相对公平合理的经营方式。公司统一收取门票,每年从门票收入中抽取一定金额平均分配给居民,公司下设的综合服务中心的盈利也按照居民拥有的股份在居民中平均分配。九寨沟模式中的经营主体是作为当地政府派出机构的景区管理机构。景区管理机构不但负责景区的经营管理,还具有管理保护当地资源的行政职责。在这一模式中,景区的所有权与经营权、开发权与保护权对外统一、对内分离。景区管理机构既是景区所有权代表,又是景区经营主体;既负责景区资源开发,又负责景区资源与环境的保护。但在景区内部,管理职能与经营职能、开发职能与保护职能由不同的部门或机构承担。

(三)利益分配

国内社区参与旅游开发模式的参与主体也是利益主体。社区集体组织作为社区的代言人,代表社区与政府、投资者谈判,这样可以提高旅游开发的效率,也有利于最大限度地争取社区利益。大多数社区组织对土地等旅游开发收益实行平均分配,但有的社区集体组织也成为参与利益分配的一方,这样使得有些干部从中谋取超出平均收益的不当收益。

天龙模式的主要利益相关者是:政府、公司、社区居民、旅行社。由天龙文化旅游公司统一收取门票,每年公司将营业收入的14%分配给农民旅游协会,再由协会将这笔资金在村民中平均分配。居民还能从事旅游经营活动,从销售旅游商品或提供旅游服务中获得收入。因此居民收入来源是:部分门票收入+个体经营收入+就业收入。政府是景区资源的所有者,它将经营权出让给天龙文化旅游公司,再按比例分享经营收益。旅行社的收入来自于招接待游客的经营收益。文化旅游公司在按比例缴纳租赁费用和税收后,再扣除分配给农民旅游协会的那部分,剩下的收益在出资者之间按比例分配。

松兰山模式的主要利益相关者是政府、公司和社区。松兰山旅游社区的居民在旅游开发之初获得政府的征地赔偿金,之后村民自愿以劳力入股村集体成立的综合服务中心,每年得到5 000元的分红。部分村民租赁服务中心的营业摊位从事旅游经营,获取收益。因此居民的收入来源是:赔偿金+红利+个体经营收入。松兰山的开发商引入了外来投资商,他们利用当地资源从事旅游经营活动,获取经营收益。外来投资促进了当地的旅游开发,但也导致了利益的外流。政府的收入主要来自于门票收入,但政府收入大部分用于村民的征地赔偿及旅游基础设施及环境保护的投入,基本上没有盈余。这也是政府主导型模式的特征。

九寨沟模式的主要利益相关者是:社区机构、居民、公司。由于社区机构也代表社区利益,公司则是由社区机构成立的,因此三者的利益从根本上是统一的。九寨沟管理局每年从门票收入中抽取定额平均分配给居民,另

第四章　其他地区民族村寨社区参与式旅游扶贫发展概况

外,居民拥有联合经营公司的股权,每年公司将盈利的77%在居民中平均分配。管理居统一安排居民的就业,绝大部分居民能获得旅游就业收入。因此居民的收入来源是:部分门票收入+红利+就业收入。联合经营公司的营业收入也归社区机构管理和统一支配,社区机构还担负着管理资源的政府职能,因此要从收益中抽取一部分用于基础设施建设和环境的保护。

以上三个社区的居民参与旅游开发的模式都取得了较大的成功,是我国社区参与旅游发展模式的成功典范。但是与国外的先进模式相比还略微有所不足,我国社区参与旅游发展模式要更多地借鉴国外的成功模式,并结合我国的国情及具体的地方风俗民情加以改进。

正如前文所述,发展模式是对事物发展系统的内部结构和外部功能所作的直观而简洁的描绘,是再现现实的一种理论性的简化形式。分析某种发展模式一般从两个方面入手,即事物或现象发展的宏观管理体制与微观运行机制及其表现特征。社区参与旅游发展模式是对社区参与旅游发展这一现象的宏观管理体制、微观运行机制及其表现特征的简练概括。具体而言,它包括参与社区旅游发展的各利益主体、组织管理方式及具体运行机制,如决策机制、利益分配机制、监督管理机制及利益保障机制等。

第五章

贵州民族村寨旅游扶贫效应体系构建及评价

乡村旅游在20世纪90年代以后在农村地区发展迅速,带动农村地区经济发展,提高村民就业和收入水平,进而实现村民的脱贫致富。贵州省是全国贫困人口最多、贫困面最大、贫困程度最深的省份。同时,贵州也是旅游大省,资源禀赋丰厚,旅游发展迅速。贵州是最早提出"旅游扶贫"理念的省份,并把这一理念贯彻到实践中,使贵州的乡村旅游得到了长足的发展。截至2017年,贵州已开展乡村旅游的少数民族村寨突破3 000个,其中有517个村被国家列为乡村旅游扶贫重点村,创建全国休闲农业与乡村旅游示范县(点)27个。"十二五"时期,贵州乡村旅游收入705.9亿元,带动社会就业287.6万人,受益人数577万人。其中,仅2016年通过100个旅游景区建设和乡村旅游发展,就带动29.4万建档立卡贫困人口就业增收脱贫,占全省脱贫人数的24.5%,乡村旅游扶贫成为贵州脱贫攻坚的重要抓手,成效显著。贵州安顺秀水村、江口县寨沙侗寨、江口县云舍村是这些乡村旅游自然村寨的典型代表,为研究和构建少数民族村寨社区参与式旅游扶贫效应评价体系提供了样板和实证基础。

第一节 民族村寨旅游扶贫效应评价体系构建

一、构建原则

1. 科学性原则

旅游扶贫效应指标的构建应能够客观合理地反映民族村寨乡村旅游扶贫的成效和扶贫的本质,扶贫效应指标应含义清晰、简单明了具有可行性,各指标在扶贫效应体系准则层科学分类,指标之间避免重复。

2. 全面性原则

民族村寨旅游扶贫效应体系的构建是一项系统工程,旅游扶贫效应指标的选取要能全面客观反映旅游扶贫效应的各个方面。除了要能够全面反映旅游扶贫的经济效应、社会效应、环境绩效外。还要充分考虑民族村寨的文化特殊性及反映微观效应的社区参与在内。

3. 重点性原则

衡量民族村寨旅游扶贫效应的指标数量繁多,应化繁为简,重点突出与旅游扶贫效应相关性强且重要的指标,以重点反映社区居民的受益和旅游的发展问题,抓住重点,选取有代表性的指标。

4. 层次性原则

选取的民族村寨旅游扶贫效应的指标较多,为了便于科学地评价,应将旅游扶贫效应指标进行梳理,合理分类,可分为目标层、准则层、指标层等,让效应体系具有层次性。

5. 实用性原则

民族村寨旅游扶贫效应体系构建的目的在于实际应用,即为测量各民族村寨旅游扶贫的效果,为乡村旅游的发展贡献力量,因此旅游扶贫效应指标必须务实具体、通俗易懂,具有可操作性。

二、评价指标体系构建

遵循旅游扶贫效应体系的构建原则,总结借鉴学者在旅游扶贫效应方面的研究基础,并结合实地考察、个人访谈、问卷调查,及行业领域专家和学者的专题研讨和咨询,考虑到民族村寨的特色民族文化和文化旅游对游客的吸引,及旅游扶贫的本质是帮助当地居民脱贫致富、实现乡村振兴,解决居民的受益问题,因此借鉴前人在经济、社会、环境方面的效应外,添加了文化效应及社区参与效应,构建经济效应、社会效应、环境效应、文化效应为指标的多层次民族村寨旅游扶贫效应体系。确定了四大指标后,根据重点性原则和实用性原则,初步列出了38项旅游扶贫效应指标。按照旅游扶贫效应体系的构建原则,要求专家对指标进行分类筛选,筛选出能反映各准则层的重要的、相关性强的指标,对于难以获取数据或难以量化的指标,舍去或用其他指标代替;选出指标后,设计李克特量表结构性问卷,请专家、学者及居民就每一项指标根据"经济""社会""环境""文化""社区参与"做相关性打分,也可补充指标或其他建议;收集问卷,对各项指标的相关性分数进行统计分析。其中,相关性采用相关系数｜Rij｜来表示,｜Rij｜越接近1,表示该指标与相应的准则层相关性越强;｜Rij｜越接近0,表示该指标与相应的准则层相关性越弱,同时参考专家、学者的建议,最终确定22个指标。

1. 经济效应指标

经济效应是反映旅游扶贫成效最直接、最重要的指标。其中包含居民人均年收入、村寨贫困发生率、居民旅游就业率等反映旅游业对当地居民脱贫致富的贡献;旅游收入占当地经济的百分比、旅游地游客年接待量等反映了当地乡村旅游的吸引力及发展潜力;物价水平、通货膨胀一定程度上反映了旅游发展带来的负面效应。

2. 社会效应指标

社会效应注重反映乡村旅游地素质提升、文明进步、乡村和谐的重要指标。其中居民的素质水平等反映了旅游带来的当地居民素质提升;交通等基础设施、社区污染、噪声、居民参与政治的意向等反映了乡村旅游地的文明进步;居民参与关于旅游政策制定或旅游规划、居民代表(或与旅游、政府相关代表联合)组织等反映了社区居民在旅游发展中的参与感;居民的贫富差距、乡村的邻里关系、乡村社会治安状况等反映了乡村旅游地的和谐发展程度。

3. 环境效应指标

环境效应主旨在于反映乡村旅游地生态文明建设、资源可持续发展利用情况。其中包含森林覆盖率、生态环境质量、生物多样性等,反映了乡村旅游地的吸引力及资源可持续利用的程度;当地居民和政府环境保护意识、乡村的卫生水平等反映了乡村旅游地的生态文明进步。

4. 文化效应指标

文化效应是反映民族村寨旅游地民族文化的重视与传承、开发与保护,是民族村寨文化旅游可持续发展的软实力。其中包含当地对文化遗产的重视与保护、民族文化的继承与传播、民族文化的开发状况、旅游带来的对传统文化的冲击等,反映了民族文化作为民族村寨旅游的特色吸引物,其可持续发展情况。

三、评价指标权重的确立

在贵州民族村寨旅游扶贫效应体系评价指标的基础上,通过案例地扶贫干部、旅游行政管理人员、乡村旅游发展研究的6位学者和专家问卷调查,按照1~9标度法,判断各评价指标的相对重要度。构建指标之间两两对比的判断矩阵,并在一致性检验基础上确定各个评价指标的权重大小。

(一)准则层评价指标权重的计算

评价指标准则层设置的评价指标为经济效应、社会效应、环境效应、文化效应等4个指标。对这4个指标进行评判的标度取值采用1~9标度法进行评价指标的重要性评判,可以得到如表5-1所示的评判矩阵。

表5-1 测评维度成对判断矩阵

准则层	经济效应	社会效应	环境效应	文化效应	权重
经济效应	1	1.5	4/3	3	0.309
社会效应	3/4	1.5	1	2	0.286
环境效应	1/3	1/2	1/2	1	0.134
文化效应	2/3	1	2/3	2	0.271

资料来源:调查统计数据

按照AHP计算方法,求出判断矩阵的特征向量为:$\omega=[0.309,0.286,0.134,0.271]$;根据公式$CI=(\lambda max-n)/(n-1)$进行一次性检验:$CI=0.02$;根据公式计算随机一致性比率:$CR=0<0.10$,表明判断矩阵逻辑性构建合理,其结果可以接受,所求的权重值$\omega=[0.309,0.286,0.134,0.271]$可以使用。

(二)指标层评价指标权重的计算

利用同样的方法,本文构建出了测评因子相对于经济、社会、环境和文化效应的判断矩阵,计算出各个评价因子相对于评价维度的权重。最后,再与所在评价维度的权重相乘,得出各个评价维度的权重。

1. 经济效应指标权重计算

表5-2 经济效应指标判断矩阵权重

指标层	居民人均年收入	村寨贫困发生率	居民旅游参与率	旅游收入占收入比	景区游客接待量	旅游导致物价上涨	权重
居民人均年收入	2	3/2	6/5	1	4/5	5/4	0.191
村寨贫困发生率	5/3	5/4	1	5/6	4/5	5/5	0.164
居民旅游参与率	4/3	1	4/5	2/3	3/5	4/5	0.156
旅游收入占收入比	5/2	5/3	5/4	5/4	1	5/4	0.22
景区游客接待量	5/3	5/4	5/5	5/4	4/5	1	0.164
旅游导致物价上涨	1	2/3	3/4	3/5	1/2	3/5	0.105

资料来源:调查统计数据

按照 AHP 计算方法,求出判断矩阵的特征向量为:$\omega = [0.191, 0.164, 0.156, 0.22, 0.164, 0.105]$;根据公式 $CI = (\lambda max - n)/(n-1)$ 进行一次性检验:$CI = 0$;根据公式计算随机一致性比率:$CR = 0 < 0.10$,表明判断矩阵逻辑性构建合理,其结果可以接受,所求的权重值 $\omega = [0.191, 0.164, 0.156, 0.22, 0.164, 0.105]$ 可以使用。

2. 社会效应指标权重计算

表5-3 社会效应指标判断矩阵权重

指标层	旅游提升居民素质	居民参与政策制定	改善交通基础设施	居民代表组织	社会治安状况	污染噪声情况	贫富差距水平	权重
旅游提升居民素质	1	3/2	4/5	3/4	2/3	4/3	3/2	0.159
居民参与政策制定	3/2	5/2	3/2	6/5	1	3/2	3/5	0.183
改善交通基础设施	5/4	4/3	1	4/5	2/3	4/5	3/4	0.156
居民代表组织	2/3	1	3/4	1/2	2/5	2/3	3/4	0.106
社会治安状况	3/4	3/2	5/4	5/3	2/3	1	3/2	0.117
污染噪声情况	2/3	4/3	4/3	2/3	5/3	2/3	1	0.11
贫富差距水平	4/3	2	5/4	1	5/6	3/5	1/3	0.169

资料来源:调查统计数据

按照 AHP 计算方法,求出判断矩阵的特征向量为:$\omega = [0.159, 0.183, 0.156, 0.106, 0.117, 0.11, 0.169]$。根据公式 $CI = (\lambda max - n)/(n-1)$ 进行一次性检验:$CI = 0$;根据公式计算随机一致性比率:$CR = 0 < 0.10$,表明判断矩阵逻辑性构建合理,其结果可以接受,所求的权重值 $\omega = [0.159, 0.183, 0.156, 0.106, 0.117, 0.11, 0.169]$ 可以使用。

3. 环境效应指标权重计算

表 5-4 环境效应指标判断矩阵权重

指标层	森林覆盖率	生物多样性	改善生态环境	居民环境保护意识	村寨卫生状况	权重
森林覆盖率	1	2/3	3/4	2/3	3/4	0.137
生物多样性	1	4/3	1/2	2/3	1	0.142
改善生态环境质量	2	4/3	1	4/3	2	0.292
居民环境保护意识	1.5	4/3	3/4	1	1.5	0.217
村寨卫生状况	1.5	1	2/3	3/4	3/4	0.212

资料来源:调查统计数据

按照 AHP 计算方法,求出判断矩阵的特征向量为:$\omega = [0.137, 0.142, 0.292, 0.217, 0.212]$。根据公式 $CI = (\lambda max - n)/(n-1)$ 进行一次性检验:$CI = 0$;根据公式计算随机一致性比率:$CR = 0 < 0.10$,表明判断矩阵逻辑性构建合理,其结果可以接受,所求的权重值 $\omega = [0.137, 0.142, 0.292, 0.217, 0.212]$ 可以使用。

4. 文化效应指标权重计算

表 5-5 文化效应指标判断矩阵权重

指标层	文化遗产重视保护	外界文化交流	民族文化开发状况	旅游对传统文化冲击	权重
文化遗产重视与保护	1	2	1/5	1/3	0.105
促进与外界文化交流	1/2	1	1/9	1/6	0.054
民族文化开发状况	5	9	1	2	0.538
旅游对传统文化冲击	3	6	1/2	1	0.303

资料来源:调查统计数据

按照 AHP 计算方法,求出判断矩阵的特征向量为:ω=[0.105,0.054,0.538,0.303]。根据公式 $CI=(\lambda max-n)/(n-1)$ 进行一次性检验:CI=0.0025;根据公式计算随机一致性比率:CR=0.0028<0.10,表明判断矩阵逻辑性构建合理,其结果可以接受,所求的权重值 ω=[0.105,0.054,0.538,0.303]可以使用。

5.指标的评价

指标评价采取 5 级制,分别为 5、4、3、2、1,评价标准:4.20~5.00,极高水平;3.50~4.20,较高水平;3.00~3.50,一般水平;2.000~3.00,较低水平;2 以下,极低水平。研究数据通过深度访谈、问卷调查等形式收集。问卷数据采用 Cronbach's Alpha 系数进行信度检验,Alpha 系数愈高,代表量表的内部一致性愈佳。通常认为 Alpha 系数在 0.8 以上,则信度甚加;Alpha 系数在 0.7 以上,该变量可信。采用 KMO 值和 Bartlett's Test 进行效度检验,KMO 值越大,越有利于因子分析,KMO 值在 0.7 以上,适合进行因子分析;Bartlett's Test 显著性水平 sig 值低于 0.05 的标准,则问卷有效。运用 spss24.0 对问卷数据进行统计分析,得出各案例地旅游扶贫效应评价情况,对各案例地旅游扶贫效应指标层、准则层及目标层进行比较分析,以期找出影响旅游扶贫效应评价差异的主要因素及存在的共性问题,进行分析,得出结论,提出建议,为民族村寨旅游发展、旅游扶贫取得更好成效提供借鉴指导作用。

第二节 秀水村、寨沙侗寨、云舍村旅游扶贫效应的实地调研

项目组于 2019 年 7 月 22 日—31 日在贵州安顺秀水村实地调研,2019 年 8 月 5 日—11 日在贵州铜仁寨沙侗寨实地调研,2019 年 8 月 12 日—20 日在贵州铜仁云舍村实地调研,调研方法主要采用深度访谈、文献收集和实地观察等,调研对象主要为当地乡政府、村委会、旅游局、旅游公司、驻村干部及当地居民等,调研目的主要为掌握了解民族村寨的旅游发展、旅游扶贫情况,以及当地居民热切关心的难点重点问题,为民族村寨旅游扶贫效应指标的选取、赋值及评价标准提供依据。

通过实地调研了解到,秀水村有 878 户 3 247 人,民族主要为汉族、苗

族、布依族,2015 年之前是国家二级贫困村,贫困发生率 41.94%。截至 2018 年底,村民年人均纯收入 12 800 元,贫困发生率 0.93%。2015 年由兴伟集团对秀水村进行结对帮扶,帮助秀水村发展乡村旅游,景区由村集体 100% 持股的公司经营管理,景区效益为村民所共享,独创了"秀水五股"利益分配模式:人头股(占 10%)、土地股(占 30%,每亩土地每年 1 000 元)、效益股(占 30%)、孝亲股(占 5%,65 岁以上老人每人每月 500 元)、发展股(占 25%)。当地居民反映较大的问题:一是经济利益的分配,目前只得到土地股和孝亲股的收益;二是旅游参与率,景区只能提供 200 个就业岗位,大部分村民外出打工,留在村里的大都是老人和小孩;三是居民对景区规划、运作不知情,整个过程缺乏知情权、参与权和监督权;四是通过实地观察发现景区内的项目大都是休闲娱乐项目,对于民族文化的开发做得不够。

寨沙侗寨距世界自然遗产梵净山大门 1.5 千米,全寨现有 75 户 304 人,其中侗族占全寨人口的 85%,2011 年全寨有贫困户 37 户 133 人,贫困发生率为 49.3%,2018 年底,村民年人均纯收入 3 万余元,未脱贫 1 户 1 人,贫困发生率 0.33%。2008 年,在县政府统一规划下、县直部门结对帮扶下、村里能人带领下、村民积极参与下,整合各类专项资金 5 000 多万修建基础设施、公共景观、给参与旅游开发的农户建设补贴和经营扶持。目前全寨有民宿 74 户,其中村民自己经营的有 11 户,外来租赁经营的有 63 户,每户租金在 8 万~10 万元每年,带动就业 270 余人,村民旅游行业参与度非常高,实行村民自主经营、管理自治原则。当地居民几乎家家从事旅游业,经济效益较好,整体满意度较高,所呈现出来的问题不多,一个最主要的问题就是作为侗寨,在侗族文化方面表现的并不多,除了侗族鼓楼和篝火外,感受不到更多的侗族文化气息,居民反映家家忙于做自家生意,不愿意花时间精力来参与民族文化的开发,年轻人也不愿意学。

云舍村距江口县城 7 千米,距梵净山南门 23 千米,529 户 2235 人,93.7% 的村民是杨姓土家族,有着 600 年悠久历史,是"中国土家第一村"。2002 年以前村民年人均纯收入不足 1 000 元,2018 年村民年人均纯收入 10 800 元,未脱贫 8 户 14 人,贫困发生率 0.33%。2002 年云舍村被纳入国家旅游局、省旅游局帮扶点,2013 年底,苏州对口帮扶铜仁,重点支持江口县文化旅游和云舍历史文化名村建设,支持当地建设美丽乡村、推进农业产业化发展等项目。目前由县政府成立的公司负责景区的经营管理、项目开发等事项,村民则以经营农家乐为主,现有餐饮 33 家、民宿 26 家(租赁价格每年3万~5万元),客源主要为江口县及周边人群和梵净山的游客。通过访谈和观察发现居民贫富差距较为明显,景区主干道附近居民大多从事农家乐,房屋质量、环境卫生、经济收入较高,而偏离景区主干道的居民,房屋破坏、路面泥泞、旅游参与度低、经济收入较低,居民意见大,满意度很低。此外居民对参与旅游规划、提建议或投诉反映是基本没有,提建议或投诉也没得到解决。

总体来看,上述3个少数民族村寨在实施旅游扶贫开发方面取得较大的成效,如整体收入水平、交通基础设施、生态环境、村容村貌等得到大幅提高。但也存在如经济利益的分配、贫富差距的拉大、旅游参与机会、居民知情权和监督权的缺失、民族文化的开发低端等事关居民切身利益和旅游可持续发展的问题,这些都应在旅游扶贫效应体系中得以体现,并合理的赋值和选择评价标准。

二、秀水村、沙侗寨、云舍村旅游扶贫效应的调查与统计分析

(一)秀水村调查与统计分析

项目组于2019年7月22日—31日在秀水村进行实地调研,发放旅游扶贫效应评价调查问卷让居民现场填答,共发放问卷86份,最终收回有效问卷82份,问卷有效率95.35%。问卷信度检验结果Cronbach's Alpha系数为0.802;问卷效度检验结果KMO值为0.821,Bartlett's Test的显著性水平sig值为0.000,说明村民问卷内部的一致性较为理想,问卷的设计具有较好的信度和效度。

调查对象人口学特征:女性36位,占比43.9%,男性46位,占比56.1%;年龄51~65岁人数最多,占比42.7%,其次为65岁以上,占比29.2%,36~50岁占比14.6%,23~35岁占比9.8%,22岁以下人数最少,占比3.7%,中老年人居多;文化程度以初中及以下最多,占比93.9%,高中及以上占比6.1%,文化水平偏低;职业上以从事农业居多,占比58.4%,从事旅游相关行业占比18.3%,外出务工占比17.2%,其他占比6.1%,旅游参与度一般;家庭年收入20 001~40 000元占比29.3%,40 001~60 000元占比28%,60 001元以上占比19.5%,10 001~20 000元占比17.1%,10 000元以下占比6.1%,以中低收入为主。

1. 秀水村旅游扶贫经济效应统计分析

运用spss24.0对问卷数据进行统计,得出各指标均值(后文同理,不在阐述)。其中居民人均年收入、村寨贫困发生率、居民旅游参与率、旅游收入占总收入比重、景区游客接待量(人次)5个指标从村委会、乡政府、扶贫办等渠道获取,旅游导致物价上涨由调查问卷统计得出。秀水村目前旅游接待量100余万人次/年,市场规模较大,如表5-6所示,景区游客接待量指标均值为5,属极高水平。村寨贫困发生率由开发旅游之前2015年的41.94%降到2018年0.93%,脱贫效果显著,指标均值为4,属较高水平。秀水村居民人均年收入12800元,均值为3,另外秀水村人口规模大,景区提供岗位只有200余个,因此在居民旅游参与率、旅游收入占总收入比重的指标均值都为3,均属一般水平。旅游导致物价上涨属于经济负效应,秀水村这一指标均值2.52,属较低水平,说明旅游发展在取得经济正效应的同时,也带来了一定的经济负效应。准则层上,秀水村经济效应均值为3.44,属一般水平。

表5-6 秀水村旅游扶贫经济效应评价

调查指标	均值	评价	权重得分
居民人均年收入	3	一般水平	0.573
村寨贫困发生率	4	较高水平	0.656
居民旅游参与率	3	一般水平	0.468
旅游收入占总收入比重	3	一般水平	0.66
景区游客接待量(人次)	5	极高水平	0.82
旅游导致物价上涨	2.52	较低水平	0.265
经济效应	3.44	一般水平	

2. 秀水村旅游扶贫社会效应统计分析

如表5-7所示。秀水村的改善交通基础设施指标均值为4.44,属极高水平。2015年旅游开发以来,国家扶贫资金、企业帮扶资金、村里积累资金共投入5.37亿,在交通基础设施方面带来了巨大的改善。同时在提升居民素质、乡村社会治安状况等指标上的均值分别为4.05、4.06,均取得了较高水平的评价。加重污染、噪声和居民贫富差距水平2个指标为社会负效应,污染、噪声指标均值3.77,属较高水平,说明旅游的发展并没有给秀水村带来污染和噪声问题。居民贫富差距水平均值2.5,属较低水平,表明旅游发展给秀水村带来了较为明显的贫富差距拉大。在居民参与旅游规划、居民代表组织等反映当地居民参与权、知情权、监督权的指标上,均值分别为2.54、1,属较低和极低水平,当地居民普遍表现出不满。准则层上,秀水村社会效应均值3.22,属一般水平。

表5-7 秀水村旅游扶贫社会效应评价

调查指标	均值	评价	权重得分
旅游提升居民素质	4.05	较高水平	0.644
居民参与政策制定	2.54	较低水平	0.465
改善交通基础设施	4.44	极高水平	0.693
居民代表组织	1	极低水平	0.106
乡村社会治安状况	4.06	较高水平	0.475
加重污染、噪声	3.77	较高水平	0.415
居民贫富差距水平	2.5	较低水平	0.422
社会效应	3.22	一般水平	

3. 秀水村旅游扶贫环境效应统计分析

如表5-8所示。森林覆盖率与增加生物多样性指标数据从林业局、村委会获取,秀水村的森林覆盖率达到了95%,增加了80余种动植物,因此2个指标的均值都为5,都取得了极高水平。同时得益于旅游的发展,村寨卫生状况的均值分别为4.28,取得极高水平。改善生态环境质量和居民环境保护意识均值分别为3.92、3.96,均取得较高水平。准则层上,秀水村环境效应均值4.31,属极高水平。

表5-8 秀水村旅游扶贫环境效应评价

调查指标	均值	评价	权重得分
森林覆盖率	5	极高水平	0.685
增加生物多样性	5	极高水平	0.71
改善生态环境质量	3.92	较高水平	1.145

续表 5-8

调查指标	均值	评价	权重得分
居民环境保护意识	3.96	较高水平	0.859
村寨卫生状况	4.28	极高水平	0.907
环境效应	4.31	极高水平	

4. 秀水村旅游扶贫文化效应统计分析

如表 5-9 所示。秀水村文化遗产重视与保护及促进与外界文化交流的均值分别为 3.77、3.94，取得了较高评价水平。但在民族文化开发状况上，均值 3.1，属一般水平，从实地观察及与景区管理人员的谈话中了解到，景区项目主打休闲娱乐，如烧烤场、漂流、水上乐园、七彩滑道、儿童游乐园等，在文化项目上基本上除了逢年过节举办的"铁水冲龙"外，没有其他的民族文化项目，管理人员更多追求的是"短、平、快"的项目。在旅游对传统文化冲击这一文化负效应上，均值为 2.85，属较低水平，说明旅游发展给当地带来了一定的文化冲击。准则层上，秀水村文化效应均值 3.42，属一般水平。

表 5-9 秀水村旅游扶贫文化效应评价

调查指标	均值	评价	权重得分
文化遗产重视与保护	3.77	较高水平	0.396
促进与外界文化交流	3.94	较高水平	0.213
民族文化开发状况	3.1	一般水平	1.668
旅游对传统文化冲击	2.85	较低水平	0.864
文化效应	3.15	一般水平	

5. 秀水村旅游扶贫效应评价总体情况

如表 5-10 所示。秀水村目标层旅游扶贫总效应均值 3.42，属一般水平。尤其在环境效应上取得了极高的评价水平。经济效应、社会效应与文化效应均值分别为 3.44、3.22、3.15，属一般水平；在贫困发生率的降低上、人民对文化的重视与保护、促进与外界文化交流上取得了较高的成效；但由于秀水村居民从事旅游少及过于偏重"短平快"项目开发，导致在居民旅游参与率、旅游收入占总收入比重及民族文化开发等指标上评价水平一般或较低。在反映当地居民参与权、知情权、监督权的指标上,评价较低或极低所致。

表 5-10 秀水村旅游扶贫效应评价

准则层	均值	评价
经济效应	3.44	一般水平
社会效应	3.22	一般水平
环境效应	4.31	极高水平
文化效应	3.15	一般水平
旅游扶贫总效应	3.42	一般水平

(二)寨沙侗寨旅游扶贫效应调查与统计分析

项目调查组于 2019 年 8 月 5 日—11 日在贵州铜仁江口县寨沙侗寨进行实地调查,发放旅游扶贫效应评价调查问卷让居民现场填答,共发放问卷 47 份,最终收回有效问卷 43 份,问卷有效率 91.49%。问卷的信度检验结果 Cronbach's Alpha 系数为 0.814,效度检验结果 KMO 值为 0.835,Bartlett's Test 的显著性水平 sig 值为 0.000,说明村民问卷内部的一致性较为理想,问卷的设计具有较好的信度和效度。

调查对象人口学特征:女性 24 位,占比 55.8%,男性 19 位,占比 44.2%;年龄 36~50 岁人数居多,占比 32.7%,其次为 23~35 岁占比 27.9%,51~65 岁占比 25.6%,65 岁以上占比 6.9%,22 岁以下占比 6.9%,中青年人居多;文化程度以初中及以下最多,占比 76.8%,高中占比 11.6%,大专及以上占比 11.6%,文化水平偏低;职业上以从事旅游相关行业最多,占比 79.1%,外出务工占比 6.9%,从事农业占比 4.7%,其他占比 9.3%,旅游参与度非常高;家庭年收入 60 001 元以上最多,占比 59.5%,40 001~60 000 元占比 24.3%,20 001~40 000 元占比 10.8%,10 001~20 000 元占比 5.4%,10 000 元以下没有,整体收入客观。

1. 寨沙侗寨旅游扶贫经济效应统计分析

寨沙侗寨村民年人均纯收入由 2009 年的不足 1 000 元增加至 2018 年的 3 万余元,贫困发生率由 2011 年的 49.3%降至 2018 年的 0.33%,当地居民旅游参与率高达 85%,旅游收入占总收入比重高达 88%。如表 5-11 所示,寨沙侗寨这四项重要经济指标的均值都为5,取得了极高的评价水平。目前景区旅游接待人次约54万人次/年,均值为4,属较高水平。在旅游导致物价上涨这一经济负效应指标上,均值为2.27,属较低水平,说明寨沙侗寨在取得极高经济正效应的同时,经济负效应也较为明显。准则层上,寨沙侗寨经济效应均值为4.55,取得了极高水平。

表5-11 寨沙侗寨旅游扶贫经济效应评价

调查指标	均值	评价	权重得分
居民人均年收入	5	极高水平	0.955
村寨贫困发生率	5	极高水平	0.82
居民旅游参与率	5	极高水平	0.78
旅游收入占总收入比重	5	极高水平	1.1
景区游客接待量(人次)	4	较高水平	0.656
旅游导致物价上涨	2.27	较低水平	0.238
经济效应	4.55	极高水平	

2. 沙侗寨旅游扶贫社会效应统计分析

如表5-12所示。寨沙侗寨的改善交通基础设施指标均值为4.34,属极高水平,2008年寨沙侗寨整合各类专项资金5 000多万修建交通基础设施、公共景观等,寨沙侗寨交通基础设施带来了巨大的改善。在提升居民素质、乡村社会治安状况等指标上的均值分别为4.12、4,均属较高水平。在居民参与旅游规划、居民代表组织等反映当地居民参与权、知情权、监督权的指标上,各均值分别为2.72、2,均属较低水平,是当地居民不太满意的地方。在加重污染、噪声和居民贫富差距水平2个社会负效应指标上,均值分别为2.76、2.34,均属较低水平,表明寨沙侗寨旅游发展一定程度上带来了污染、噪声加重和较为明显的贫富差距拉大问题。准则层上,寨沙侗寨社会效应均值3.26,属一般水平。

表 5-12 沙侗寨旅游扶贫社会效应评价

调查指标	均值	评价	权重得分
旅游提升居民素质	4.12	较高水平	0.787
居民参与政策制定	2.27	较低水平	0.415
改善交通基础设施	4.34	极高水平	0.677
居民代表组织	2	较低水平	0.212
乡村社会治安状况	4	较高水平	0.468
加重污染、噪声	2.76	较低水平	0.304
居民贫富差距水平	2.34	较低水平	0.395
社会效应	3.26	一般水平	

3. 寨沙侗寨旅游扶贫环境效应统计分析

寨沙侗寨森林覆盖率82%,增加动植物30余种,如表5-13所示,2个指标均值都为4,均取得较高水平。同时改善生态环境质量、居民环境保护意识和村寨卫生状况等4个指标的均值分别为4.12、4.08、4.16,均取得较高水平。准则层上,寨沙侗寨环境效应均值4.09,属较高水平。

表 5-13 寨沙侗寨旅游扶贫环境效应评价

调查指标	均值	评价	权重得分
森林覆盖率	4	较高水平	0.548
增加生物多样性	4	较高水平	0.568
改善生态环境质量	4.12	较高水平	1.203
居民环境保护意识	4.08	较高水平	0.885
村寨卫生状况	4.16	较高水平	0.882
环境效应	4.09	较高水平	

4. 寨沙侗寨旅游扶贫文化效应统计分析

如表5-14所示。寨沙侗寨文化遗产重视与保护及促进与外界文化交流的均值分别为3.88、4.12,均取得了较高水平。在民族文化开发状况上,均值3.27,评价水平一般。当地居民几乎家家从事农家乐,经济效益很好,在民族文化开发上投入更多动力不足,寨子里虽有鼓楼、木质房屋、歌舞、篝火等侗族元素,但更多的是有外壳而内涵不够。在旅游对传统文化冲击这一文化负效应上,均值为3.08,属一般水平,表明旅游发展对寨沙侗寨带来了一定的文化冲击。准则层上,寨沙侗寨文化效应均值3.32,属一般水平。

表5-14 寨沙侗寨旅游扶贫文化效应评价

调查指标	均值	评价	权重得分
文化遗产重视与保护	3.88	较高水平	0.409
促进与外界文化交流	4.12	较高水平	0.222
民族文化开发状况	3.27	一般水平	1.759
旅游对传统文化冲击	3.08	较低水平	0.933
文化效应	3.32	一般水平	

5.寨沙侗寨旅游扶贫效应评价总体情况

如表5-15所示。寨沙侗寨目标层旅游扶贫总效应均值3.79,属较高水平,表明寨沙侗寨旅游扶贫总体上取得了很好的成绩。尤其在经济效应上取得了巨大的效益,同时在环境效益、上也取得了较高的评价水平。在社会效应、文化效应上均值分别为3.26、3.32,评价水平一般。存在的不足主要体现在民族文化开发、居民参与旅游规划、居民代表组织上评价水平一般与较低,以及旅游的快速发展也给寨沙侗寨在物价上涨、贫富差距拉大、污染噪声、文化冲击等负效应上带来了较大的影响。

表5-15 沙侗寨旅游扶贫效应评价

准则层	均值	评价
经济效应	4.55	极高水平
社会效应	3.26	一般水平
环境效应	4.09	较高水平
文化效应	3.32	一般水平
旅游扶贫总效应	3.79	较高水平

(三)云舍村旅游扶贫效应调查与统计分析

项目调查组于2018年8月12日—20日在贵州铜仁江口县云舍村进行

实地调查,发放旅游扶贫效应评价调查问卷让居民现场填答,共发放问卷83份,最终收回有效问卷78份,问卷有效率93.97%。问卷的信度检验结果Cronbach's Alpha系数为0.797,效度检验结果KMO值为0.814,Bartlett's Test的显著性水平sig值为0.000,说明村民问卷内部的一致性比较理想,问卷的设计具有较好的信度和有效性。

调查对象人口学特征:女性48位,占比61.5%,男性30位,占比38.5%;年龄36~50岁占比30.7%,51~65岁占比30.7%,65岁以上占比19.2%,其次为23~35岁占比15.4%,22岁以下占比3.8%,年龄段相对均衡;文化程度以初中及以下最多,占比96.1%,高中占比3.9%,大专及以上占比为0,文化水平较低;职业上以从事农业占比40%,旅游相关行业占比35%,外出务工占比15%,其他占比10%;家庭年收入20 001~40 000元居多,占比40.9%,10 001~20 000元占比31.8%,10 000元以下占比18.2%,40 001~60 000元占比9.1%,60 001元以上占比为0,中低收入为主。

1. 云舍村旅游扶贫经济效应统计分析

如表5-16所示。云舍村现贫困发生率0.33%,指标均值5,属极高水平,在脱贫上取得了显著成效。云舍村居民旅游参与率约29%,指标均值4,属较高水平。村民年人均纯收入由旅游发展前的不足1 000元增加至2018年的10 800元,旅游收入占总收入比重约21%,景区旅游接待人次30万人次/年,3个指标均值均为3,属一般水平。在旅游导致物价上涨这一经济负效应指标上,均值2.24,属较低水平,表明云舍村旅游发展带来了较明显的经济负效应。准则层上,云舍村经济效应均值为3.4,属一般水平。

表5-16 云舍村旅游扶贫经济效应评价

调查指标	均值	评价	权重得分
居民人均年收入	3	一般水平	0.573
村寨贫困发生率	5	极高水平	0.82
居民旅游参与率	4	较高水平	0.624
旅游收入占总收入比重	3	一般水平	0.66
景区游客接待量(人次)	3	一般水平	0.492
旅游导致物价上涨	2.24	较低水平	0.235
经济效应	3.4	一般水平	

2. 云舍村旅游扶贫社会效应统计分析

2013年底苏州对口帮扶铜仁,投入帮扶资金9 000万元,重点支持江口县文化旅游和云舍历史文化名村建设,显著改善了云舍村的交通基础设施。如表5-17所示。改善交通基础设施指标均值4.62,评价水平极高。历史文化名村的建设,旅游的发展,使得云舍村的社会治安状况得到显著改善,指标均值4.26,属极高水平。同时,旅游提升居民素质、改善居民生活质量2个指标上,均值分别为4、3.64,均属较高水平。在居民参与旅游规划、居民代表组织指标上,均值分别为2.04、1,分别属较低、极低水平,是当地旅游制度不健全、居民意见大的地方。在加重污染、噪声和居民贫富差距水平2个社会负效应指标上,均值分别为3.36、2.46,属一般水平与较低水平,表明云舍村旅游发展对污染、噪声的影响一般,而贫富差距水平拉大明显。准则层上,云舍村社会效应均值3.12,属一般水平。

表5-17 云舍村旅游扶贫社会效应评价

调查指标	均值	评价	权重得分
旅游提升居民素质	4	较高水平	0.636
居民参与政策制定	2.04	较低水平	0.373
改善交通基础设施	4.62	极高水平	0.721
居民代表组织	1	极低水平	0.106
乡村社会治安状况	4.26	极高水平	0.498
加重污染、噪声	3.36	一般水平	0.37
居民贫富差距水平	2.46	较低水平	0.416
社会效应	3.12	一般水平	

3. 云舍村旅游扶贫环境效应统计分析

如表5-18所示。云舍村森林覆盖率91%,增加动植物50余种,2个指标均值都为5,均取得极高水平。改善了村容村貌、村寨卫生状况2个指标均值分别为4.22、4.72,均属极高水平,表明旅游发展给云舍村带来了巨大变化。同时在改善生态环境质量、居民环境保护意识2个指标上均值分别为4.08、4.04,均取得较高水平。准则层上,云舍村环境效应均值4.51,取得了极高的评价水平。

表5-18　云舍村旅游扶贫环境效应评价

调查指标	均值	评价	权重得分
森林覆盖率	5	极高水平	0.685
增加生物多样性	5	极高水平	0.71
改善生态环境质量	4.08	较高水平	1.191
居民环境保护意识	4.04	较高水平	0.877
村寨卫生状况	4.72	极高水平	1.001
环境效应	4.46	极高水平	

4. 云舍村旅游扶贫文化效应统计分析

如表5-19所示。云舍村作为中国土家第一村、历史文化名村,云舍村在文化遗产重视与保护、促进与外界文化交流、民族文化开发状况3个指标均值分别为3.58、3.59、3.7,均取得了较高水平。在旅游对传统文化冲击这一文化负效应上,均值为3.52,属较高水平,表明旅游发展对云舍村带来的文化冲击较弱,没有明显影响。因此,云舍村在文化效应上的4个指标都属较高水平,进而在准则层上,云舍村文化效应均值3.63,取得较高水平。

表5-19　云舍村旅游扶贫文化效应评价

调查指标	均值	评价	权重得分
文化遗产重视与保护	3.58	较高水平	0.376
促进与外界文化交流	3.59	较高水平	0.194
民族文化开发状况	3.7	较高水平	1.991
旅游对传统文化冲击	3.52	较高水平	1.066
文化效应	3.63	较高水平	

5. 云舍村旅游扶贫效应评价总体情况

如表5-20所示。云舍村目标层旅游扶贫总效应均值3.52,属较高水平,表明云舍村旅游扶贫总体上取得了较好的效果。环境效应均值4.46,取得了极高水平。文化效应均值3.63,属较高水平。经济效应、社会效应均值分别为3.4、3.12,属一般水平,主要是由云舍村在景区游客接待量和旅游收入占总收入的比重有点低,及旅游发展带来了当地物价较为明显的上涨所致,另外旅游受益的不平衡,带来了云舍村贫富差距较大。

表5-20　云舍村旅游扶贫效应评价

准则层	均值	评价
经济效应	3.4	一般水平
社会效应	3.12	一般水平
环境效应	4.46	极高水平
文化效应	3.63	较高水平
旅游扶贫总效应	3.52	较高水平

三、秀水村、寨沙侗寨、云舍村旅游扶贫效应比较分析

（一）旅游扶贫经济效应比较分析

如表5-21所示。寨沙侗寨经济效应均值4.55,取得极高水平;秀水村与云舍村经济效应均值分别为3.44、3.4,均属一般水平。从指标层来看,秀水村、寨沙侗寨、云舍村的村寨贫困发生率指标均值分别为4、5、5,在脱贫上均取得了显著成绩;在旅游导致物价上涨负效应上,三者均值分别为2.52、2.27、2.24,均属较低水平,说明旅游发展确实带来了贫富差距的拉大。存在显著差异的指标:居民人均年收入、居民旅游参与率、旅游收入占总收入比重与景区游客接待量,其中寨沙侗寨在居民人均年收入、居民旅游参与率、旅游收入占总收入比重指标上取得了极高水平,在景区游客接待量指标上取得较高水平;秀水村在景区游客接待量指标上取得极高水平,在居民人均年收入、居民旅游参与率、旅游收入占总收入比重指标上评价水平均为一般;云社村在居民旅游参与率指标上取得较高水平,在居民人均年收入、旅游收入占总收入比重、景区游客接待量指标上均为一般水平。

表 5-21　案例村旅游扶贫经济效应评价比较

评价指标	秀水村	寨沙侗寨	云舍村
居民人均年收入	3	5	3
村寨贫困发生率	4	5	5
居民旅游参与率	3	5	4
旅游收入占总收入比重	3	5	3
景区游客接待量（人次）	5	4	3
旅游导致物价上涨	2.52	2.27	2.24
经济效应	3.44	4.55	3.4

分析：寨沙侗寨是社区居民核心力量为导向，以个体经济为主，全寨75户有74户直接或间接从事旅游业，居民旅游参与率非常高，相应的旅游漏损很小，旅游收入占总收入比重很高；加上优越的地理位置，距世界自然遗产、国家5A风景名胜区梵净山只有1.5千米，使得寨沙侗寨相比位置稍远的云舍村获得了更多且消费更高的游客；再者寨沙侗寨面积小、村民少，旅游发展更容易带动村民就业，取得更高的人均收入。秀水村与云舍村均是公司核心力量为导向，村子规模大，村民多，居民旅游参与率较低，旅游收入占总收入比重、居民人均年收入均一般。旅游发展增加了当地人流量及市场需求量，一定程度上带来当地物价的上涨，符合经济学理论。从单一指标来看，居民人均年收入是最重要的指标，寨沙侗寨达3万余元，秀水村12 800元，云舍村10 800元，与三者的经济效应均值具有较为明显的正相关性。

（二）旅游扶贫社会效应比较分析

如表5-22所示。秀水村、寨沙侗寨、云舍村的社会效应均值分别为3.22、3.26、3.12，均取得了一般的评价水平，且三者之间基本无差异。从指标层来看，在旅游提升居民素质上，三者均取得了较高的评价水平，相互之间均值差异较小。在改善交通基础设施上，三者的指标均值分别为4.44、4.34、4.62，均取得了极高的评价水平，其中云舍村均值最高，存在明显差异。在乡村社会治安状况上，秀水村与寨沙侗寨均值分别为4.06与4，均取得较高水平；云舍村均值4.26，取得极高水平，存在明显差异。在居民参与旅游规划、居民代表组织等反映居民参与权、知情权的指标上，三者在每个指标上的评价水平均在较低以下。在社会负效应上，未加重污染、噪声上，秀水村均值 3.77,属较高水平;云舍村 3.36,一般水平;寨沙侗寨 2.76,存在显著差异。在居民贫富差距上,三者均属较低评价水平,其中寨沙侗寨最低,存在较为明显差异。

表 5-22 案例地旅游扶贫社会效应评价比较

评价指标	秀水村	寨沙侗寨	云舍村
旅游提升居民素质	4.05	4.12	4
居民参与政策制定	2.54	2.27	2.04
改善交通基础设施	4.44	4.34	4.62
居民代表组织	1	2	1
乡村社会治安状况	4.06	4	4.26
加重污染、噪声	3.77	2.76	3.36
居民贫富差距水平	2.5	2.34	2.46
社会效应	3.22	3.26	3.12

分析:旅游的发展确实给乡村社会各方面带来了明显提升,如居民的素质、交通基础设施、社会治安、生活质量等,但由于各村寨规模、形象定位、旅游发展水平等不同导致在社会效应各指标上带来了差异。共同的不足,三者在居民参与旅游规划、居民代表组织、居民投诉提议平台上的评价均较低或极低,这也是乡村旅游普遍存在的问题。一是公司、政府、村民等在旅游利益分配上的博弈结果,博弈中居民往往是处于弱势的;二是景区经营主体不愿与村民沟通协商,交易成本大,难以达成一致意见;三是村民普遍文化水平偏低,维护自身权益意识不强。同时也带来了更为明显的社会负效应,在加重污染、噪声及居民贫富差距上,寨沙侗寨评价水平都较低,均较为明显的低于秀水村和云舍村。云舍村打造的是中国历史文化名村、中国最美村寨,投入了大量的资源改善交通基础设施与加强社会治安,因此在这两个指标上,云舍村获得的评价水平更高。

(三)旅游扶贫环境效应评价比较分析

如表 5-23 所示。秀水村、云舍村的环境效应均值分别为 4.31、4.46,均属极高水平。寨沙侗寨的环境效应均值为 4.09,属较高水平。总体上,三者均取得很高的评价水平,尤其是云舍村与秀水村更甚。从指标层来看,在改善生态环境质量、居民环境保护意识上三者均取得了较高的评价,且相互之间均值差异较小。在森林覆盖率、增加生物多样性上,秀水村、云舍村均取得极高水平,寨沙侗寨取得较高水平,指标均值之间存在显著差异。在村寨卫生状况上,云舍村4.72,取得极高水平;其次秀水村4.28,极高水平;寨沙侗寨4.16,较高水平,指标均值存在显著差异。

表5-23 案例村旅游扶贫环境效应评价比较

评价指标	秀水村	寨沙侗寨	云舍村
森林覆盖率	5	4	5
增加生物多样性	5	4	5
改善生态环境质量	3.92	4.12	4.08
居民环境保护意识	3.96	4.08	4.04
村寨卫生状况	4.28	4.16	4.72
环境效应	4.31	4.09	4.46

美丽的环境是村寨发展乡村旅游的一大优势,秀水村、寨沙侗寨、云舍村都拥有山清水秀、空气新鲜的良好环境,三者都取得了较高的环境效应评价水平。旅游的发展,更好地改善了当地生态环境质量,同时也提升了当地居民对环境的保护意识。秀水村、云舍村面积大,环境禀赋相对寨沙侗寨更为优越,在森林覆盖率和生物多样性上,评价水平自然较寨沙侗寨更高。同时,云舍村与秀水村分别是中国最美村寨和中国美丽休闲乡村,在村寨卫生上投入更多,保持得更干净,评价水平较寨沙侗寨更高。

(四)旅游扶贫文化效应评价比较分析

如表5-24所示。云舍村的文化效应均值为3.63,取得较高水平,寨沙侗寨与秀水村的文化效应均值分别为3.32和3.15,均属一般水平,寨沙侗寨评分稍高一点。从指标层来看,在文化遗产重视与保护上,三者均取得了较高评价水平。在促进与外界文化交流上,三者均取得较高水平,但三者均值存在一定差异。在民族文化开发状况上,云舍村均值3.7,属较高水平,寨沙侗寨与秀水村均属一般水,存在显著差异。旅游对传统文化冲击的负效应上,云舍村做得最好,取得较高水平,其次寨沙侗寨评价水平一般,再次秀水村评价水平较低。

表 5-24　案例村旅游扶贫文化效应评价比较

评价指标	秀水村	寨沙侗寨	云舍村
文化遗产重视与保护	3.77	3.88	3.58
促进与外界文化交流	3.94	4.12	3.59
民族文化开发状况	3.1	3.27	3.7
旅游对传统文化冲击	2.85	3.08	3.52
文化效应	3.15	3.32	3.63

民族文化是村寨发展乡村旅游的又一大优势。云舍村与寨沙侗寨分别是土家族与侗族的聚集地,各族文化底蕴深厚;秀水村是汉族、苗族、布依族等多民族居住地,民族文化虽多,但较为分散。通过三者之间的文化效应比较,不难发现,云舍村与寨沙侗寨作为纯粹的单一民族村寨,在文化效应上评价水平比秀水村更高,民族文化开发状况更好一点,同时在应对外来文化冲击时,保持自身文化独立性能力更强,作为历史文化名村的云舍村,在这两点上表现得尤为明显。

(五)旅游扶贫效应整体评价比较分析

如表 5-25 所示。在目标层旅游扶贫总效应上,寨沙侗寨、云舍村都取得了较高水平的评价,其中寨沙侗寨均值 3.79 最高;秀水村均值 3.42 分,属一般水平,稍低于云舍村的 3.52 分,两者差别不大。从准则层上来看,三者在社会效应上都取得一般的评价,三者基本无差异。环境效应上,云舍村、秀水村均值更高,寨沙侗寨也取得了较高评价。文化效应上,云舍村取得较高水平;其次是寨沙侗寨与秀水村,两者均属一般水平,其中寨沙侗寨稍好一点。在经济效应上,三者存在明显差异,寨沙侗寨均获得了比秀水村和云舍村更高的极高评价水平,秀水村与云舍村评价基本一致。

表 5-25　案例村旅游扶贫效应评价比较

准则层	秀水村	寨沙侗寨	云舍村
经济效应	3.44	4.55	3.4
社会效应	3.22	3.26	3.12
环境效应	4.31	4.09	4.46
文化效应	3.15	3.32	3.63
旅游扶贫总效应	3.42	3.79	3.52

准则层的评价与比较分析在前面已论述，不再重复。这里主要分析准则层各效应与旅游扶贫总效应间的关系。秀水村、寨沙侗寨、云舍村在经济效应、环境效应、文化效应上均存在较为明显的差异。其中寨沙侗寨在经济效应上评价水平明显更高，环境效应均值则明显低于云舍村和秀水村，云舍村在环境效应与文化效应上评价更高，秀水村在环境效应上评价水平极高。通过对比发现，旅游扶贫总效应与经济效应具有很强的正相关性，因此经济效应在旅游扶贫总效应中起主导性作用。文化效应与环境效应则往往让位于经济效应，多数民族村寨过于追求商业利益，往往忽视当地民族文化开发与保护，对当地文化造成较大冲击，从而影响民族村寨乡村旅游可持续发展。

四、结论

从前面测算三种社区参与式旅游扶贫模式的指标评价值来看，扶贫效果最佳的为寨沙侗寨、其次是云舍村、秀水村。寨沙侗寨是政府帮扶、社区深度参与类型的典型案例，其扶贫效果好的根本原因在于其社区居民在对当地旅游规划、旅游景区开发过程中的深度参与，在寨沙侗寨决定发展旅游以及村寨旅游发展整体规划、建设过程中，夏代发等一批社区居民的奔走起到过重要作用，当地主要旅游产品提供也以个体经营户为主，而个体经营户中社区居民占有很大的比重，这使得当地居民普遍享受到旅游经济发展带来的经济效益，扶贫效果也最为出色。当然在居民利益分配过程中，不均衡问题仍然存在。秀水村作为以公司核心力量为导向，集体经济为主的村寨，居民旅游参与度低，旅游利益分配不均衡性大，旅游现状满意度、旅游扶贫效应相应也较低。而在以政府核心力量为导向的云舍村，景区经营管理者基于自利性及强势地位，容易忽视居民的声音与诉求，当地居民的参与权、知情权、监督权得不到保障。在民族村寨特色民族文化开发上，除了历史文化名村云舍村较好外，秀水村与寨沙侗寨民族文化开发都在一般以下，不利于旅游差异化竞争和旅游的可持续发展。

以上结论是在对3个案例地实地调研的基础上，通过定性与定量分析，借鉴前人研究成果总结梳理出来。由于案例有限，未能进行更为详尽的统计对比分析，得出的结论可能还不够全面和有失偏颇，有待学者继续完善。

第六章

贵州民族村寨社区参与旅游扶贫的困境及出路

第一节　贵州民族村寨社区参与旅游扶贫面临的问题

旅游扶贫凭借旅游产业的特点和相比其他产业更多的优势,为资源丰富但发展能力欠缺的贫困地区和人口带来的新的发展契机。通过旅游扶贫开发,截止到2019年8月,贵州省95%的民族村寨旅游扶贫地通过了脱贫攻坚第三方评估,基本实现了全面脱贫目标。但是,要让少数民族村寨旅游产业实现持续发展,减少贫困人口返贫现象,就必须保证社区参与的全面性和高层次性。当前贵州少数民族村寨社区参与旅游扶贫的影响和制约因素仍然很多,主要集中在社区资源优化配置、社区居民整体文化水平、社区政治经济发展水平等因素的影响,从而导致当地社区参与旅游扶贫存在资源功能转化能力不强,社区信息不对称,政策法规保障不完善等以下几个重要问题。

一、社区旅游资源功能转化能力不强

民族村寨社区参与式旅游扶贫开发是以当地少数民族文化及自然生态旅游资源为基础的,贵州少数民族文化丰富,各类民族节庆活动1 000多个,有着"三里不同风,十里不同俗"和"小节天天有,大节三六九"的说法。独具特色的民族建筑,如侗族鼓楼、苗族吊脚楼及风雨桥、土家族筒子屋、布依族的石板房;丰富的饮食文化、传统的劳作方式、古朴的民族艺术、传统的手工艺等共同构建了贵州少数民族村寨丰富而独特的传统民族文化。优美、秀丽的村寨景观,鲜明、独特、多样性的民族文化,使当地有着极高的旅游开发

价值。因此合理地开发利用当地丰富的旅游资源才是关键,将社区的自然资源和文化资源优化配置科学合理地转化为独具特色和具有市场竞争力的旅游资源,形成独特优势的旅游产品,是少数民族村寨旅游扶贫计划的前提。由于少数民族村寨多地处偏远,地方政府将自然资源科学合理转化为旅游资源的能力也存在不足,效仿照搬经验多、自我特色开发少,总体来说贵州省少数民族村寨旅游尚未形成独具特色的产业链条,品牌打造成效不明显,旅游产品结构单一,仍停留在传统产品营销上,与同类产品相比竞争力仍显不足。具体说来:一是旅游开发中真正优良的旅游资源被埋没或无视。贵州省少数民族村寨大多拥有优秀的自然资源和值得深挖剖析的人文资源,但因为社区资源所处环境相对封闭,很多不被外界熟知和利用,当地居民又对这些优秀的旅游资源的珍贵性认识不足,其独特性被埋没,很难被挖掘成为有价值的旅游资源,从而失去被发现和开发的机会。二是由于对资源价值认识不充分,设计开发的旅游产品单一或失真,造成对优秀资源的浪费或破坏,无法实现向优秀旅游产品的转化。例如景区景点路线设计单一,旅游业六大要素衔接不完善,在开展民族文化活动时简单粗放套用其他地区开发模式,缺乏特色甚至文化失真,导致旅游产业发展程度不高,社区参与层次低。三是旅游资源转化缺乏有力的资金保障。当一个贫困地区在拥有丰富的资源、良好的旅游开发规划项目后,就需要投入大量资金,才能真正形成具有市场竞争力的旅游产品。然而贵州少数民族作为贫困人口的集中地,农业人口多,农业基础设施落后,又受喀斯特地貌影响,农民收入普遍偏低,总体经济基础十分薄弱,地方财政对上级政府拨款依赖性强,很难完全满足大多数少数民族村寨开展旅游开发的资金需求。

二、社区居民获取的信息资源不对称

信息资源的重要性无论是在任何行业都是无法被忽视的。在市场竞争中,谁掌握着更多的信息,谁就掌握着市场运行中更多的主动权,从而做出的决策就会使自己的利益最大化,相反信息渠道窄信息量小的贫困社区居民就会处在比较不利和更加被动地位。信息资源的禀赋决定了利益主体的发展前景,这种现象在贵州省少数民族贫困村寨表现得尤为突出。由于少数民族村民受教育程度普遍偏低,社区环境比较闭塞,信息来源渠道窄,使得其在旅游开发多方主体寻求自身利益最大化过程中往往居于弱势,对村民参与旅游收入分配造成影响,降低旅游业带动村民致富的扩散效应。此外为实现全面脱贫攻坚任务,政府在旅游扶贫过程中的资源投入巨大,这也客观要求政府在旅游扶贫开发和规划等重大决策方面要起主导作用。这一背景也就导致了当前少数民族村寨社区居民参与地方旅游扶贫开发重大决策时,往往处于被说服地位,并以服从政府决策为主,社区居民的对规划开发的意见往往被忽视,甚至很难触及当地旅游开发的规划方案、详细进程、项目评估等核心内容,大多数居民对于如何在恰当的时间进行合理的参与毫无头绪。因此,信息资源的不对称,不仅会打击社区居民参与当地旅游产业发展的积极性,也会引起政府、企业、居民之间的矛盾,对社区旅游形象和旅游品牌的建设也会产业负面影响,甚至对旅游产业的可持续发展产生阻碍作用,从而错失通过旅游产业扶贫的良好机遇。这种信息高度不对称,信息的主动权被掌握在政府单方面手中,极有可能形成政府权力寻租,造成当地社区居民权力权益被侵害。

三、政府主导旅游扶贫资源投放弊端初显

贵州民族村寨旅游扶贫开发中,景区的规划、旅游产品的开发、旅游基础设施建设等,或由政府主管部门直接管理,或通过委托当地政府成立的旅游公司进行间接管理,或通过政府主管部门挑选外来大资本进行开发。政府在民族村寨旅游扶贫中地位显著,短期内这种借行政权力对资源和资本的垄断,快速大规模地进行旅游开发、基础设施建设在村寨旅游扶贫初期产生了强大的规模效益,扶贫效果显著。但随着旅游扶贫进入旅游后扶贫时期,这一作用开始逐步降低、衰减,直至成为当地旅游产业健康发展的阻力。

(一)市场选择弱化

由于初期政府可以轻易借鉴旅游开发先进地区的经验,通过模仿复制迅速形成旅游规模,带来经济效益。但随着旅游后扶贫时期的到来,可供复制的经验逐渐消失,政府主导带来的市场选择弱化必然造成当前贵州省民族村寨旅游业态单一、旅游产品层次较低的结果。据调查当前贵州省民族村寨旅游多数仍停留在农家乐、初级民宿发展阶段,严重影响村寨旅游经济的持续稳定增长。以寨沙为例,其旅游发展方向是利用侗寨特有的民族文化习俗,以建筑特色为吸引力,利用距离梵净山较近的地理优势,打造成梵净山过剩游客的重要集散地。村寨旅游经济,以农家乐、民宿业为主,旅游业态单一。在梵净山景区申遗成功以及电子售票系统开放后,由于民族特

色文化挖掘不够,其自身旅游吸引力不够,2019年游客接待量已经较去年有了明显的下降。这从2018年7—8月旅游旺季时,寨沙普通住宿价格均价在300左右,入住率在95%以上,到2019年8月份,笔者来到寨沙开展调研时住宿均价在170元左右,入住率不足80%的数据可以明显感受的到。

(二)乡村治理制度性困境

当前政府主导旅游扶贫模式给乡村治理带来了一定的制度性纠结困境。依照当前精准脱贫要求,2019年底所有民族村寨都将通过脱贫攻坚第三方评估。然而脱贫标准有其既定的时间维度,随着经济社会的发展,人民物质文化生活水平的不断提高,标准将不断提高。扶贫是一个长期的历史过程,这也是民族村寨后旅游扶贫时期可持续发展的内在要求。而"乡村治理"与"可持续发展""农村现代化"是天然相互关联的,在乡村振兴战略背景下,民族村寨乡村治理作为旅游扶贫工作组织性体制基础,面临着政府主导带来的行政化下沉与乡村自治的制度性纠结困境。在笔者对三地村、企领导班子的访谈和实际观察中明显感受到村、企领导班子想为百姓长远发展谋福利的心情和忙于应付各级部门的行政事务性检查的忙碌。但在普通村民中很少有村民表示愿意参与本村的事务性管理。

此外,村民有限的旅游决策参与行为,使得民族村寨普遍缺行之乏有效的村民意见反馈机制和旅游决策机制。村民的意见往往得不到重视,农户直接参与旅游收益分配渠道较为狭窄。在笔者对村民开展的旅游扶贫感知效应的问卷调查中,得到的是几乎所有受采访的村民"无法参与到村寨的旅游开发和管理中来,农户发展意愿和利益诉求得不到重视"的答复,村民旅游参与地位低,对民族村寨社会的自治活力构成挑战。随着贵州民族村寨旅游扶贫的开发并在村寨旅游发展方面取得了较大进步,如今,贵州村寨旅游业不得不思考如何实现产业升级的问题。

(三)对外来资本过度赋权制约村民获利

以云舍村为例,自21世纪初,云舍村民自发组织修通入村道路后,政府以流经村内的龙潭河、沿线土家筒子屋等传统建筑为主要景观资源进行旅游开发,打造中国土家第一寨品牌吸引游客,至今政府投入旅游开发资金已超4亿元,目前全村共531户,而直接从事旅游接待、餐饮、商品等行业的只有龙潭河沿线附近的40余户农家乐及民宿,在大量耕地因旅游开发所需,被征用或流转后,那些远离核心景区的村民既无法继续以传统农耕维持生计、又不能利用自有住房发展旅游接待,造成村寨空心现象严重,大量青壮劳力流失,即使在本人走访的8月旅游黄金时期,云舍村4~10组的通组路上也显得人烟稀少、门可罗雀,寨内的青壮年劳动力大量外流,鲜少有农家乐的经营。与杨姓老者的交谈中得知,家中的年轻人都去县城读书和打工,仅剩自己和老伴,这种情况在当地并不少见,也桎梏了云舍村的进一步发展。与云舍村类似,秀水村面临的空心化问题更为严重,笔者于2019年7月底走访了秀水村下辖的所有7个自然村组,问卷调查的83余户村民中有75户家中22~45岁之间的中青年劳动力均外出打工维持生计。

四、民族文化保护和可持续发展面临困境

在走访的三个村寨里,几乎100%的村民对当地生态环境表示得到了很大的改善。但在对传统民族物质和非物质传统文化、习俗、建筑的保护仍面临着重大挑战。事实上,构成民族文化的特色村寨建筑及物品、活态的少数民族非物质文化遗产是民族村寨旅游可持续发展的灵魂。

(一)先进城市文化对传统民族文化不断同化

在贵州民族村寨旅游中,丰富的民族文化和原生和谐的民族社区生活是对外来游客最重要的吸引物。在民族村寨地区,传统民族文化不仅是他们祖辈世代相传的智慧,同时也是当地的重要符号与名片。伴随村寨旅游不断发展,城市文化也逐渐开始渗透到这些地区。每年都有数十万游客将科技文明带入落后的民族村寨,在这个过程中当地居民也逐渐认识到自身综合素养对文旅活动造成的影响,在文化交流过程中相互之间产生文化冲击,而传统民族文化往往居于弱势,容易被城市先进文化同化。云舍村作为国家4A级风景名胜区、中国历史文化名村、中国少数民族传统村寨、贵州省少数民族特色村寨、贵州省省级文物建筑保护单位、贵州省少数民族旅游示范村寨等入选中国最美村镇50强,境内还流经有"天堂河谷"之称的太平河,村内地势平坦,土地肥沃,交通便利,土家民族文化底蕴深厚,号称"中国土家第一村"。近年来云舍依托"中国土家第一村"这一民族特色旅游资源,充分利用土家筒子屋、古法造纸坊、云舍土家民俗风情表演节目等特色旅游,结合村内神龙潭、龙塘河、仙人洞、嘎麻洞、云岩大峡谷等自然景观,积极推进乡村振兴工作,大力发展假日经济,发掘民俗文化节庆活动。随着游客的大量拥入、信息技术的飞速发展,村寨的年轻人逐渐开始抵触当地传统文

化,乡村社会的传统习俗不断流失。再比如,在寨沙侗寨的走访中,调查组问村民:"我们的村民绝大多数都是侗族,发展旅游也是打的侗寨文化口号,我们的村民还跳侗族歌舞吗?侗寨传统服饰还穿吗?"得到的答案往往都是村民汉化程度高,在旅游开发初期,当地政府有组织专门老师为村民培训编排侗族歌舞,但现在已经没人去跳了,至于民族服饰,当初村里给每家每户都发了一套衣服,但也没人愿意穿了,至于这些传统歌舞、服饰的文化符号意义,更已经没多少人懂了。

(二)过度的商业化开发侵蚀传统民族文化现象严重

贵州一些少数民族村寨旅游因过度开发,商业化也越来越严重,并且没有很好地保护当地民族文化,存在着非常突出的文化变迁现象。比如,这几年发展速度非常快的寨沙侗寨,因对商业化的追求,以及对商业利润的渴望,导致这里的传统文化根基受到了很大影响。这里的村民90%以上都直接或间接从事旅游餐饮及接待业等相关旅游业。当地侗族的传统生活方式几乎消失殆尽,现代都市生活痕迹明显。一家商铺的老板告诉笔者,他并不是本地人,而是从本地人手里把店铺转租过来做生意的。因此,由于本地人不善经营或者商业利益的驱使,当地餐饮、接待、民族饰品商店多数并不是寨沙本地人经营的,而是转让给外地人经营。可以看到,在旅游开发之前,少数民族村寨里的居民虽然生活水平较低,但整个村寨处于一种相对稳定有序的状态。而现在由于传统文化失去了生存的环境,村寨内原本的良性交往结构被解构,村寨生活受到了一定程度的影响。笔者走访的秀水、云舍、寨沙侗寨,会说当地民族语言的村民已经寥寥无几。

五、社区居民技能素质水平不高

贵州少数民族村寨大多地处偏远,社区居民受教育程度普遍较低,在享受教育资源和获取信息资源方面也相对不平等,居民整体文化水平低、思想相对保守落后,劳动力资源相对缺乏,在提升自我发展的技能方面更是机会少、能力不足,因此所能参与的旅游活动也以基础性服务为主,特别是在参与旅游发展的规划决策中无法发挥出有效的作用。如果社区居民能够获取更高的教育和更多关于旅游发展的知识,对旅游业发展和当地影响因素进行有效的分析,就能够对当地旅游发展的过程进行参与并对发展结果的积极主消极影响有一个全面的认识,在参与旅游发展中的层次就会越高。旅游业的发展对参与者、从业者的有非常多的要求,从基层服务到高层管理,都有特定的规定和要求,尤其是对旅游发展规划、经营管理等方面的优秀人才着非常高的需求。少数民族村寨社区内部人才缺乏和素质较低,而发展旅游业又需要引进高层次高素质技能人才,因此外来人才引进和人力的大量涌入对当地居民参与到旅游发展中的权利、机会甚至利益分配都受到了很大的威胁,这些都有可能导致当地社区居民的极大的反感和不满,引发一些很难调和的矛盾,从而破坏社区旅游业的发展。

六、法律法规政策监管体制不健全

旅游法律法规和政策的制定者是政府及其相关部门,而制定出的政策法律法规对当地社区的社区居民、旅游企业、各类组织等群体进行生产经营活动具有引导、调整和制约的管理作用。旅游产业发展的相关法律法规以及相关政策的制定者是政府及其职能部门和单位,相关法律法规和政策规定对社区内居民、社会组织以及旅游企业的生产经营活动产生引导、约束和调整,对旅游业的发展有非常重要的作用。在经济结构简单,发展能力欠缺,经济效益低下的民族贫困地区,旅游业的发展起步比较晚,另外大都存在发展后劲不足的问题,与发达地区法制化管理水平差距很大。地方政府除了在严格执行国家和地方与旅游相关的政策法规的基础上,也实施了一些自治条件。但与旅游业快速发展进程相比,当地与旅游产业发展实际相结合的法律法规及政策规定的体制还不健全。

在社区参与旅游发展的过程中,法律法规和政策规定的保障作用显得更加迫切。法律没有明确的规范,可能会出现部门相互争夺利益的问题,这不是社区管理部门进行管理和协调所能解决的。相反没有相应的法律制度,政府、企业的一些职能责任不能很好地落实,由此造成的后果则由社区承担。少数民族村寨社区参与旅游发展过程中,由于社区缺少相应的旅游规划管理部门,制定规划大都由政府来完成,从而使其成为地方政府发展经济的一种手段。因此政府及其相关部门必须出台与旅游产业发展相适应的法律法规,从而对将社区参与旅游发展的过程进行制度上的约束,避免无法可依等混乱状态,不断提高社区参与的层次和程度。

此外,协调文化保护和经济发展矛盾的法治机制匮乏,对民族文化保护和发展工作带来巨大的挑战。在云舍,大量筒子屋修建时间较早,建筑容积率不高,而作为"中国历史文化名村""贵州省特色民族村寨",又居于武陵山脉生态保护区内的特殊地理位置,在各类文化保护、生态环境保护条例的限制下,更具实操性的地方民族文化保护法律、发展规划迟迟不见推出和实施,导致村民想要改善居住环境的意愿难以能得到满足。在大量积累干群矛盾的同时,传统民居保护也面临着重大挑战。确实,贵州民族村寨的村民因旅游扶贫的开发而获得了更多的收入,并且生活水平也有了显著提升,对当地减贫工作起到了巨大的推进作用,村民收入结构从之前的以传统农业为核心向以旅游服务业为核心进行转变,不过这种旅游开发的目的是为了获得更多利益,因此并不会很好地保护少数民族旅游地区的文化灵魂,并且也使得旅游产品的吸引力以及民族性受到了非常大的影响。在旅游发展期间,最紧要的一项任务就是找到一条保护和开发相协调的道路。

第二节　影响贵州民族村寨社区参与旅游扶贫效应的原因

民族村寨的旅游扶贫开发是一个长期性、系统性的社会工程。在村寨的旅游扶贫开发中涉及的主要利益相关者有政府、旅游相关企业、地方社区和贫困人口。不同利益相关者基于各自的利益诉求共同介入旅游开发,必然会对旅游扶贫的发展方向和行动实效产生影响。深入探析各利益相关者的具体利益诉求和行动逻辑,寻求相关各方在旅游扶贫中的利益平衡点,为社区参与旅游扶贫的顺利开展和贫困人口脱贫这一终极目标的实现创造条件。

一、影响民族村寨社区参与旅游扶贫效应的市场经济因素

旅游扶贫是一种产业化的扶贫模式,其前提和基础均在于旅游产业的发展。从现代旅游业的发展趋势来看,超越传统的单一观光旅游,朝着集观光、度假、商务休闲与探险娱乐等多功能为一体的综合性、体验性旅游发展成为必然。因而旅游资源开发的数量、种类、分布与地区组合状况,旅游业与其他产业的融合程度等都对旅游业的扶贫效应和可持续发展有着重要影响。以寨沙侗寨和云舍村来说,两者地理位置较近,毗邻梵净山风景区,本身也拥有着丰富的自然及人文旅游资源,同属国家民委公布的特色民族村寨。但是,两个村寨在旅游业态、产业融合方面都不同程度地存在一些问

题,不利于旅游扶贫开发工作的持续推进。

首先,民族村寨旅游资源挖掘不够,影响了旅游业的扶贫效应。根据人类学家马康纳的理论,一个完整的旅游区可做前台和后台两种不同的文化展示空间之分。前台是民族文化的"实验区",是文化集中展示区;后台为民族文化"核心区",属于文化深度体验区。在旅游开发中,二者相互依托,相辅相成,不可偏颇。但从具体的实践来看,受自身财力的限制和短期经济利益的驱使,民族村寨旅游开发者更注重"前台"的商业开发和包装,不同程度上忽视了"后台"的深层次文化的挖掘,进而为旅游的可持续造成影响,也影响到了扶贫效果。近年来,在政府的大力投入下,云舍景区基础设施得到明显改善,游客人数却始终维持在日均 3000 左右的流量。景区仍停留在初级的观光旅游阶段,主要作为团队游客前往梵净山旅游的中途落脚点,从村口沿龙潭河到神龙潭是其主要观光路线,沿河分布着大量餐饮、民宿客栈,偶尔会举办篝火晚会,整个参观过程持续时间不超过 1 小时。调研中,笔者不止一次地听到游客表示云舍村的风景很好,但是缺乏能让他们停下脚步的旅游项目。那些远离龙潭河核心景区的村户,基本被排除在旅游发展之外,当地旅游的辐射带动效应未能得到有效发挥。随着梵净山申遗成功,寨沙侗寨凭借其优势地理位置,迎来了旅游发展的黄金期,景区旅游产业链条不断完善,"吃、住、行、游、购、娱"六要素基本完备。但相对于当地丰富的民族文化,已经开发的资源仅仅是"冰山一角",且存在着被人为割裂的危险。核心景点主要分布在寨沙侗寨的中心位置,集中于鼓楼、沿太平河吊脚桥、主街等地。旅游项目基本停留在对建筑、服饰、饮食等一些静态民族文化元素的展示方面,旅游产品业态单一,具有深度体验价值的侗文化项目极为不足。对于游客来讲,"落脚处,旅途中转站,看表演"成为他们在景区的主要旅游活动。随着梵净山电子售票系统的推出,游客数量呈现出不增反降的趋势。

其次,旅游产品和地方传统产业的融合不够。旅游业的扶贫功能不仅依赖于旅游产业自身的发展,更取决于旅游产业与相关产业的融合程度,是否形成新的产业模式,是否能够延伸产业链条的长度和宽度。旅游产业自身创造的就业和创收非常重要,但仅依靠旅游不考虑旅游关联产业的影响,也很难满足贫困人口脱贫的需要。现实中,农村贫困人口多以农业为生,家庭所能获得的收入相对较少,亟须对传统农业进行转型和升级。同时,旅游业自身的减贫效果也是有限的,其减贫效果的发生除了自身产业带来的就业和经济收入提高之外,更多的来源于其辐射带动关联产业发展的间接作用,而关联产业效应的发挥不仅需要对产品进行创新,也需要增强旅游业与其他产业的融合。因此,旅游业的间接影响事实上远远超出了其直接的减贫作用。以秀水、云舍村、寨沙侗寨为例,它们不仅自然和民族文化资源独具特色,而且农业景观资源也极具旅游开发价值。但从实际情况来看,旅游业与村寨传统的农业、文化产业和民族手工业等并没有形成很好的融合发展,旅游业呈现出覆盖面窄、产业链条短、本地化程度低的显著问题,极大地限制了社区居民参与旅游的机会,很大一部分的村民处于一种低度参与或无参与的状态。总体来说贵州民族村寨旅游产业融合度不强,主要表现在"农旅"和"文旅"融合两个方面。一是"农旅融合"不足。农业是乡村旅游开发中不可或缺的组成部分,也是容纳贫困人口最为集中的部门,但目前看来,它们均缺乏农旅游有效融合。调查发现,秀水旅游开发中旅游六大要素尚不完备,产业链条没有形成。如餐饮、购物供应链条至今没有形成,本地原生态的土鸡、土鸭、茶等产业没有带动起来,村里的餐饮所需材料主要从县城采购。

以云舍村为例,从功能上可将云舍村划分为旅游核心区和农业耕种区。位于龙潭河沿岸的1组、2组属于景区的核心范围,这一区域的居民可通过经营旅游业或在旅游行业就业,分享到旅游发展的红利,人均年收入在3万以上。剩余的村小组则远离核心景区,属辐射带动区域,居民可以通过从事旅游相关农业产业,获得一定的收入。但由于二者缺乏有效的融合,近年,两大片区居民之间的收入差距越来越大。从资源比较优势来看,农业耕种的优势主要体现为自然景观和生态资源上,具有发展生态农业、观光农业等的资源和土地条件。传统民族村寨本首先是一个农村文化为特色的社会,如果传统农耕文化在商业社会中得不到有效利用,有关的文化习俗就会逐渐消失,从而失去乡村旅游的核心吸引力。二是"文旅融合"不够。从云舍、寨沙两个村寨迄今所开发出来的民族文化旅游产品来看,依然停留在物质文化的浅表层开发层面,具有体验价值的非物质文化遗产开发不足。寨沙侗寨是游客进入梵净山旅游的前台,文化的展示和体验决定了游客对地域文化进一步探索的欲望。然而,现有旅游开发主要停留在对建筑、服饰、饮食等一些静态民族文化元素的展示方面,缺少对地域文化的深挖。如景区民宿客栈,以侗文化为主题定位,但在内部装饰和文化意境营造上却缺乏有实质性内涵的文化元素的展示,导致文化项目的旅游吸引力不强,辐射带动效应较弱。区域核心的具有体验价值的侗文化开发不够,甚至传统侗文化的抬官人、祭萨、踩歌堂、侗戏、打花脸等碎片化文化呈现都不够,人为地将自身功能定位于梵净山游客集散地的位置,缺乏对自身侗族文化的深入挖掘。

此外,旅游漏损的情况进一步弱化了扶贫效应。旅游脱贫的关键在于旅游乘数效应的发挥,但人们在关注旅游乘数效应的同时却忽略了一个影响乘数效应发挥的重要因素——旅游漏损。其实,旅游乘数效应和漏损效应是相伴而生的。旅游漏损是指,旅游地在旅游发展中由于向国外或地区之外购买商品、劳务或其他而产生的资金流出现象。旅游漏损产生的直接后果是目的地"旅游飞地"的形成。"旅游飞地"是指一地的旅游业发展虽然依托的是本地的资源和土地,但是旅游经济对当地整体经济的带动效应较弱。究其原因,一方面是旅游者消费的物品和从事旅游业的人员多来自本地之外;另一方面是旅游者只在本地进行参观游览,对经济带动效应更大的食、宿、购、娱等旅游活动均不发生在本地,导致旅游业对本地经济的贡献度非常小,扶贫效应较弱。这一现象对于那些基础设施薄弱的乡村旅游地而言更甚,由于地区旅游开发所需的人力、物力和资本等都需要从外部输入,经过一轮开发后,旅游开发中所获得的收益又有一大部分流入其他地区,如外来者将赚取的钱用于其他地方的投资,打工者将工资带回输出地等。"旅游飞地"阻断了旅游开发与本地经济发展产生实际上的关联,限制了旅游收入进入当地经济循环系统中的比例,从而制约了旅游业的扶贫绩效。更为不利的是,"旅游飞地"还会引起当地物价的普遍上涨,增加贫困人口的生存压力,严重影响了旅游的扶贫效果。云舍村沿龙潭河两边景区主干道的居民,大多已经退出了住宿和餐饮等旅游经营行业,成为完全依靠租金收入的"食租者";位于核心区周边的居民,只能以经营小摊点或在景区就业维生,参与层次低、收益少;远离景区的更多贫困人口更是被排除在旅游发展的边缘,在这个过程中,社区内部的贫富分化也在持续扩大。当地居民,尤其是贫困人口在日趋激烈的竞争中被无情地挤出本地旅游市场。

二、影响民族村寨社区参与旅游扶贫效应的社区因素

首先,民族村寨社区参与存在着社区权利约束问题。所谓"社区参与",简单而言就是社区居民自觉主动地参加社区各种活动或事务的过程。其主要的驱动力源自社区内群体、个人对利益或民权的追求。社区参与也是社

第六章 贵州民族村寨社区参与旅游扶贫的困境及出路

会力量合法介入扶贫的基础。然而社区居民参与旅游扶贫的过程并不是一个自动实现的过程,而是各利益相关者权力博弈的结果,参与的实质在于赋权。社区参与权包括政治权利、经济权利、社会文化权利和生态环境保护权利等方面的内容。参与不仅意味着权利的行使,也意味着社区居民对社区责任的分担和成果的共享。基于理性选择的角度,社区事务是以共同利益为基础的,社区事务涉及的居民利益越多、越直接,居民参与的动力就越强。在市场经济观念的持续冲击之下,偏远地区的民族村寨也被卷入市场化的洪流之中。随着大批青壮年劳动力进入城市,他们的生活更多地朝向了村外,对村庄事务无暇关心,留在村里的多是一些缺乏社区参与能力的社区弱势群体,社区参与在当前民族村寨旅游扶贫中有着其自身的先天不足。对三个村寨的调研发现,不管是旅游景观设计、旅游产品开发还是征地工作补偿方案及失地居民的利益补偿等,群众的意见都很少有被采纳的。

其次,存在社区精英俘获现象。传统农业社会中的人们生活在一个以村庄为单位的相对封闭的地缘系统里,为应对突如其来的生活变故,村庄层面会形成一套内生性的危机保护圈,在单个农民陷入生存危机时能够起到庇护和"减震"的作用。这种内生性的社会保护机制是村民基于共同的血缘、地缘和民族文化认同等而达成的一种共享情感和一致认同。在长期的历史发展中,这种观念逐渐沉淀下来,渐渐成为村庄成员共同遵守的道义制度。如在寨沙侗寨,自古就有鼓楼的传士由村寨贫困者担任的传统。寨中贫困居民不分贵贱,均可以担任传士,传士的报酬由全体村民共同承担,当时多以实物进行支付,如每年可以获得一定的稻谷。随着旅游业的开发,受现代商业文明的冲击,传统农村社会的共同体遭到了解构,个人主义价值观取代传统的乡土伦理规范,在相当程度上成为人们交往中的主导性规则。在现代社会,对贫困人口来说,只有通过自身的奋斗才能谋求家庭生计的些许改善。然而,自身的奋斗又离不开一定的资本支撑。在民族村寨旅游扶贫开发过程中,由于各个群体拥有的资本不同,决定了他们介入旅游的程度和旅游收益上的差异,村民因此被逐渐被分化为多个阶层。其中最为活跃的阶层就是乡村旅游中的既得利益者乡村精英,当前村寨社区的精英主要由两类人构成:一类是在村寨中享有一定地位和威望,对乡村变化和发展具有较大影响力的社会政治精英,如村组干部、知识分子、寨老等;二是相较于一般的群众,拥有更多调动社会资源的社会经济精英,如旅游经营大户、产业项目带头人等。他们作为乡村旅游中先富起来的人,虽然对乡村旅游起到了带动作用,但由于资本积累上的优势,在旅游开发中也占尽了先机,获得了更多的旅游发展机会。在国家旅游扶贫资源的由上向下转移过程中,社区精英们凭借组织和信息上的优势,掌握着旅游开发的话语权,往往更容易与基层政府和经济精英等群体结成利益共同体,从而获得更多的旅游利益。

三、影响民族村寨旅游扶贫效应的贫困人口因素

除了外在的社会结构因素之外,贫困人口自身的问题也是导致贫困一个重要原因。调查中我们发现,一些长期处于深度贫困的人,他们更多地受到知识、想法、资本、身体和年龄等条件的制约,或者受到封闭环境、信息匮乏或智力不足等的影响,导致其无法参与旅游开发。

首先,贫困人口因贫困文化制约造成参与旅游的动力不足。美国人类学家奥斯卡·刘易斯从社会文化学的视角提出了"贫困文化"的观点,他认为,贫困不仅仅意味着钱和资源的缺乏问题,还在于对生活的理解。贫困文化的提出为我们认识贫困提供了一个新的思路,即从贫困人口主观感受去重新理解贫困的内涵,可以帮助我们更有效地把握贫困问题的实质,找到解决贫困的根源。尤其是针对少数民族的贫困问题时,这种思维更加必要。思想决定着人的主观能动性和行动能力,在脱贫当中具有重要作用。由于贫困文化的桎梏,偏远村寨的贫困居民很难摆脱贫困的束缚。这种显现在秀水村表现得非常突出。通过调查了解到,当地居民参与旅游的愿望相当强烈,但是对于参与什么项目、如何参与、参与的能力和风险预估等比较迷茫。相当多的村民认为,旅游开发是村里旅游公司的事情,让他们富起来是政府分内的事。除了社区整体的贫困文化制约,个体差异的贫困文化也表现得非常突出。在调研中发现,旅游受益户与贫困户在思想意识、信息获取等方面具有一定的差异。在思想意识方面,贫困人口比较封闭、保守,不求进取,缺乏挑战精神和创新精神,对未来缺乏长远的预期。而旅游受益户却大多具有很强的自主学习能力,富有冒险精神、创新精神,对未来有着自己的规划。在信息的获取放面,旅游受益户获得信息的渠道较广且可靠性强,占有信息的不同也会直接导致人们贫困的差异。

其次,贫困人口普遍存在参与旅游资本不足现象。贫困人口参与旅游资本不足主要表现在物质资本不足、人力资本低下、社会资本匮乏三个方面。物质资本一般是指能够满足人们生产、生活所需的各种物质资源。在

第六章　贵州民族村寨社区参与旅游扶贫的困境及出路

民族村寨旅游开发中，居民的物质资本主要指家庭可用来获益的公共设施和物质设备，比如房屋的面积、地理位置和老旧程度，家庭拥有的发展资金等。一般来说，贫困人口之所以陷入贫困，一个重要的原因在于他们自身所拥有的物质资本的存量太少，且通过正规途径和非正规途径获取物质资本的能力也非常弱，使得他们较其他人群更难进入到旅游产业链条中来并从中获益。人力资本则是通过教育、培训、经验积累等而获得的一种生产能力。个人拥有的人力资本具有巨大的增值空间，能够决定其他资本的获取。调查发现，民族地区贫困人口受教育程度普遍偏低，多是文盲或半文盲。从秀水村的情况来看，村民整体文化程度偏低，初中以下文化程度的占87.6%。社会资本是社会体制所表现出来的特征，指存在于人际关系中，基于人际网络所带来信任、价值认同、合作以及其他社会资源。从微观和中观维度来看，社会资本表现为个体行动者的关系以及个体社会地位状况对其所能获得的社会资源的影响。由于社会资本具有的社会网络特征，个体只有借助社会网络或使其成为该社会网络的成员，才有可能接近和使用该社会资本。物质资本和人力资本对社会资本的获得起着关键的基础性作用，这两大资本的不足会限制社会关系网的扩展。需要注意的是，传统的社区自治组织曾是农民可以依赖的重要社会资本，在社区公共事务中发挥着重要的作用。如西南各少数民族村寨曾经长期存在的"寨老制"，能够有效地组织社区居民，管理社区内外部事务，是个体村民所能依赖的最重要社会资本。随着现代国家对乡村社会的全面渗透，"寨老制"在村落治理体系中的地位逐渐被村委会这一现代村民基层自治组织所取代，寨老在社区事务中的作用和话语权大为萎缩。但是，由于目前的村委会组织制度尚不能担当起有效组织村民的职责，导致社区的很多公共事务难以为继。以寨沙侗寨为例，旅游扶贫开发初期，政府聘请了侗族专业老师为农户培训表演才艺，为村民编制了《侗族大歌》《踩堂舞》《芦笙表演》《拦门敬酒歌》等表演，赢得了游客的诸多好评。该表演也成为寨沙侗寨较富民族气息的一张旅游名片，但当笔者今年8月到访时这些歌舞表演已经没有原住村民跳了。走访后了解到，该村90%以上的农户都从事旅游接待、餐饮等行业，随着游客的增加，自家经营人手出现短缺，加上这些表演的义务性质，不断有村民退出表演，进而导致停演，最终这一表演项目作为收费项目被外来企业承接，失去了侗寨文化的原生态吸引力对游客的停留意愿产生影响。现在社区居民只能通过自己的努力获得所需的社会资本，获取社会资本多少成为参与旅游的重要条件。调研发现,贫困人口在社会资本方面的欠缺是影响其旅游参与的重要因素。相较于富裕户,贫困人口大多处于社会关系和社会网络的不利地位。他们普遍更重视亲缘关系,对游客及社区之外的陌生人怀有一定的戒心,信任度较低。相反,能够参与旅游的农户在社会交往方面一般更为活跃,他们不但在本社区中拥有良好的人际关系,而且社交圈已经远远超出了传统社交范畴之外,交友范围比较广泛,不管是与当地的村干部还是与旅游公司和政府部门的工作人员等,也均有可能存在一定的交集。

综上所述,作为一种产业扶贫手段,旅游扶贫能否取得预期的成效,不仅与项目自身有关,也需要其他主体的积极参与和协同合作。旅游扶贫开发在政策设计之处就具备了多元主体的参与和作用发挥,从项目设计规划、整合协调、管理实施到最后的监督验收,除了发挥地方政府的主导作用以外,相关旅游企业、农村合作组织、贫困农户等都要是重要的参与主体,而且各方主体围绕着旅游资源的开发、产品设计、经营管理和市场运营等方面建立一套完整产业组织形式和治理模式,在实现"输血"向"造血"转变的过程中使贫困人口摆脱贫困。

通过合理的制度安排使各个利益相关者之间的权利和义务达到平衡,构建利益约束机制和行为监督机制,实现和谐互促的利益格局和利益秩序,从而保证在乡村旅游资源产权模糊的条件下尽可能实现共同决策和集体福利的帕累托改进,成为确保贫困人口获益的关键。

第三节 贵州民族村寨社区参与式旅游扶贫机制构建和对策

一、构建贵州民族村寨社区参与式旅游扶贫机制

从贵州少数民族村寨旅游发展来看,村寨社区居民已逐步开始参与到了旅游产业发展过程中来,一些地方政府也采用了积极的政策不断促使社区居民以更加规范化的方式参与其中,但绝大多数民族村寨仍未形成相对完善和优越的参与机制,导致社区居民参与程度不高,参与层次低,参与权益更是无法有效保障。为了让旅游扶贫开发成为少数民族村寨社区居民真正实现脱贫致富的方式,就需要建立起完善的社区参与旅游扶贫机制,从而

第六章 贵州民族村寨社区参与旅游扶贫的困境及出路

保障和有效地解决社区参与旅游发展中遇到的困难,能让不同的利益主体在社区参与过程中协调发展,以确保贵州省少数民族村寨社区参与旅游扶贫精准到位。笔者从少数民族贫困地区的角度出发,通过分析当前贵州省民族村寨社区参与旅游扶贫存在的问题,寻找影响社区参与旅游扶贫效果的原因,构建出以旅游精准扶贫机制为基础,与社区居民能力素质全面提升机制、信息互通互联机制、参与经营与利益分配的保障机制、政策法规监管机制、资源和生态环境开发保护协调机制等互相作用、互为联系的社区参与旅游扶贫机制运行模式,从而保障民族村寨社区居民参与旅游发展切实有效地运行。

(一)旅游精准扶贫机制

精准扶贫是相对粗放的一种扶贫方式,即通过精准定位扶贫的对象、目标、内容、方式、考评和保障,针对各个贫困地域环境、个体贫困户状况,综合选取科学合理方式进行扶贫。精准扶贫脱贫目标的实现基于许多硬性指标,分为县、村、贫困人口三级指标,涉及当地政治、经济、社会和环境的方方面面。贵州少数民族村寨是贫困人口的集中地,贫困问题困扰民族村寨经济社会发展的重要难题,自贵州省全面实施精准扶贫工作以来,实现农村贫困人口脱贫致富就被作为贵州省十三五发展过程中的重点工作。大量贫困民族村寨通过旅游扶贫与当前精准扶贫工作相契合,开始重点打造民族村寨旅游。因此,通过创建旅游精准扶贫机制代表着一种新的扶贫形态,它指的是依托精准扶贫政策扶持与旅游扶贫措施优势的联合,以优化贫困社区参与程度、参与层次、参与成效等途径来实现贫困人口脱贫致富的目标。

旅游精准扶贫首先要构建一个针对民族村寨社区及居民贫困状态的精准识别、定位和施策的方式,掌握贫困地区贫困人口的基数、分布情况、贫困程度和致贫原因,分析当地旅游资源禀赋、开发潜力、可持续发展能力,从而详细定位发展旅游产业的措施与当地的扶贫力度,使旅游扶贫成效准确到位,确保贫困人口能够有效参与当地旅游开发并从中获益,实现脱贫的机制。旅游精准扶贫机制就是利用旅游业综合带动力强的优势,一方面有利于在打造民族村寨品牌效应,促进思想文化、经济社会交流,提升社区与居民整体技能素养;另一方面带动农牧产业和服务业的发展,改善水、电、交通运输、环保整治工程等一系列基础设施、增加创业就业机会,实现居民增收。引领政策导向、促进信息交流沟通、带动当地工业、农业等转型发展,规范市场新秩序,综合带动效益明显。因此,以精准扶贫机制为出发点,围绕旅游扶贫这个中心,构建出符合社区居民有效参与旅游产业发展并能从中获益的综合带动模式,从而增强民族村寨社区居民的整体自救能力。

主要通过以下方式:一是精准识别旅游扶贫对象。要针对各民族村寨的实际资源、人口进行综合分析评价,结合人口环境、个体贫困户状况,对贫困人口的基数、分布情况、贫困程度和致贫原因进行详细分析,对当地旅游资源禀赋、开发潜力、可持续发展能力进行综合评价,从而精准识别扶贫对象的具体情况,为科学合理方式进行旅游扶贫打好基础。二是精确定位旅游扶贫方式。以政府为核心,借助专家团队力量引导当地贫困农牧民参与到旅游资源开发过程中,对于精准扶贫对象要加大培训力度,给予政策上的保护和支持,鼓励或直接安排从事旅游基础服务和发展特色农牧产业及加工业,扶持旅游产业发展贴息贷款、发挥村级组织协会等作用,搭建融资平台,拓宽筹资渠道,提高各类补偿和分红标准,增加创业实力和就业水平。三是精准施策保障社区参与成效。全面系统地定位地方旅游产业发展规划,在保护村寨生态环境和民族民俗文化的基础上,着力夯实旅游业发展必要的水、电、路、旅游设施设备等基础建设等硬性条件。同时要保障社区居民尤其是贫困居民的利益权,规范市场运行管理、提升产业动力、保护环境与民俗文化、拓宽信息沟通方式、形成良好的监督和管理的政策体系,营造旅游产业扶贫的和谐全面发展。构建旅游精准扶贫机制的目的在于充分发挥旅游扶贫的优势,将精准扶贫与社区参与旅游其他方面的机制进行深入整合,从而提升社区参与水平,最后实现贫困地区社区的全面发展。

(二)社区居民参与能力素质全面提升机制

通过调查中发现,多数民族村寨社区居民对旅游产业带来的成效持认可态度,参与意愿强烈,但由于自身文化素质和技术能力不高而导致无法科学有效地参与旅游开发规划与决策过程中,参与程度普遍不高,还处于低层次参与状态。因此政府在为地方旅游扶贫投放资源的同时还需要注重提升社区居民综合素质和思想认知识的培训,提高民族村寨旅游产业的发展潜力和可持续发展力。社区居民能力与素质全面提升培训机制,是指地方政府要以全面提高当地居民旅游从业能力素质为目标,以做好社区参与旅游发展为前提,通过制订有规划、有步骤的培训方案,不仅限于基础从业知识和能力培训,还要选拔有潜力的当地居民到专业院校、专业机构进行委培、

第六章 贵州民族村寨社区参与旅游扶贫的困境及出路

有针对性的劳动输出,必要时建立当地专业培训机构等多种多样的培训方式,同时要邀请专业人员对地方居民进行心理疏导和思想沟通,提升当地居对旅游产业的认知能力,通过全方位、有针对性地培训一批有用人才进行管理决策,增强本地社区居民参与旅游业开发的能力和水平,拓宽社区参与面,延伸社区参与的深度。

主要措施有:一是要建立配套的培训方案,方案要结合每个社区的特点确定培训的对象、培训的时间、培训的目的、培训的步骤和培训的内容。培训对象以精准扶贫贫困人口为重点,对人口构成情况进行分析,结合年龄、民族、文化程度等方面综合分析,从而确定培训的时间、地点及方式,深入浅出地有步骤有计划地开展培训。二是明确培训内容,结合当地旅游业从业现状可将培训内容分为两部分进行,一部分开展基础教育培训,加强基本知识的讲解,特别是对旅游业发展规划要有全面透彻的了解,使当地社区具备参与的知识条件,对规划、开发旅游的内容进行细致耐心的宣传和讲解,让当地居民对其有了深刻透彻的了解再进行参与,使参与具有明确目的,有计划、高效率地进行。另一部分是开展专业知识技能培训,通过邀请培训机构或与专业院校联系,针对当地导游、景区讲解员、旅行社经营者等相关从业者进行专业知识和技能的培训,对居民从事旅游待业必需的基本礼仪礼节、食宿和旅游活动项目等的服务技能等培训。三是选择科学的培训方式,主要采取集中培训、专项培训和其他培训方式。集中培训主要针对范围较大的政策方针普及落实、基础性服务知识技能提升等培训,采取送培训进村进社区的方式,将居民聚集到就近或固定的场所,定期进行培训,强调培训的范围要广;专项培训主要针对优秀人才培养、旅游项目活动开展、高层次旅游活动经营管理等,采取邀请专家培训、选送到专业院校或企业全面培训等方式,并将当地优秀专业人才吸纳到旅游管理部门给予更多发展的机会,强调培训的实效性和高层次性;其他培训方式即通过媒体宣传、有目的性地组织引导、发放材料、探讨方案、收集意见等方式扩大和加深培训力度保障培训效果教育培训是一项长期性的工作,培训方式更要与时俱进、灵活多样,地方政府为了更为高效地培训社区居民参与旅游扶贫开发,担任着重要的义务和责任,不能浮于表面,要注重时效,将培训教育机制例为一项长期重要的工作。只有大力提升民族村寨社区居民的综合素质,才能使旅游资源开发与保护并重,传承与发展共存,实现创新、协调、绿色、共享、开放的可持续发展要求。

(三)信息互联互通机制

信息的不对称性,导致在社区利益各类主体之间的信任不足,各类问题层出不穷,矛盾不断升级。因此建立起有效的利益主体交流沟通平台,完善和健全信息交流与沟通,促进社区、政府和企业利益主体之间更加紧密的配合,形成良好的产业发展环境。在面对开发规划、管理决策、利益分享等重大事项时,由于参与主体之间的参与程度不同,信息量获取不公平,在参与过程中的地位就不平等,在社区参与中不能有效地发挥出整体性作用和合力,还会导致社区参与积极性受挫,甚至利益主体间产生巨大矛盾,破坏旅游业发展的初衷,无法达到旅游扶贫的目的。因此,为了保证信息公开公平透明的让所有利益主体从中权衡并互为监督,就要建立一套良好的信息互联互通机制。信息互联互通机制是在平等的基础上,把各利益主体的信息整合在一起共同享用,并且各利益主体以信息公开为基础进行相互监督。这种机制主要由信息沟通交流平台及沟通反馈渠道构成。在社区与旅游管理部门之间建立起信息沟通交流平台,通过设立专门机构,积极征求和充分听取社区居民意见和建议,建立旅游发展规划重大事项互相会商制度。让社区居民参与这个平台,形成信息反馈交流无障碍通道。同时,要建立起信息沟通反馈渠道。受各种因素制约社区直接参与到旅游规划与开发的决策中是十分有限的,所以畅通渠道让社区参与从简易的方式逐步演变成正规科学的方式,当地政府可以建立社区论坛,通过网络、手机等方式确定现场会议等方式与社区居民进行沟通、协助,并不断搜集社区发展意见建议,从而不断调整当地旅游发展战略实施中的困难。信息共享共用,可以使监督部门通过平台来发现社区旅游发展过程中存在的问题,并在平台中定向向管理部门进行反馈,针对问题的整改情况可进行过程性动态性监督。对问题的处理结果进行评估后,再次向管理部门进行反馈。通过信息平台发现问题直至最后解决问题不仅速度快效率高,而且效果好质量高,从而促进旅游业相对稳定发展。

(四)参与决策与利益分配的保障机制

为实现社区居民从旅游产业发展中脱贫的目标,关键在于让社区居民参与旅游开发的决策过程,否则社区居民无法及时地从旅游发展中公平获取合理的利益。而在社区居民对旅游产业发展的实质内容理解程度不高,对如何有效参与更是认识不足,要提升社区居民在决策和利益分配中的参与程度非常困难,这就需要发挥政府职能,协调专家团队和相关组织力量来帮助引导。目前,从贵州民族村寨旅游利益分配模式上看,社区居民的文化资源产权利益和土地权益没有得到很好的实现。随着旅游产业的推进居民权利意识提升,对资源权益的要求日益剧增,若居民的经济利益诉求若得不到满足,则不仅背离了旅游扶贫的初衷,也会影响到本地旅游业的持续发展和社区的稳定团结。国内外旅游开发的实践表明,民族群众保护传统文化、社区生态环境的自觉动力,一定是建立在其能够通过文化、生态环境获得一定经济收入的基础之上的。当然,要保障社区居民的权益,光靠社区居民个人自觉意识和自我保护能力是远远不够的。必须要有一套正式的制度来保障居民利益的获取。而制度必须建立在一定的权利基础上,因此民族村寨社区参与旅游扶贫开发需要明晰和理顺村寨的土地、民族文化等资源的产权关系,包括所有权、使用权、经营权和收益权的利用和分配。现阶段,可以借鉴一些成功的做法,在资源入股、利益分成方面确保社区居民利益所得。目前,秀水村已经成立村办旅游公司,通过"五股模式"的利益链接机制,确保居民的利益所得。

总之,要从制度上保证社区的各个利益主体享有相对公平的同时,还要注重旅游资源、文化资源的保护实际。在利益分配机制设计时,要考虑到对特色旅游、特色民俗文化源的保护。因此,还要健全完善景区资源维护资金保障机制,在各方共同努力形成公平合理的利益分配机制下,实现多边共赢,促进当地旅游开发可持续性发展,才是旅游扶贫所要达到的目标所在。

(五)政策法规保障机制

从当前贵州省民族村寨社区参与旅游扶贫现状看民族旅游产业发展的法律法规体系还不健全,法制建设相对滞后,社区居民普遍存在法制观念和政策意识不强的问题,致使在民族村寨社区参与不完全或参与权益被漠视。现行的政策法规跟不上当地旅游产业的发展,利用在法律法规中的空隙,进而出现了一些违规经营行为,扰乱旅游市场。因此,要在政府的指导管理下,借鉴先进地区管理经验,结合当地实际情况,逐步完善监督管理体系,规范和纠正不良行为,建立一个具有良好的经济活动秩序运行环境。道格拉斯·诺斯认为制定制度规则和目的就是对追求利益最大化的个人行为进行规范和约束。在旅游经济活动中,有效的法律保障机制对旅游规范发展和秩序维护有着至关重要的作用,也是社区参与能够顺利运行的关键环节。

在利益分配关系中,任何利益主体都存在追求利益最大化的现象,还有一些机会主义者,为了一己之私破坏正常的经济活动秩序,钻法规政策制度的空子,破坏当地社区居民利益和资源。因此,要有健全的制度保障体系才能消除各种不良经济行为,使旅游扶贫发展在规范化、制度化的轨道上运行,建立一个使利益主体感到安全的运行环境。构建社区旅游扶贫的政策法规保障机制,要以旅游管理部门和扶贫部门协作配合完成。一是以县级政府为主,制定社区旅游扶贫的政策规定。对社区旅游参与主体的目标性质、发展程序、组织方式等做出非常具体明确的规定,对社区的权利尤其是权利和义务予以明确。政策法规的制定要保证社区贫困居民在旅游开发整个过程中的参与度和积极性,保证旅游资源的开发方式向集约型、节约式方向发展,保障社区居民平等享有利益,杜绝将收益集中在部分参与程度高、拥有资源多的居民当中,防止新形式不公平现象的发生。二是建立责任追究等相关配套制度。对违反规定的相关责任和处罚措施进行细致的规定,以确保在处理所遇到的障碍因素时可以有法律可依据、有规章可遵循、权益与责任对等。三是畅通外部监督渠道。通过建立规范的政策规定和制度体系,在对社区参与中各个利益主体的行为、旅游发展中出现的问题,以及旅游发展的影响进行依法约束的同时,可以借助其他与社区旅游有联系的组织、集体或个人(包括旅游者、社区居民、旅游企业、非政府组织)对社区旅游发展中各类主体的行为进行有效监督,营造一个合法、依规、有序的产业环境,使旅游产业健康发展,为旅游产业加强社区扶贫营造一个良好的政策保障体系。

(六)资源和生态环境开发保护协调机制

十八届五中全会了提出"创新、协调、绿色、开放、共享"的新发展理念,其中绿色发展理念强调要尊崇自然遵循规律,合理开发利用自然资源,同时要保护自然环境,维护生态系统。保持和发展生态平衡,协调人类与自然环境的关系,以保证人与自然的和谐相处,共同发展。任何一种产业的发展要贯彻五大发展理念,遵循发展规律,在民族地区发展旅游产业则更需要贯彻绿色发展理念。社区旅游开发主要带来经济、社会和生态环境三个方面的收益。经济方面主要表现为经营过程中的收入和税收;社会方面主要表现为向好营造良好的民情风气、进步的社区文化和社区居民与旅游者之间社会交往等良好的社会风气;生态环境方面则主要表现为资源的保护、改善和可持续发展。社区参与利益分配过程中不能急功近利,或者片面追求经济

第六章　贵州民族村寨社区参与旅游扶贫的困境及出路

利益,而忽视社会效益和生态环境效益,从而避免利益主体之间出现冲突。要汲取破坏环境付出巨大代价的教训,从长远的角度来考虑社区旅游开发与生态环境的和谐发展,才能从真正意义上让当地社区居民从中长远获益,而不是成为资源过度开发和生态环境被损害的承担者。在每个民族村寨社区,能够发展旅游业,其前提就是其独特的民族民俗文化和良好的生态环境。虽然社区参与旅游是基于扶贫的产业发展,但我们已经认识到片面追求经济效益的危害,因此现在的发展不仅仅是为了解决温饱,而是实现长久的小康。要讲求质量、效益和速度的均衡统一,不能只追求当代人的利益,让后代承担污染环境造成的沉重负担,政府要本着传承和发扬、开发与保护的原则,发动当地居民参与到当地的旅游资源与生态环境开发与保护中来。要让社区居民成为当地民俗文化和生态环境的主要保护者。

建立资源开发与保护协调机制要从三方面开展:一是积极改善资源及环保软件环境。要加强对从业人员的再培训,使其在行为方面成为主动承担旅游自然、文化资源的传承者与保护者角色,要让社区树立主人翁意识,增强保护当地旅游资源和生态环境的自觉性,同时以实际行动影响旅游者形成自觉保护意识。要树立资源保护的思想意识,通过利用进入景区发送提示短信、在景区醒目位置设置标识牌、签订保护资源环境承诺等方式,营造保护环境的浓厚氛围,提醒游客要节约资源,时时处处保护资源和生态环境,让游客充分认知环保及可持续发展的重要性,让强烈的环保意识成为游客的第一感受。鼓励建立社区居民组织,在政府指导与监督下带动全体居民参与到保护资源的实际行动中,在社区居民中组建义务宣传员、防护员和监督员队伍,引导社区居民自发参与对当地资源与保护和监督中,形成保护合力。二是建立硬件升级改造机制。充分利用技术更新,及时对耗费水和能源的机器设备进行改造升级,注重新能源设备应用和再生性能源的利用。在开发过程中不断寻找对环境影响较少的替代品,减少对不可生资源的使用量,提倡重复使用和循环使用生活消费品等方式达到呵护环境的目的。三是建立动态监管机制。在旅游业发展过程中,要在充分尊重当地民族文化和生活生活习俗的基础上进行人文资源的合理开发和利用,摒弃传统糟粕,传承及发挥民族智慧和文化精髓,充分尊重社区居民的意愿。要建设资源与环境开发与保护平台,对社区旅游中易发生资源破坏、浪费等问题进行详细记录、及时归纳整理,建立起当地资源与环境保护目录台账,实时进行监管与评估,发现问题及时整改,确保开发与保护工作及时到位。目前,贵州省民族村寨社区参与旅游扶贫过程中多数仍以政府主导管理为主,社区参与的方式逐渐由被动向主动参与转变,为了实现旅游扶贫过程中社区完全参与的目标,构建出适合地方旅游产业发展的社区参与旅游扶贫的运行机制。社区参与当地旅游产业发展是一个动态运行过程,其中以旅游精准扶贫机制为中心,对当地贫困人口、贫困现状的精准定位、识别和施策,其他机制通过借力精准扶贫政策,全面推动旅游产业扶贫效应,保障社区参与水平不断提升。

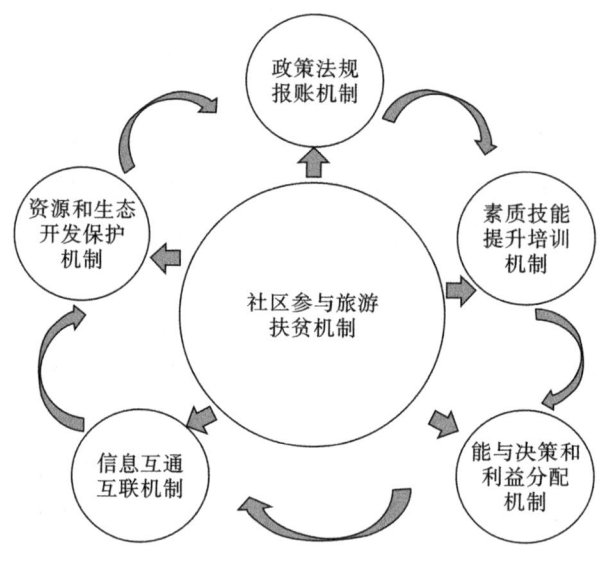

图3　社区参与旅游扶贫机制运行图

根据图3所示,政策法规保障机制是各项机制得以规范和有效运行的基础和规范,政策法规体现在社区参与过程的方方面面。素质技能全面提升培训机制是当前该地区旅游扶贫的首要环节,社区居民素质技能的不断提升是旅游扶贫的重要措施之一,更是开展其他机制功能的力量源泉。保障社区居民参与决策和利益分配是让当地居民脱贫致富的重要目标,信息的畅通是确保公平公正的重要手段,当地资源和生态开发保护是旅游业持续发展的基础。各种机制的有效运行,当地政府承担着组织、管理、监督和引导的职能,是让当地社区居民在旅游产业发展过程中其权益不受侵害的重要保障,通过社区参与机制的有效运行和政府长期的引导管理,让当地居民形成自助自救自立的脱贫能力,实现政府角色的转换,让旅游产业成为当地居民的支柱产业,从而保障旅游扶贫取得实效。

二、贵州民族村寨社区参与旅游扶贫机制实施路径

(一)贯彻有限政府的扶贫开发理念

政府主导下的旅游开发具有时效性强、速度快、效益明显的特点,在旅游规划、资源调配、保障预期收益等方面具有明显的优势,这也是贵州省长期坚持政府主导旅游扶贫开发的原因。但是,政府作为一种帮扶的外在力量,很难在旅游扶贫的可持续性方面提供保障。还应该明确的是,旅游扶贫是一个不断变化、不断深入、不断完善的发展过程,政府的角色和作用不应该是一成不变的,在步入一定阶段后,社区旅游的管理权也应该由政府主导向社区方面让渡。村民的积极参与是村寨旅游经济快速、稳定的重要根基。怎样在各利益主体之间构建一个完整的利益分配以及权责制度,是当前旅游扶贫政策急需关注的重要问题。只有进一步下放政府旅游扶贫开发资源的主导权,贯彻有限政府的扶贫开发理念,才有助于民族村寨旅游内生动力机制的完善,才有利于打破政策信息的不对称,内部化民族村寨旅游经济外部性问题。具体而言,可从两个方面予以实施。

一是政府在旅游资源主导权利方面逐步放权。随着旅游精准扶贫工作的向前推进,政府主导下的旅游扶贫的管理方式,已经不能适应扶贫管理日益精细化的现实需求,应对政府和其他参与者的职权进行划分。如在旅游扶贫中,政府应该与旅游公司之间进行清晰的权责划分,防止政企不分制约了旅游扶贫项目的市场竞争力。在景区内部管理方面,政府需要转变以往的由旅游部门全权管理的方式,适当将权力下放。如将村支两委、村寨精英和村落传统组织整合到旅游社区组织中来,在扶贫项目的设立及开发上充分听社区组织的意见,保证项目实施的有效性和可能性。另外,还要提高政府财政扶贫资金的投入和产出效率。扶贫资金的有效使用,同样离不开企业和社区组织的有效参与。

二是对社区居民增权。积极为居民参与旅游开发创造条件,落实社区居民及社区组织在旅游开发中的主体地位,是精准扶贫的应有之意。民族村寨旅游景区与一般的自然景区和人文景区不同,社区居民既是旅游资源的利用主体,也是村寨传统文化的活态载体。因此,社区文化的鲜活性和以人为主体的建构性,决定了旅游产品设计中既要依托社区为载体来表征外

显文化事象,同时,也对制度设计产生了内在的约束,即社区和居民作为旅游开发中的文化主体,也理应成为文化资本化的利益主体。在村寨旅游扶贫中,客观上应该肯定民族村寨居民的主体性地位,赋权于少数民族群体。

总之,在社区参与旅游扶贫当中,贯彻有限政府理念,强调政府对资源主导权利的下放和对社区居民曾权,并不意味着因此否定政府权力或政府主体责任的弱化,而是在形式发展推动下对政府权力的重新优化。其目的是为了社区和贫困居民更加全面深入地参与到旅游中来,调动社区参与主体的积极性,共同提高旅游扶贫的实效。

(二)激励贫困居民社区参与旅游扶贫的内生动力

尽管贵州民族村寨旅游扶贫的开展已有相当时日,甚至多数民族村寨已经完成全面脱贫攻坚任务,民族村寨的贫困面貌已发生了很大改观。当前,要从根本上改变民族村寨贫困人口的贫穷面貌,首先就是要拔掉深烙在贫困人口意识上的贫根,切实激活贫困居民参与社区旅游扶贫的内生发展动力,实现要我脱贫向我要脱贫的转换。具体而言,一方面要引导贫困居民树立理财意识,在日常生活中为参与旅游进行必要的资本积累。调研发现,大多数的民族村寨贫困家庭由于缺乏启动资金,无法进入旅游市场。即使获得扶贫资金,很多人也是在短时间之内将这笔钱花光,没有将有限的资金用在长远发展上。究其根源在于,一般贫困居民缺乏家庭理财和投资意识,对此可采取相应措施进行引导。如帮助贫困家庭树立理财意识,建立贫困家庭资本专项账户,实现对家庭日常生活收支的积极管理,对于家庭中的一些不必要消费进行缩减;政府或相关机构出面进行小额担保,帮助贫困居民拓宽贷款渠道,解决自我发展资金暂时不足的难题;开动脑筋,积极挖掘家庭可资利用的物质资本,发挥其最大的资本效用。如在寨沙侗寨一些家庭由于不善经验,将自家的房屋租赁给善于经营的外地经营者,自己再租赁到县城居住,同时还可就近在县城寻找就业机会;也有一些村民为了解决自身旅游业启动资金不足的问题,与外来资本联合开发经营,自己提供房屋和劳动力,外来经营者提供资本和管理经验等。其次,积极提升贫困家庭的人力资本增量。随着旅游发展的深入,人力资本在旅游经营中的作用变得越来越突出。政府和社区应加强对贫困家庭的引导,组织其参加各种旅游技能培训,增强他们的市场思维和创业能力,同时重视贫困子女的教育,改善当地的办学条件,提升和落实教育教学的质量,剪断贫困文化的复制链条。

（三）依托本地资源促进产业融合发展

仅通过旅游产业自身所能提供的就业，而不考虑旅游价值链上的关联性产业，是无法达到完全脱贫效果的，实际上也严重浪费了旅游产业的减贫效果。旅游产业具有综合性强、关联度高、产业链长的特点，利用得当，能发挥"一业带百业"的巨大作用。具体来说可以从以下三个方面促进民族村寨旅游与其他产业的融合发展。

一是构建以民族旅游村寨为核心的圈层旅游发展格局。全域旅游的核心在于对当地资源要素最大限度地整合、优化和运用。在全域旅游发展理念指引下，构建以民族旅游村寨为核心的圈层发展布局，是旅游扶贫开发的关键。首先，通过对周边村寨的资源要素的吸纳和聚集，倒逼民族旅游村寨的旅游资源开发和配套设施的进一步完善，通过极化效应促使民族旅游村寨经济发展新的增长极显现，并依托民族村寨引领村镇地域系统内各个要素的整合与发展，在县域范围内形成中心镇、特色小镇、集镇等多个中心极点支撑的空间结构；其次，最大限度地发挥民族村寨旅游经济的扩散效应，带动周边村寨和整个区域的共同发展。在此过程中需要注意的是，圈层发展格局的形成要充分发挥政府对市场的干预和引导作用，通过实施一系列干预措施将民族旅游村寨的能量尽可能地向周边村寨扩散，从而实现其与周边村寨在经济、文化和生态等方面的全面发展，实现整个区域经济的共同发展的良好态势。

二是打造以民族文化为主线的民族文化旅游综合体。民族文化是少数民族村寨发展的核心和灵魂。在2014年召开的中央民族工作会议上，李克强总理提出，民族地区"要重视利用独特地理风貌和文化特点，规划建设一批具有民族风情的特色村镇"。根植于民族村寨地域当中的风俗习惯、文化遗址、古建筑、非物质文化遗产等都是特色村寨文化建设可资利用的载体。通过积极挖掘村寨的文化基因，利用"文化+"将文化元素嵌入旅游产业中，从而实现对当地旅游产业的创造性和创新性发展，实现民族文化的生产性保护，从而产生多重效益。

三是以"旅游+"产业融合实现区域协同发展。旅游产业融合是指加强旅游产业内部不同行业之间的联系，以及旅游业与其他产业之间进行相互渗透、相互关联进而生成新业态的过程。这种新业态的形成有利于将贫困人口纳入到产业链条中来，从而实现旅游扶贫效益的最大化。

(四)精英引领民族村寨的组织化建设

我国扶贫的瞄准单元一直在不断调整和聚焦之中。除了制度因素之外,社区内的"精英俘获"也是造成这一问题的一个重要因素。这一问题在社区参与旅游扶贫中尤为凸显,因为旅游参与具有一定的门槛限制,要求参与者具备一定的资金、市场信息、专业技术、发展眼光等条件,大多数贫困居民在这一方面并不占优势,所以真正能通过旅游获益的往往是村庄中具有一定资本优势的村寨精英。问题是,贫困人口尽管有迫切的发展愿望,但是为公平起见,政府并不能通过行政手段强行将旅游收益直接划拨给贫困群体。而且如果一个区域的旅游扶贫开发仅单向度地针对贫困人口,也是很难获得成功的。也就是说,只有依托一定的组织载体,成员才可以通过共同目标和共同行动的方式,生产和再生产出大量的社会资本,实现社会关系资源和利益共享。因此,在贫困人口的脱贫问题上,需要从社会合作的维度来解决发展的瓶颈,即只有构筑了有利于贫困人口脱贫的稳固的社区组织为基础,才能真正有效地实现"造血"功能。在民族村寨社区参与旅游扶贫中,一定要发挥好社区自组织的协同合作力量和乡村精英的带头作用,通过社区自组织的凝聚作用将分散的农民团结在一起,通过村寨精英的引领示范,形成发展的合力。这一过程既是村民主人翁意识的体现,也是激发农民主体参与和形成内生动力的过程。这些来自村寨的具备现代乡贤精神的精英熟悉村庄资源、了解农民内在需求,能够为旅游扶贫项目的设立出谋划策。在寨沙侗寨调研发现,本地居民经营的商铺、农家乐、旅店的价位一般相对比较便宜。一位本地的民宿经营者说:"房子是自家的,价格低点也不要紧,外面开的客栈的价格就不会像我们这么便宜了,他们租金压力大,房租自然要高些。淡季游客少一点也没关系,房子可以自己住,退一万步来说,即使这个店从开张到现在完全不赚钱,就当花了钱给自己装修了房子。"这类乡村精英在旅游经营中,更倾向于雇佣本地贫困居民,除了共同的乡情之外,这种熟人关系很好地平衡了淡旺季的员工增减需要。云舍村一位餐饮经营者表示:"找人我还是愿意找寨子里的,知根知底的好相处,平时客人不多的时候他们可以不来,照顾自己的家里。旺季的时候多加点班都比较好沟通。"

三、结语

贵州少数民族村寨具有典型旅游资源富集与贫困问题突出的高度叠加

第六章 贵州民族村寨社区参与旅游扶贫的困境及出路

特性,这在客观上决定了旅游扶贫开发是我省少数民族村寨地区实现区域经济发展、脱贫致富的必然选择。自20世纪80年代开始,一些民族村寨就开始了旅游扶贫的实践探索,经过多年努力,已经探索出了一条具有地域特色的旅游扶贫开发模式,即民族村寨旅游扶贫的"贵州模式",形成了许多社区参与式旅游扶贫模式,如:政府主导型社区参与旅游扶贫的"寨沙侗寨模式""西江模式";企业主导性社区参与旅游扶贫的"秀水模式""天龙模式";社区居民主导型社区参与旅游扶贫的"郎德上寨模式"等典型类型。但实际上这些不同的典型案例,在实质上均服膺于政府主导这一主流扶贫背景,区别仅在于政府主导力度和介入程度的不同。贵州少数民族村寨社区参与式旅游扶贫的效果究竟如何,成果是否能够真正惠及贫困人口上,现有的旅游扶贫机制是否需要提升和改进,带着这些问题笔者陆续走访了一些少数民族村寨,在对民族村寨整体旅游开发情况把握的基础上,最终选定了位于安顺、铜仁的三个少数民族村寨——秀水村、云舍村、寨沙侗寨,作为本研究的案例调研点。从经济效应、文化效应、社会效应、环境效应四个方面构建贵州少数民族村寨社区参与式旅游扶贫效应的评价体系并结合对案例地的深入调查,发现当前贵州省少数民族村寨社区旅游资源功能转化能力不强、社区居民获取旅游信息资源不对称、政府主导旅游扶贫资源投放弊端初显、民族文化保护和可持续发展面临困境、社区居民技能素质水平不高以及法律法规政策监管体制不健全等方面的问题,导致贫困人口收益不足。在综合运用可持续发展理论、利益相关者理论和反贫困等相关理论的基础上,结合调查所得资料,对影响贵州少数民族村寨社区参与旅游扶贫效应的原因进行了分析,得出如下结论。

第一,社区居民获取的信息资源不对称、居民技能素质水平不高、法律法规政策监管体制的不健全,制约了贫困人口社区参与式旅游扶贫开发过程中主体地位的发挥,也是造成当前旅游扶贫效率低下的主要原因。一方面,在中国特殊的法律制度下,民族文化旅游资源产权属性比较模糊,使得社区居民产权地位很难得到充分的彰显和保障。另一方面,旅游市场经济发展下,大量的外来资本不断涌入村寨,围绕着少数民族村寨的旅游扶贫开发必然存在着错综复杂的"权力—利益"角逐,而贫困农户由于受到资金、知识、心理准备和能力等多方面不足的限制,往往被排斥在旅游开发之外。从结果来看,本来归村寨居民的经济受益更多地被外来资本和社区的富裕阶层所攫取,而旅游开发所导致的一系列消极负面后果却更多地要贫困人口来承担,体现出极大的不公平。

第二,基于上述研究和分析,本研究认为当前贵州少数民族村寨社区参与式旅游扶贫机制需要在旅游精准扶贫机制、社区居民参与能力素质全面提升机制、信息互联互通机制、社区居民参与决策与利益分配的保障机制、政策法规保障机制、资源和生态环境开发保护协调机制方面进行完善。而在具体实施路径方面:一是地方政府要进一步下放对旅游资源的主导权,在旅游扶贫开发过程中贯彻有限政府的理念;二是激励少数民族村寨贫困居民社区参与旅游扶贫的内生动力;三是依托地方资源促进产业融合发展;四是注重精英引领少数民族村寨的组织化建设作用。

少数民族村寨社区参与式旅游扶贫开发是一项关涉国家、市场、社会和贫困人口等多主体的系统性工程。它要求各利益主体共同发力,协同作战,拧成一股绳,形成强大的合力,方能取得良好的扶贫效果。值得一提的是,由于旅游扶贫本身是一个事关经济、文化、政治和社会多因素的复杂课题。随着人们对贫困问题认识的深化,研究视野将进一步拓宽,研究内容和方法也将更加系统。本研究虽然认识到了少数民族村寨旅游扶贫问题的复杂性和系统性,并试图在研究中有所突破,但由于课题难度和笔者在知识结构、精力等方面的欠缺,研究过程中难免显得有些力有不逮,文章当中还存在着一些不足。希望在今后的研究中,笔者能继续加强对这一问题的思考,力求更加完善。

参考文献

[1] 孙九霞. 旅游人类学的社区旅游与社区参与[M]. 北京:商务印书馆,2009.

[2] 宋德义,李立华. 国外旅游减贫研究述评:基于经济学理论研究和旅游减贫实践的视角[J]. 地理与地理信息科学,2014,30(3):88-90.

[3] SINCLAIR M T,STABLER M. 旅游经济学[M]. 北京:高等教育出版社,2004.

[4] BLAKE A,ARBACHE J S,SINCLAIR M T,et al. Tourism and poverty relief [J]. Annals of Tourism Research,2008,35(1):107-126.

[5] 周歆红. 关注旅游扶贫的核心问题[J]. 旅游学刊,2002(17):16-22.

[6] 赵磊. 旅游发展能否减小城乡收入差距:来自中国的经验证据[J]. 旅游学刊,2011(12):15-25.

[7] 李兴江,陈怀叶. 参与式扶贫模式的运行机制及绩效评价[J]. 开发研究,2008(2):94-99.

[8] 张海霞,庄天慧. 非政府组织参与式扶贫的绩效评价研究:以四川农村发展组织为例[J]. 开发研究,2010(3):55-60.

[9] 游新彩,田晋. 民族地区综合扶贫绩效评价方法及实证研究[J]. 科学经济社会,2009(3):7-13.

[10] 向延平. 武陵源世界自然遗产地旅游扶贫绩效模糊评价[J]. 中南林业科技大学学报(社会科学版),2012,06:5-7.

[11] 黄梅芳,于春玉. 民族旅游扶贫绩效评价指标体系及其实证研究[J]. 桂林理工大学学报,2014,02:407-409.

[12] 王进,周坤. 旅游扶贫中贫困人口的权力认知研究:基于"赋权-限权"角度[J]. 旅游科学,2017,31(05):32-45.

[13] 孙九霞,陈浩. 旅游对目的地社区族群认同的影响:以三亚回族为例[J]. 地理研究,2012(04):758-768.

[14] 胡曼,周真刚. 贵州省民族特色村寨的可持续发展研究[J]. 贵州民族研究,2017(11).

[15] 李忠斌. 民族地区精准脱贫的"村寨模式"研究[J]. 西南民族大学学报

（人文社会科学版），2017(1).

[16] 刘琴,周真刚.贵州民族村寨治理困境及法治转型:以精准扶贫为背景[J].黑龙江民族丛刊,2018(3).

[17] 谢会强.贵州民族村寨旅游扶贫开发的效应分析及优化研究:以黔东南西江苗寨为例[J].经济研究导刊,2013(4).

[18] 陈晓燕,段德君.后旅游扶贫时代的乡村旅游探析[J].中国农学通报,2005(7).

[19] 杨昌儒,潘梦澜.贵州民族文化村寨旅游发展问题与对策研究[J].贵州民族学院学报(哲学社会科学版),2004(5).

[20] 胡红霞,李达,王俊程.精准扶贫与乡村治理创新[J].西南科技大学学报(哲学社会科学版),2017(5).

[21] 王汝辉,刘旺.民族村寨旅游开发的内生困境及治理路径:基于资源系统特殊性的深层次考察[J].旅游科学.2009(3).

[22] 罗建宏,叶卉宇.民族旅游村寨可持续发展困境及路径探讨.中华文化,2016(10).

[23] 蒋焕洲.贵州民族村寨旅游发展现状、问题与对策研究.广西财经学院学报,2010(2).

[24] 贺祥.旅游活动对民族文化村寨影响效应的研究:以贵州省西江苗寨为例[J].凯里学院学报,2013(04).

[25] 廖军华.民族村寨旅游的创新模式:5Cs模式[J].安徽农业科学,2011(08).

[26] 薛群慧.民族村寨旅游体验型产品设计的心理学阐释[J].改革与战略,2008(11).

[27] 李川.民俗学视野下的民族村寨旅游景观规划:以广西三江程阳八寨为例[J].广西师范大学硕士论文,2008(5).

[28] 陈志永.郎德苗寨社区旅游:组织演进、制度建构及其增权意义[J].旅游学刊,2013(06).

[29] 方董平.乡村振兴战略背景下旅游扶贫发展路径探析:以广西南宁为例[J].中共南宁市委党校学报,2019,21(03).

[30] 李燕琴.反思旅游扶贫:本质、可能陷阱与关键问题[J].中南民族大学学报(人文社会科学版),2018(03).

[31] 黄勇,黄晓.贵州民族特色村寨保护与乡村振兴路径思考[J].贵州民族

研究,2019(07).

[32]任友.民族村寨旅游可持续发展研究[J].合肥经济与科技,2018(11).

[33]向雪洁.贵州少数民族特色旅游村寨品牌扶贫模式研究[J].四川旅游学院学报,2018(11).

[34]王红梅,覃娟.近10年国内民族村寨旅游研究述评[J].安徽农业科学,2017(09).

[35]吴亚平,陈品玉,周江.少数民族村寨旅游精准扶贫机制研究:兼论贵州民族村寨旅游精准扶贫的"农旅融合"机制[J].贵州师范学院学报,2016(05).

[36]吴亚平,陈志永.基于核心力量导向差异的乡村旅游制度比较研究:对贵州"天龙屯堡""郎德苗寨"与"西江苗寨"的实证分析[J].热带地理,2012,32(5):537-545.

[37]党红艳,金媛媛.旅游精准扶贫效应及其影响因素消解:基于山西省左权县的案例分析[J].经济问题,2017(6):108-113.

[38]陈友莲."旅游飞地"对旅游扶贫绩效的影响及其防范[J].三农探索,2011(12):39-40.

[39]李刚,徐虹.影响我国可持续旅游扶贫效益的因子分析[J].旅游学刊,2006,21(9):64-69.

[40]赵伟兵.旅游扶贫的风险性及对策研究[D].广西大学,2003.

[41]蔡雄,连漪,程道品.旅游扶贫的乘数效应与对策研究[J].社会科学家,1997,3(65):4-16.

[42]阳国亮.旅游投资的乘数效应与旅游扶贫[J].学术论坛,2000(6):83-85.

[43]张小利.西部旅游扶贫的乘数效应分析[J].商业时代,2007(7):89-91.

[44]杨建春,肖小虹.贵州旅游扶贫效应动态分析[J].商业研究,2011,7(35):212-216.

[45]林红.对"旅游扶贫"论的思考:兼议西部旅游开发[J].北京第二外国语学院学报,2000(5):49-53.

[46]粟娟.武陵源旅游扶贫效益测评及其优化[J].旅游研究,2012(3):1-6.

[47]唐建兵.旅游扶贫效应研究[J].成都大学学报(社会科学版),2007

(2):71-75.

[48] 向延平.武陵山区旅游扶贫生态绩效模糊分析:以湘鄂渝黔6个市州为例[J].湖南农业科学,2012(13):131-133.

[49] 冯旭芳,徐敏聪,王红.基于贫困人口发展的旅游扶贫效应分析:以锡崖沟为例[J].生产力研究,2011(5):91-92.

[50] 李佳,田里.连片特困民族地区旅游扶贫效应差异研究:基于四川藏区调查的实证分析[J].云南民族大学学报,2016,33(6):96-102.

[51] 何玲姬,李庆雷,明庆忠.旅游扶贫与社区协同发展模式研究:以云南罗平多依河景区为例[J].热带地理,2007,27(4):375-378+384.

[52] 卢丽娟,曹务坤,辛纪元.民族村寨社区参与旅游扶贫开发的财产制度瓶颈与破解[J].贵州民族研究,2014(5):116-119.

[53] 邓辉,刘素.民族村寨旅游中社区参与状况的调查与思考:基于武陵山区两个民族旅游村寨的比较研究[J].中南民族大学学报,2017,37(1):81-85.

[54] 何红,王淑新.集中连片特困区域旅游扶贫绩效评价体系的构建[J].湖北文理学院学报,2014(8):74-79.

[55] 黄梅芳,于春玉.民族旅游扶贫绩效评价指标体系及其实证研究[J].桂林理工大学学报,2014,34(2):406-410.

[56] 姚茂权,廖明才.乡村旅游扶贫精准化路径探讨:以江口县乡村旅游扶贫为例[J].知行铜仁,2018(3):13-15.

[57] 代改珍.民族村寨旅游再生产中的主体凝视:以贵州铜仁寨沙侗寨十年旅游发展为例[J].西南民族大学学报(人文社会科学版),2019(3):35-39.

[58] 郎艳林.云舍村:乡村文化旅游的贵州样本[J].当代贵州,2015(33):38-39.

附 录

贵州民族村寨社区参与式旅游扶贫机制及效应研究(农户调查问卷)

尊敬的先生/女士:您好!

  这是一份关于秀水村社区参与式旅游扶贫效应评价的学术研究调查问卷,目的是了解村民对旅游扶贫效应的感知。本问卷采取匿名方式,您对以下问题的回答对我的研究有很大的帮助,希望得到您的帮助和信任。请根据您的实际情况和想法选择合适的选项,感谢您的参与!

调查者	调查日期	校对者	问卷编号

1. 您的性别:(　　)
   a. 男　　　　b. 女
2. 您的年龄:(　　)
   a. 0~22 岁　　b. 23~35 岁
   c. 36~50 岁　　d. 50~65 岁　　e. 65 岁以上
3. 您的受教育程度:(　　)
   a. 初中及以下　　b. 高中
   c. 大专　　d. 本科及以上

4. 您当前的职业:(　　)

　　a.学生　　　　　　b.农民　　c.政府/事业单位

5. 旅游扶贫前家庭年均总收入:(　　)

　　a.3 050 元及以下　　　　b.3 051~10 000 元

　　c.10 001~30 000 元　　　d.30 000 元以上

6. 旅游扶贫前经济收入主要来源(可多选):(　　)

　　a.务农收入　　b.当地务工收入　　c.养殖收入

　　g.政府/事业单位　h.其他

7. 当前家庭年均收入:(　　)

　　a.3 050 元及以下　　　　b.3 051~10 000 元

　　c.10 001~20 000 元　　　d.20 001~40 000 元

　　e.40 001~60 000 元　　　f.60 001 元及以上

8. 旅游发展后经济收入主要来源(可多选):(　　)

　　a.务农收入　　b.当地务工收入　　c.养殖收入

　　d.个体经营　　e.外出打工　　　　f.旅游业收入

　　g.政府/事业单位　h.其他

9. 若您参与了当地旅游产业发展,那您从事的是何种职业:(　　)

　　a.旅游景区人员　b.导游解说　　c.民宿经营

　　d.餐饮　　　　　e.旅行社　　　f.旅游商品销售

　　g.旅游表演　　　h.旅游交通运输　i.其他

10. "五股"中您从哪些股获益(可多选):(　　)

　　a.人头股　　　b.土地股　　　c.效益股

　　d.发展股　　　e.孝亲股

　　近三年您从"五股"中获得的收入分别是多少＿＿＿＿元、＿＿＿＿元、＿＿＿＿元。

11. 根据您的实际同意程度选择相应选项

序号	题目	非常同意	同意	一般	不同意	非常不同意
1	旅游促进了当地经济发展					
2	旅游增加了就业机会					
3	旅游提高了收入					
4	旅游提高了生活质量					
5	旅游吸引了招商投资					
6	旅游导致物价(生活成本)上涨					
7	旅游收益分配不均,贫富差距拉大					
8	旅游改善了生态环境质量					
9	旅游提高了居民和政府环境保护意识					
10	旅游提高了居住环境质量					
11	旅游改善了交通等基础设施					
12	旅游使当地污染加重					
13	旅游使当地噪声增多					
14	旅游发展增加了教育、培训等增值机会					
15	旅游提高了乡村形象和知名度					
16	旅游促进了与外界的交流					
17	旅游改变了生活方式					
18	旅游冲击了传统文化					
19	旅游增加了犯罪和不良现象					
20	旅游破坏了邻里关系					
21	能够参与关于旅游政策制定或旅游规划					
22	有良好的(旅游相关)答疑、投诉、提议的平台或渠道					
23	有居民代表(或与旅游、政府相关代表联合)组织					

续表

序号	题目	非常同意	同意	一般	不同意	非常不同意
24	旅游促进了村民参与政治的意识					
25	旅游提升了当地女性的地位					
26	您对秀水旅游开发非常支持					
27	您对当前旅游发展的现状很满意					
28	旅游提升了村民的素质					
29	旅游发展促使了当地对文化遗产的重视与保护					
30	旅游发展增加了村民凝聚力					
31	旅游改善了当地卫生状况					

12. 您对秀水村发展旅游业的意见及建议：

再次感谢您对本课题组调研的支持！

贵州省软科学项目:贵州民族村寨社区参与式旅游扶贫机制及效应研究(农户调查问卷)

尊敬的先生/女士:您好!

  这是一份关于贵州民族村寨社区参与式旅游扶贫效应评价的的学术研究调查问卷,目的是了解村民对旅游扶贫效应的感知。本问卷采取匿名方式,您对以下问题的回答对我的研究有很大的帮助,希望得到您的帮助和信任。请根据您的实际情况和想法选择合适的选项,感谢您的参与!

调查者	调查日期	校对者

1. 您的性别:(　　)
  a. 男　　　　　　　b. 女
2. 您的年龄 :(　　　)
  a. 0~22 岁　　　　b. 23~35 岁
  c. 36~50 岁　　　　d. 50~65 岁　　　　e. 65 岁以上
3. 您的受教育程度 :(　　　)
  a. 初中及以下　　b. 高中　　　c. 大专　　　d. 本科及以上
5. 您当前的职业:(　　)
  a. 学生　　　　　b. 农民　　　　　c. 政府/事业单位
  d. 旅游相关行业　e. 其他
5. 2012 年以前家庭年均总收入:(　　　)
  a. 3 050 元及以下　b. 3 051~10 000 元
  c. 10 001~30 000 元　d. 30 000 元以上
6. 2012 年以前经济收入主要来源(可多选):(　　　)
  a. 务农收入　　　b. 当地务工收入　　c. 养殖收入
  d. 个体经营　　　e. 外出打工　　　　f. 旅游业收入
  g. 政府/事业单位　h. 其他

7. 当前家庭年均收入：(　　)

  a. 3050 元及以下　　b. 3 051～10 000 元

  c. 10 001～20 000 元　d. 20 001～40 000 元

  e. 40 001～60 000 元　f. 60 001 元及以上

8. 当前经济收入主要来源(可多选)：(　　)

  a. 务农收入　　　b. 当地务工收入　　c. 养殖收入

  d. 个体经营　　　e. 外出打工　　　　f. 旅游业收入

  g. 政府/事业单位　h. 其他

9. 若您参与了当地旅游产业发展,那您从事的是何种职业：(　　)

  a. 旅游景区人员　b. 导游解说　　　　c. 民宿经营

  d. 餐饮　　　　　e. 旅行社　　　　　f. 旅游商品销售

  g. 旅游表演　　　h. 旅游交通运输　　i. 其他

10. 您近三年旅游相关收入分别是多少 _____元、_____元、_____元。

11. 根据您的实际同意程度选择相应选项

序号	题目	非常同意	同意	一般	不同意	非常不同意
1	旅游促进了当地经济发展					
2	旅游增加了就业机会					
3	旅游提高了收入					
4	旅游提高了生活质量					
5	旅游吸引了招商投资					
6	旅游导致物价(生活成本)上涨					
7	旅游收益分配不均,贫富差距拉大					
8	旅游改善了生态环境质量					
9	旅游提高了居民和政府环境保护意识					
10	旅游提高了居住环境质量					
11	旅游改善了交通等基础设施					
12	旅游使当地污染加重					
13	旅游使当地噪声增多					

续表

序号	题目	非常同意	同意	一般	不同意	非常不同意
14	旅游发展增加了教育、培训等增值机会					
15	旅游提高了乡村形象和知名度					
16	旅游促进了与外界的交流					
17	旅游改变了生活方式					
18	旅游冲击了传统文化					
19	旅游增加了犯罪和不良现象					
20	旅游破坏了邻里关系					
21	能够参与关于旅游政策制定或旅游规划					
22	有良好的(旅游相关)答疑、投诉、提议的平台或渠道					
23	有居民代表(或与旅游、政府相关代表联合)组织					
24	旅游促进了村民参与政治的意识					
25	旅游提升了当地女性的地位					
26	您对旅游开发非常支持					
27	您对当前旅游发展的现状很满意					
28	旅游提升了村民的素质					
29	旅游发展促使了当地对文化遗产的重视与保护					
30	旅游发展增加了村民凝聚力					
31	旅游改善了当地卫生状况					

13. 您对秀水村发展旅游业的意见及建议：

再次感谢您对本课题组调研的支持！

贵州省软科学项目：贵州民族村寨社区参与式旅游扶贫机制及效应研究（访谈提纲）

1. 村里的基本情况（村民户数及人数、贫困村民情况、村民收入情况、产业情况等）。

2. 旅游发展的过程介绍。

3. 当前旅游经营情况如何？如：景区规模（人员、景点、投资情况）、旅游管理方式、旅游数据（2012年以来游客接待量、旅游收入、景区旅游收入主要来源）、游客对本村的什么旅游项目或活动感兴趣等。

4. 旅游开发过程中村支两委、县乡镇府、村民三者的参与情况及旅游收入的分配情况。

5. 在旅游发展、旅游扶贫过程中遇到过哪些困难、是如何克服的，以及当前仍面临哪些困境，需要何种帮助？